VICTOIRES,
CONQUÊTES,
DÉSASTRES, REVERS ET GUERRES CIVILES
DES FRANÇAIS.

IMPRIMERIE DE C. L. F. PANCKOUCKE.

Le Tome troisième est accompagné de dix-sept planches, dont quatre doubles; ce qui forme vingt-une planches.

VICTOIRES,
CONQUÊTES,

DÉSASTRES, REVERS ET GUERRES CIVILES

DES FRANÇAIS,

DE 1792 A 1815,

PAR UNE SOCIÉTÉ DE MILITAIRES ET DE GENS DE LETTRES.

Suum cuique decus posteritas rependit.
TACITE, *Annales*, liv. IV, 35.

TOME TROISIÈME.

PARIS,

C. L. F. PANCKOUCKE, Éditeur,
Rue et hôtel Serpente, n°. 16.

1817.

PLANS

CONTENUS DANS LE TOME TROISIEME.

Pages.

Carte générale pour l'intelligence des campagnes de 1792, 1793 et 1794. En tête du volume (carte double).
Siége d'Ypres 32
Siége de Charleroi 41
Bataille de Fleurus (carte double) 48
Siége de Landrecies 86
Siége de Nieuport 91
Siége de Bastia (carte double) 98
Carte des Pyrénées occidentales 116
Siége du Quesnoy 130
Siége de l'Ecluse 137
Combats de Kayserslautern 165
Bataille d'Aldenhoven 171
Siége de Bois-le-Duc 173
Siége de Venloo 195
Carte du cours du Rhin depuis Strasbourg jusqu'à Mayence, pour l'intelligence des campagnes de 1792, 1793 et 1794 (carte double) 199
Siége de Maestricht 203
Siége de Nimègue 215

TABLE

DES

CHAPITRES DU TROISIEME VOLUME.

CHAPITRE VI.

1794-an II.
Juin. Prair.   Pages.

1	13	Combat naval entre les Français et les Anglais.	1
17	30	Siége et prise d'Ypres; combat de Roulers, etc.	32
	Messid.		
20	3	Siége de Hooghlede	32
23	6	Combat de Deynse	38
23	6	Combats de la Croix des Bouquets	39
25	8	Siége et prise de Charleroy	41
26	9	Bataille de Fleurus	48
Juillet.			
1	13	Prise d'Ostende	66
6	19	Combat d'Arquinzun.	70
11	23	Combat du Mont-Palissel; prise de Mons, Nivelles, etc.; jonction des deux armées du Nord et de Sambre-et-Meuse	72
14	26	Combats de Platzberg et de Tripstadt	78
15	27	Occupation de Louvain et de Malines	83
16	28	Reprise de Landrecies sur les alliés	86
16	28	Prise de Namur	91
	Therm.		
19	1	Siége et prise de Nieuport.	91
20	2	Siége et prise de Bastia	98

CHAPITRE VII.

27	9	Prise d'Anvers et de Liége	101
27	9	Combats de la Vallée de Bastan	105

TABLE DES CHAPITRES.

1794-an II.
Juillet. Therm.   Pages.
28   10   Prise de l'île de Catzand ou Cassandria   109
Août.
1   14   Combat de Saint-Martial et prise de Fonta-
                rabie.   116
1   14   Siége de Calvi   120
5   17   Prise de Saint-Sébastien   122
5   18   Combat et prise de Toloza   124
8   21   Occupation de Tréves   125
13   26   Combat de Saint-Laurent de la Mouga   126
16   29   Reprise du Quesnoy sur les alliés   130
Fruct.
25   10   Siége et prise du fort de l'Écluse,   137
27   12   Reprise de Valenciennes sur les alliés   144
29   15   — de Condé   150
Sept.
5   19   Attaque et prise du camp retranché de Rou-
                lière   152
16   30   Combat de Boxtel   159
J. compl.
18   2ᵉ   — de la Chartreuse   162
18   2ᵉ   Reprise de Bellegarde   163
20   4ᵉ   Combat de Kayserslautern   165
21   5ᵉ   — de Cairo   168
1794-an III.
Octob. Vend.
2   11   Bataille d'Aldenhoven et prise de Juliers   171
9   18   Prise du fort de Crèvecœur, etc.   173

CHAPITRE VIII.

18   26   Invasion de la vallée de Roncevaux   179
19   27   Combat d'Oude-Watering   190
Brum.
23   2   Prise de Coblentz   193
26   5   — de Venloo   195
Novem.
2   11   — du fort de Rheinfels, et fin de la cam-
                pagne sur le Rhin et sur la Moselle   199
4   14   Siége et prise de Maestricht   205
8   18   — de Nimègue   215
20   30   Bataille de la Montagne-Noire   221
Frim.
27   7   Prise de Figuières   229
28   8   Combat de Bergara ; fin de la campagne dans
               les Pyrénées occidentales   232

TABLE DES CHAPITRES.

1794-an III.
Décem. Niv.	Pages.
28   8   Prise de l'île de Bommel et du fort de Grave 237
Brum.
          Evénemens dans les colonies françaises d'A-
          mérique ; prise de la Martinique par les
          Anglais, etc.   246

FIN DE LA TABLE DU TOME TROISIÈME.

TABLE ALPHABÉTIQUE

De tous les noms de Français ou étrangers, et de tous les corps désignés dans le troisième volume

A.

Abercrombie, 161.
Albarade (d'), 67.
Albitte, 170.
Allary, 11.
Almeyras, 168.
Alvinzy, 44, 162.
Ambert, 126.
Amontons, 136.
Angot de Saint-Vallery en Caux, 21.
Aubrée, 35.
Augereau, 127, 128, 129, 163.

B.

Baden (le prince de), 80.
Barbou, 147.
Barotteau, 148.
Barrère de Vieuzac, 50, 65, 105, 153.
Basdelaune, 168.
Baudot, 115.
Baudot (le conventionnel), 189.
Bauvais.
Bayraud, 129.

Bazire, 2.
Beaulieu, 44, 51, 56, 58, 60, 61, 62, 63, 72, 75, 76, 84, 104.
Béhague (de), 248, 249.
Bellegarde, 179, 251.
Bernadotte, 54, 55.
Bertrand, 5, 6.
Bicqueley, 138.
Blanc, 88.
Blankenstein, 166.
Blucher, 80, 166, 167, 199.
Bois-Gérard, 43, 44.
Bollemont, 43, 44.
Bompard, 11.
Bonaparte, 99.
Bonneau, 190, 142.
Bonnet, 163.
Borck, 81, 82.
Bouillet, 115.
Bourbotte, 202.
Bouvard, 115, 116.
Bouvet, capitaine de vaisseau, 11.
Bouvet de Cressé, 14, 22, 23.
Bralet, 114.
Bréart, 252.

Brimont, 170.
Bruiron, 141, 142.
Bruix, 11.
Butzlar, 242.

C.

Cagigal, 107, 108, 127, 185.
Camesfort, 40.
Carnot, 86.
Caro, 40, 70. 122.
Castel, 113, 115.
Castelpers, 185, 186, 187.
Cazals, 138, 178, 218.
Cervoni, 170.
Chabot, 148.
Championnet, 46, 50, 56, 57, 58, 60, 74, 75, 84, 172.
Chappe, 137.
Chardon, 21.
Charbonnier, 42, 87.
Charette, 152, 153, 154, 155, 156, 157, 158, 159.
Charlemagne, 153, 189.
Charles (l'archiduc), 32, 51, 56, 57.
Charles IV, roi d'Espagne, 118, 251, 237.
Charlet, 163.
Chénier, 31.
Chevallot, 197.
Chevigné-de-Lacorse, 158.
Clairfait, 32, 33, 34, 35, 36, 38, 46, 66, 67, 69, 72.
Cobourg (le prince de), 46, 49, 50, 52, 55, 56, 57, 60, 63, 67, 69, 72, 73, 75, 76, 84, 104.
Colin, 159.
Colloredo, 169.
Colomera (le comte de), 70, 118, 122, 123, 181, 234.
Compère, 195, 216.
Constant, 242.
Cordier, 21.
Courbière (de), 79.

Courten, 127, 128, 223, 224, 225, 226, 227.
Coutelle, 165.
Crosse (de la), 248.

D.

Daendels, 36, 110, 174, 177, 238, 239, 240, 241.
Dalguier, 148.
Dalquier, 88.
Dalwig, 102.
Dardenne, 218.
Dardennes, 85.
Daurier, 50, 52, 53.
Davidowich, 73.
Davin, 223.
Debeugny, 115, 116.
Debons, 245.
Debrun, 201.
Dejean, 32, 35, 92, 94, 98, 110, 137, 139, 140, 144, 199, 215, 216.
Delaborde, 233, 236.
Delaunay, 155, 158.
Delbrel, 228, 225, 231.
Delmas, 174, 176, 177, 206.
Delmotte, 20.
Demay, 22.
Desaix, 80, 81, 167, 200, 202.
Descroix, 138, 178, 197.
Desenfant, 33, 37.
Desfourneaux, 248.
Desgranges, 81.
Desjardins, 42, 87.
Dessein, 107, 108, 109, 117.
Détroyes, 88.
Deurdelin, 11.
Devaux, 43.
Diepenbroick, 95.
Digonnet, 187.
Dubois, 46, 50, 64, 75, 84, 172.
Dugommier, 126, 163, 164, 165, 222, 223, 224, 225, 228.

TABLE DES NOMS.

Dugua, 222.
Duhesme, 55, 204.
Dumas, 187.
Dumerbion, 169, 170.
Dumonceau, 240, 242, 243.
Dumouriez, 68, 91.
Dumoutier, 11.
Duphot, 227.
Duquesne, 136.
Duquesnoy, 134, 135, 145, 146, 147.

E.

Eblé, 92.
Escalante, 40.

F.

Favereau, 74.
Ferveur, 83.
Ferrand, 87, 89, 135.
Figaroa, 186, 187.
Filanghieri, 184.
Flayelle, 88.
François, empereur d'Autriche, 33, 41, 42, 147, 151.
Frécine, 213.
Frégeville, 40, 118, 119, 122, 124, 125, 188, 233, 235, 236.
Foulon, 89, 90.
Fourcroy, 164.
Fox, 191, 193.

G.

Gand, (le vicomte de), 129, 224.
Gantheaume, 11.
Gardner, 249.
Garreau, 118, 119, 182, 189.
Gassin, 11.
Geoffroy, 133.
Gérard de Dieppe, 21.
Gerbet, 176, 178.

Gil, 40.
Gillet-Laumond, 209, 213, 214.
Grangé, 117.
Gravier, 235.
Gravina, 129.
Guerin, 159.
Guillaume, 222.
Guyton, 65.

H.

Haddick, 171.
Hammerstein, 191.
Hanck, 242.
Harispe, 40, 234.
Harriet, 236.
Hatry, 43, 47, 50, 61, 75, 76, 172.
Hautpoult (d'), 172.
Hesse - Philipstadt (le prince de), 76.
Hesse (le prince de), 204, 205, 208, 212, 213.
Hohenlohe (le prince de), 79, 80, 81, 166, 167, 199.
Howe, 14, 15, 16, 17, 18, 19, 20, 22, 23, 26, 27, 28, 50.
Hue de Granville, 21.
Huguet, 11.

I.

Izquierdo, 128, 227.

J.

Jacob, 87.
James, 22.
Jardon, 36, 193, 218.
Jean-Bon-Saint-André, 8, 10, 13, 14, 20, 26, 27, 28, 29, 30.
Joly, 155, 156, 158.
Jomini, 68, 78.
Jourdan, 42, 43, 44, 45, 46,

TABLE DES NOMS.

47, 48, 49, 52, 57, 61, 64, 66, 67, 69, 72, 73, 75, 77, 91, 103, 104, 105, 130, 145, 162, 171, 172, 193, 194, 203, 204, 207, 208, 213.
Jourdan, officier d'état-major, 139.
Jouan (don), 40.

K.

Kalkreuth, 81.
Karaczay, 167, 199.
Kaunitz (le comte de), 51.
Kaunitz (le prince de), 56, 57, 58, 64.
Kerguelen, 3, 4, 7, 9, 26.
Kleber, 33, 44, 45, 46, 50, 53, 54, 55, 73, 74, 75, 84, 103, 171, 172, 203, 204, 205, 208, 212, 213, 214, 215.
Kray, 67, 162.

L.

Laboissière, 83.
Laborde, 106, 117, 118, 122, 184, 186, 187.
Lacombe-Saint-Michel, 99, 100, 138, 179.
Lacoste, 96, 109, 148, 150.
Lafarelle, 113, 138.
Laharpe, 170.
Lalis, 115.
Lambesc (le prince de), 64.
Lamarche, 212.
Lamarque, 129.
Langlois, 11.
Larcher, 178.
Laroche-Jacquelein (Henri de), 152.
Laroche, 235.
La Romana (le marquis de), 40.
Lascy, 50.

Latour-d'Auvergne, 71, 123.
Latour, 51, 53, 54, 55, 104, 162, 171, 172.
Laurent, 34, 37, 92, 109, 111, 113, 114, 139, 140, 195, 196, 197, 198.
Laval, 77.
Lavaux, 247.
Lavit, 138, 177, 178.
Lebas, 41.
Lebeau, 114.
Lebel, 160.
Lebrun, 31.
Lebrun (le général), 168.
Leclerc, 247.
Lefebvre, 50, 57, 59, 60, 61, 62, 63, 73, 74, 75, 76, 84, 172.
Leferon, 188.
Lefranq, 11.
Legrand, 57.
Lehyr, 24.
Lemaire, 240, 242.
Lemoëlle, 159.
Lemoine, 127, 128.
Le Ray, 11.
L'héritier, 11.
Linois, 8, 10.
Louger, 11.
Louis XIV, 70, 91, 203, 237.
Louis XV, 203, 206, 208.
Louis XVI, 3, 237.
Lucadou, 11.
Lureguy, 11.

M.

Macdonald, 36, 174.
Mack, 50.
Manco, 187, 233, 236.
Marbot, 185, 186, 187, 233, 236.
Marceau, 44, 50, 58, 59, 60, 74, 163, 194, 203.
Marescot, 43, 46, 47, 88, 130, 131, 132, 146, 148, 149,

TABLE DES NOMS.

151, 204, 206, 207, 208, 210.
Marigny (Bernard de), 252, 254, 255, 256.
Masséna, 170.
Mayer, 75, 76.
Mélas, 200.
Meras, 47.
Mercy-Argenteau, 169.
Merle, 235.
Mermet, 158, 159.
Mermet fils, 159.
Meunier, 199, 200.
Michaud, 32, 34, 37, 78, 79, 240.
Michelena, 123.
Minier, 192.
Mirabel 128, 129.
Moellendorf, 78, 79, 80, 81.
Moira (le lord), 66, 69, 84, 102.
Moncey, 71, 106, 107, 117, 118, 122, 123, 182, 183, 186, 187, 189, 232, 234, 235, 236, 237.
Monge, 4.
Monforte (le prince de), 226.
Montaigu, 50, 52, 53, 54, 60, 73, 74, 77.
Montbrun, 248.
Montfort, 88.
Morard de Galles, 6, 7, 8, 10.
Moreau, 32, 35, 37, 68, 92, 93, 95, 96, 97, 109, 110, 115, 116, 137, 139, 140, 144, 159, 195, 215, 216, 239, 240, 241.
Moreaux, 125.
Morel, 11.
Morlot, 44, 50, 55, 60, 74, 75, 84, 172.
Moyra, 36.
Muller, 39, 40, 105, 117, 122, 182.

N.

Nauendorf, 166, 200.
Nielly, 11.
Nollet, 119.

O.

Ortozonar, 231.
Orange (le prince d'), 41, 44, 45, 46, 49, 51, 52, 53, 54, 55, 69, 72, 74, 75, 76, 83, 242.
Osten, 148, 174, 241.
Ossuna (le duc d'), 185, 188.

P.

Paoli, 98, 99, 120.
Parisot, 113, 115.
Pérignon, 163, 222, 225, 226, 228, 229, 230, 231.
Perlasco, 127.
Pfau, 81.
Pichegru, 32, 33, 34, 35, 37, 38, 41, 66, 67, 68, 69, 72, 74, 77, 83, 85, 91, 92, 93, 101, 102, 103, 145, 148, 159, 160, 161, 162, 173, 176, 179, 190, 191, 192, 195, 203, 215, 239, 240, 244, 245, 246.
Pilastre, 11.
Pinchinat, 247.
Pinet, 180, 181, 233.
Pitt, 65.
Poitevin (Victor), 113, 139, 140.
Poitevin (Casimir), 113, 138, 196, 197, 199.
Polverel, 247.
Pornet, 211.
Prat, 158.
Prieur de la Marne, 8, 12.
Proteau, 86.
Prudhomme, 139, 178.

Q.

Quasdanowich, 51, 55, 56, 72, 75.
Quesnel, 222.

R.

Raillard, 11.
Rassé, 20.
Renaudin, 11, 25.
Reuss (le prince de), 44.
Richard, 96, 109.
Rigaud, 147, 252, 253.
Robespierre, 9, 105, 135, 252.
Rochambeau, 248, 249, 250, 251, 252.
Roland, 189.
Rorch, 167.
Roucher, 187, 188.
Rousseau, 147.
Ruby, 235, 236.
Ruchel, 81.

S.

Saint-Cyr, 81, 202.
Saint-Just, 41, 45, 47, 48.
Saint-Sauveur, 158.
Saint-Simon (le marquis de), 71.
Salem, 86.
Salicetti, 170.
Salis, 35, 37.
Salm, 36, 190, 244, 245.
Samson, 129.
Santhonax.
Santonnard, 138.
Sauret, 127, 129, 163, 222, 224, 225.
Sauviac, 176, 179, 241.
Schérer, 73, 74, 89, 90, 130, 132, 133, 134, 135, 136, 145, 146, 147, 148, 149, 150, 162, 163, 172.

Schils, 235.
Schmertzing, 51, 60.
Sibaud, 81.
Siscé, 81.
Songis, 34.
Souham, 34, 38, 39, 174, 190, 216, 218, 219, 220.
Stathouder, 245, 246.
Stofflet, 152, 154, 155.

T.

Taillevis (de).
Tampier, 138.
Taponnier, 81, 82.
Tardy, 11.
Tarranco, 129, 224.
Taviel, 176.
Thévenaut, 11.
Thiébault, 243, 244.
Thoël, 175.
Tiphaine, 11.
Torrès (André), 230, 231.
Trehouart, 8.
Truguet, 6.
Turpin, 189.
Turreau, 153.
Turenne, 228.

U.

Union (le comte de la), 126, 127, 164, 165, 221, 226, 227, 228.

V.

Valsantaro (le marquis de), 164.
Vandamme, 33, 35, 37, 92, 93, 109, 110, 195, 241.
Vandangel, 11.
Vanstable, 11, 29.
Vauban, 229.
Ventre, 115, 116.
Verine, 178.

TABLE DES NOMS.

Victor, 222, 224, 226.
Vignot, 11, 20.
Villaret-Joyeuse, 10, 13, 14, 15, 16, 18, 19, 20, 22, 26, 27, 28, 29.
Vinache, 138.
Vincent, 201.
Voss, 80, 166.

W.

Waillis, 169, 170.
Walmoden, 193.
Wartensleben, 166.
Washington, 252.
Werneck, 171.
Winter, 36, 174.
Wolfradt, 80.

Y.

Yorck (le duc d'), 38, 67, 69, 72, 83, 84, 102, 103, 161, 173, 191, 193.

Z.

Zapf, 51, 60.
Zereceda, 118.

Armées françaises et étrangères[1].

ARTILLERIE. — premier régiment, 12.
BATAILLONS. — Basque de Zuberi, 234; — *Bons, 241, — premier du Finistère, 196, — *de Frise, 241, — *deuxième hessois, 160, — *Hohenlohe, 241, — quatrième du Nord, 37, — premier de l'Oise, 244, — *d'Orange, 241, — du Tarn, 129, — des tirailleurs belges, 242, 244.
DEMI-BRIGADES, troisième et vingtième, 192.
CARABINIERS — belges, 242, 243.
CHASSEURS — Basques, 236, — du cinquième, 192, — du seizième, 205, 206, — de Mont-Cassel, 93.
GARDES-DU-CORPS — du roi d'Espagne, 235. — *Suisses au service de Hollande, 242. — *Wallonnes, 118.
HUSSARDS — troisième régiment, 193, — huitième, 160, — neuvième, 192, 193, — émigrés, 193.
GRENADIERS — des Bouches-du-Rhône, 129, — *Wallons, 134.
LÉGIONS — *royale des Pyrénées, 106, — de Rohan, 192, 193.
RÉGIMENS, — 57e et 72e infanterie, 182, — de Turenne, 251, — *trente-septième de ligne (anglais), 192, — *de Farnèse, cavalerie, 125, — *de Reding, 118, — *d'Ultonia, 118, — *de Zamora, 107.

[1] Tous les corps étrangers sont désignés par un astérisque.

xxvj TABLE DES NOMS.

Marine française et étrangère[1].

Le vaisseau amiral la Montagne, 11, 15, 18, 19, 20, 21, 22, 23, 26, 28, 29, — l'Achille, 27; — l'América, 27, — l'Aquilon, 11, — l'Audacieux, 11, — la Convention, 11, — l'Entreprenant, 11, — l'Éole, 11, — le Gasparin, 11, — le Jemappes, 11, — le Jacobin, 11, 18, 19, — le Juste, 11, — l'Impétueux, 27, — l'Indomptable, 11, — le Montagnard, 11, le Mucius, 11, — le Neptune, 11, — le Northumberland, 11, — le Patriote, 11, — le Pelletier, 11, — le Républicain, 11, — le Révolutionnaire, 11, 15, — le Sauspareil, 11, 27, — le Scipion, 11, — le Téméraire, 11, — le Terrible, 11, 23, — le Tourville, 11, — le Trajean, 11, — le Trente-un mai, 11, — le Tyrannicide, 11, — le Vengeur, 11, 16, 23, 24, 30, 31.

Le vaisseau amiral la Reine-Charlotte, 16, 19, 20, 22, 23, — *le Bellerophon, 16, — *le Brunswick, 24, — *le Léviathan, 16, — *le Saint-Ignace, 14.

[1] Tous les vaisseaux étrangers sont désignés par un astérisque.

FIN DE LA TABLE DES NOMS DU TROISIÈME VOLUME.

PROSPECTUS

D'un *Nouveau Journal militaire* qui formera le complément des *Victoires et Conquêtes*, et qui paraîtra en janvier 1818, sous le titre suivant :

ANNALES MILITAIRES,

ou

JOURNAL DES VICTOIRES, CONQUÊTES,

DÉSASTRES, REVERS ET GUERRES CIVILES

DE TOUS LES PEUPLES;

PAR UNE SOCIÉTÉ DE MILITAIRES ET DE GENS DE LETTRES;

Proposé par Souscription.

C. L. F. PANCKOUCKE, ÉDITEUR.

LA guerre qui a existé depuis 1792 jusques en 1815, a été pour ainsi dire générale et commune à presque tous les peuples. Ainsi, l'ouvrage national dont nous avons déjà publié plusieurs volumes, embrassera réellement, dans cette période, le récit à peu près complet de tous les événemens militaires les plus remarquables et les plus importans. Il devenait donc naturel de donner une suite au récit de tous les faits que renfermeront ces annales; et de décrire en forme de *complément*, ceux de ces faits qui n'ont pu entrer dans le cadre que nous nous sommes tracé, et qui se rattachent cependant aux événemens étrangers dont nous voulons présenter aujourd'hui la narration périodique.

Nous avons pensé que la forme d'un journal, qui paraîtrait tous les mois, sous le titre d'*Annales militaires*, ou *Journal des victoires, conquêtes, désastres*, etc., *de* TOUS LES PEUPLES, serait la plus convenable, pour mettre successivement au courant de tous les faits militaires qui ont eu lieu depuis 1815, et qui pourraient arriver successivement, soit en Europe, soit dans les autres parties du globe.

Ainsi que nous venons de le dire plus haut, nous développerons succinctement l'origine de ceux de ces événemens, dont la révolution n'est point encore terminée; et la première partie de notre nouvelle entreprise *périodique*, se trouvera, par cela même, consacrée à la continuation de l'histoire militaire actuelle.

Dans les autres parties, nous rendrons compte de tous les ouvrages nouveaux qui ont quelques rapports avec l'histoire et la science des armes. Nous donnerons des notices nécrologiques sur les officiers-généraux et supérieurs, et sur tous les guerriers distingués qui viendront à terminer leur honorable carrière dans les différens pays; nous y joindrons des extraits critiques et raisonnés des journaux étrangers, en ce qui concerne l'art de la guerre, ainsi que tout ce qui pourra être publié sur la législation militaire.

Notre journal sera ouvert à toutes les découvertes importantes, à toutes les idées utiles qui ressortent de la science de la guerre, et qui peuvent contribuer à l'étendre et à la développer de plus en plus. Les peuples étrangers que les Français ont long-temps étonnés par leurs exploits, n'auront point à nous reprocher de ne pas retracer, pendant les loisirs de la paix, les préceptes d'un art dont notre nation a donné de si grands exemples.

Le Journal que nous annonçons paraîtra régulièrement chaque mois, à partir du premier janvier 1818. Chaque Numéro se composera de cinq feuilles au moins, ou d'à peu près cent pages. Le papier et le caractère seront entièrement semblables à ceux des volumes des *Victoires*. Nous y joindrons, tous les deux mois, un plan, une carte ou un portrait in-8°., gravés de la même manière que ceux déjà publiés.

Le prix de la souscription, qui pourra se faire chez tous les libraires indiqués en tête des volumes des *Victoires et Conquêtes*, sera de

Huit francs pour trois mois;

Quinze francs pour six mois;

Trente francs pour l'année.

On recevra chaque Numéro *franc de port* pour Paris et pour toute la France.

Les personnes qui souscriront, sont priées de donner très-exactement leurs noms et leurs adresses.

MM. les Souscripteurs voudront bien signer l'engagement dont nous envoyons le modèle, parce que l'intention de l'Editeur est de borner le tirage des exemplaires du Journal au nombre des personnes qui auront, à l'avance, pris cet engagement.

MM. les libraires obtiendront tous les avantages qui leur ont été accordés dans l'entreprise des *Victoires*.

―――

MODÈLE DE L'ENGAGEMENT.

Engagement de souscrire aux ANNALES MILITAIRES, ou *Journal des Victoires, Conquêtes, Désastres, Revers et Guerres civiles de tous les Peuples.*

Il ne doit être demandé aucune avance pour cet Engagement.

L'INTENTION de l'Editeur, M. C. L. F. PANCKOUCKE, étant de borner le tirage des Exemplaires au nombre des personnes qui auront souscrit à l'avance, je lui engage ma parole, ainsi qu'à M.   Libraire
à   , de souscrire aux ANNALES MILITAIRES, complément des *Victoires et Conquêtes*, dont le premier numéro paraîtra en janvier 1818, et je le prie de faire tirer un Exemplaire particulier pour moi.

A   , ce

         Signature :

AVIS.

La Souscription est toujours ouverte.

MM. les souscripteurs de Paris sont priés d'envoyer chercher les volumes à mesure que la publication en est annoncée par les journaux, chez l'éditeur, rue et hôtel Serpente, n° 16.

Nous renouvelons la prière de nous adresser les notes et documens *à l'avance;* le tome quatrième est entièrement imprimé, il ne pourra paraître qu'à la fin de juillet, parce que c'est toujours en rapport avec le *texte imprimé* que l'on trace les plans. Les personnes intéressées à nous faire connaître des détails voudront bien nous les faire parvenir le plus promptement possible.

D'après la demande de beaucoup de souscripteurs, nous placerons en tête de chaque volume trois tables, la première, des plans contenus dans le volume; la deuxième, des événemens militaires avec les dates; et la troisième, de tous les noms des personnes désignées dans le volume avec les renvois aux pages. Les tables du tome premier doivent y être transportées.

C'est au moyen de la table des noms que nous réunirons la plus grande partie des matériaux nécessaires pour composer la BIOGRAPHIE MILITAIRE qui terminera notre entreprise; mais il est essentiel que l'on nous fasse parvenir une note très-exacte 1°. des époques et des lieux de naissance ; 2°. des prénoms; 3°. un état de service et des divers grades ; 4°. tous les détails, anecdotes, faits, etc. Cette biographie comprendra aussi tous les individus *existans aujourd'hui*.

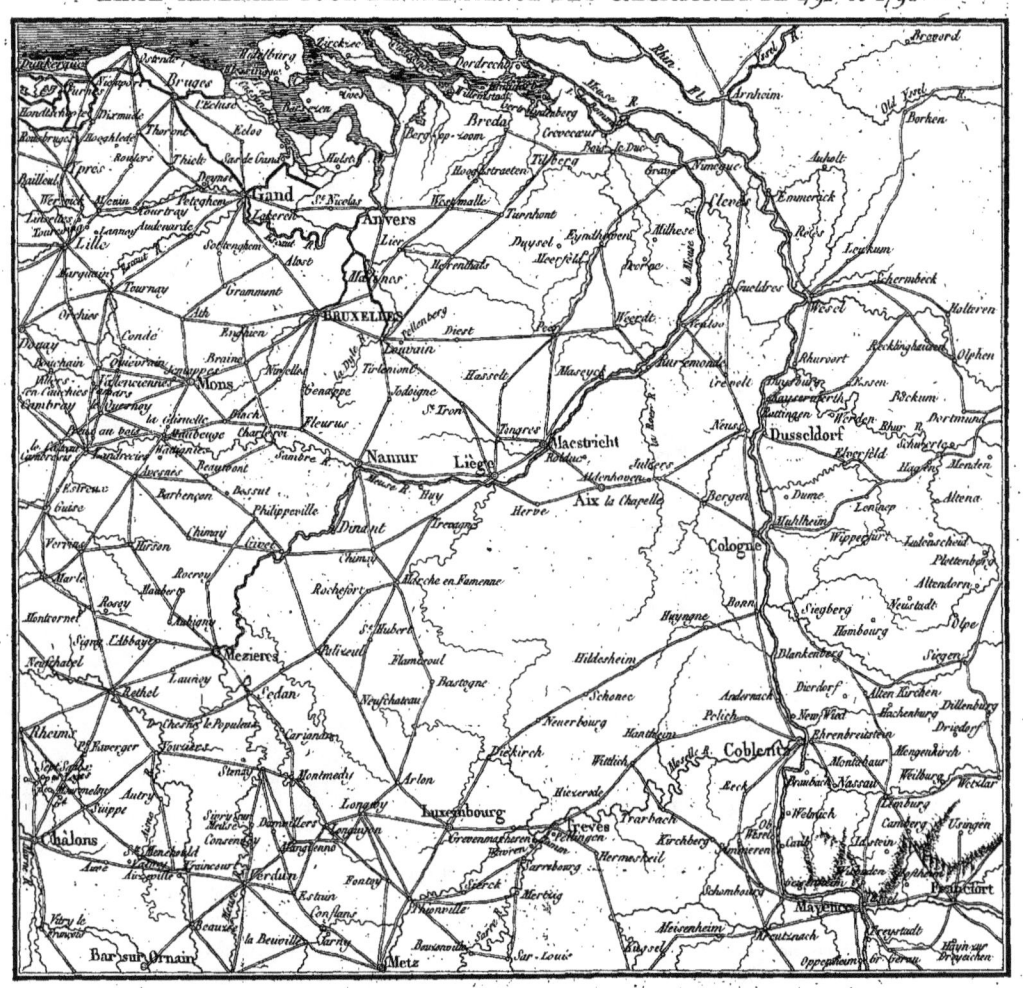

VICTOIRES, CONQUÊTES,

DÉSASTRES, REVERS ET GUERRES CIVILES

DES FRANÇAIS,

DE 1792 A 1815.

~~~~~~~~~~~~~~~~~~~~~~~~~~~~~~~~~~~~~~

LIVRE PREMIER.

PREMIÈRE COALITION.

CHAPITRE VI.

SUITE DE L'ANNÉE 1794.

Combat naval du 13 prairial. — Siége d'Ypres, etc. — Combat de la Croix-des-Bouquets. — Siége de Charleroi. — Bataille de Fleurus. — Prise d'Ostende. — Jonction des deux armées du Nord et de Sambre-et-Meuse. — Combats de Platzberg, de Tripstadt. — Occupation de Louvain, Manheim. — Prise de Landrecie, de Namur. — Siége et prise de Nieuport, de Bastia, etc., etc.

Combat naval entre les Français et les Anglais[1]. — Entraînés par la rapidité des opérations militaires sur terre, nous n'avons eu jusqu'ici que bien peu d'occasions de parler (1ᵉʳ juin. 13 prairial. France.

[1] Moniteur, — Dictionnaire des siéges et batailles, — Précis de la révolution

1794—an II.
France.

de la marine française. Les faibles et infructueuses expéditions dirigées contre la Sardaigne, la Corse et la ville d'Oneille avaient jeté peu de gloire sur cette partie des forces défensives de la France. Occupé presque uniquement du soin de repousser des frontières les armées qui voulaient les envahir, le gouvernement semblait avoir oublié que les ports de la république renfermaient encore la plus grande partie de ces mêmes vaisseaux qui, pendant la guerre de l'indépendance de l'Amérique, avaient donné à la patrie une nouvelle et si grande illustration. Il avait fait plus ; il avait pris toutes les mesures qui pouvaient rendre inutile le concours des forces de mer dans la lutte de la France contre les peuples de l'Europe. Bientôt même, et par suite de ces mesures désastreuses, la France allait voir son pavillon éprouver de cruelles humiliations, ses flottes vaincues par l'impéritie de ceux qui les commandaient, et ses ports rester déserts et privés des vaisseaux qui auraient pu les défendre et être d'un si grand secours contre les entreprises ambitieuses de l'Angleterre..... Mais, avant d'entrer dans des détails sur le second désastre de la marine française (la prise de Toulon avait été le premier), nous croyons devoir reprendre les choses d'un peu plus haut, et dire par quelles fatales erreurs la France se vit tout-à-coup forcée d'abandonner aux Anglais la suprématie qu'elle exerçait conjointement avec eux sur les mers, à l'époque de la révolution.

La décadence de la marine française remonte à l'année 1791. L'opposition constante du corps des officiers aux principes de la révolution, doit être regardée comme la première cause de cette décadence. Choisis, pour la plupart, dans les familles les

française, par Lacretelle, — Précis de la guerre maritime, par Kerguelen, — Notes manuscrites communiquées par MM. Bouvet de Cressé, Graux, et Dessirier, tous trois témoins oculaires.

plus anciennes et les plus illustres de l'État, ces officiers virent s'établir avec la plus grande répugnance un ordre de choses qui menaçait de renverser celui auquel ils étaient habitués, et dont ils se croyaient, par leur naissance, les défenseurs naturels. A cette époque de douloureux souvenir, un grand nombre d'entre eux abandonnèrent le poste qui leur avait été confié, suivirent le torrent de l'émigration, et allèrent chercher un asile au milieu du peuple même qu'ils avaient si long-temps et si glorieusement combattu. Sans doute ils ne prévoyaient pas le tort immense qu'ils allaient causer à la France et la joie si vive qu'en ressentirait l'Angleterre. Autrement, les valeureux et dignes compagnons des Suffren, des d'Estaing et des Lafayette auraient-ils ainsi quitté le sol de la patrie, et accru, par leur abandon, les forces déjà si redoutables de ses ennemis les plus acharnés ?

Quoi qu'il en soit, les plus fermes appuis de la marine française avaient presque tous émigré, en 1792. Loin d'arrêter cette mesure si contraire aux vrais intérêts de l'état, le ministre de la marine, Bertrand, mu sûrement par un motif bien respectable, puisqu'il avait pour principe son attachement à la monarchie, facilita encore l'émigration des officiers de vaisseaux, et, croyant toujours servir la cause qu'il adorait au fond de son cœur, ne crut pas même devoir procéder à leur remplacement. Ainsi, quand arriva le moment où les hommes qui avaient renversé le trône constitutionnel de Louis XVI, fondèrent, sur ses débris, cette république dont la durée a été si courte, les vaisseaux de l'État se trouvèrent presque tous sans officiers, et le désordre le plus épouvantable régnait dans toutes les parties du service de mer. Les finances mêmes, accordées pour ce service, avaient été gaspillées, et le contre-amiral Kerguelen, dans le Précis qu'il a publié sur les opérations maritimes de cette époque, accuse le ministre « de n'avoir donné que le tableau stérile d'un corps de marine, dont tous les individus étaient à Coblentz, et cependant payés à Toulon, Brest, Rochefort et Paris. »

Monge, qui succéda, sous la république, aux ministres de la royauté, tenta, mais en vain, de porter quelques améliorations dans les différentes branches de l'administration de la marine. Contrarié sans cesse par ces *hommes nouveaux*, dont le principe favori était qu'il fallait tout régénérer en bouleversant tout, il s'efforça inutilement de rappeler dans les ports de la France les marins habiles que la crainte de la persécution avait fait fuir. Plusieurs accoururent à sa voix. M. de Taillevis, adjoint à son ministère, donna à cette occasion un exemple de dévouement bien digne d'être imité. Ayant appris que le contre-amiral Kerguelen, l'un des marins les plus expérimentés qu'eût encore la France, n'était pas éloigné de reprendre du service, il proposa au ministre Monge de le choisir à sa place pour adjoint, et offrit de servir sous lui en qualité de chef de bureau. Monge accepta cette généreuse proposition, et déjà Kerguelen avait fait adopter divers plans utiles, lorsque le ministre et lui-même furent destitués sous prétexte de royalisme.

On était alors au fort de la terreur. Tout Français devenait suspect par cela seul qu'il avait servi sous l'ancien régime, et les membres du comité de salut public voulurent appliquer dans toute son extension à la marine française, le grand principe de la régénération. Ce principe avait réussi pour les armées de terre ; ils osèrent se flatter qu'il en serait de même pour celles de la mer. Mais trois mois suffisent pour faire un soldat français, et une longue suite d'années est nécessaire pour former un marin. Au défaut d'officiers qui eussent par-devers eux une pratique exercée dans la marine militaire, on choisit dans la marine marchande, pour les remplacer, des hommes courageux sans doute, et qui brûlaient du désir de le prouver à la patrie; mais, navigateurs habiles, ils ignoraient entièrement la science des évolutions navales. Néanmoins ces choix, au moins imprudens, n'ayant pu suffire à remplir les cadres, on fut forcé de recourir au corps des véritables officiers de marine. Décidé à ne se servir, autant que possible, que d'hommes nouveaux, le comité de salut public ordonna de préférer toujours la jeunesse, malgré toute son ignorance, à la vieillesse recommandable par une longue expérience et l'ancienneté de service. Ce n'était pas là le système de l'Angleterre, dont la marine est si bien établie, si bien conduite, et si heureuse dans ses expéditions. Ses vaisseaux ou ses flottes sont le plus souvent dirigés par de vieux officiers expérimentés, et son conseil ou collége d'amirauté n'est jamais composé que de vieux amiraux. Mais à cette époque, les anciennes méthodes étaient toutes méprisées en France. Aux esprits turbulens qui tourmentaient la patrie il fallait du neuf et de l'extraordinaire. L'événement ne tarda pas à prouver combien ces innovations étaient dangereuses.

De jeunes officiers de l'ancienne marine, demeurés fidèles à la patrie, franchirent donc rapidement tous les grades, et furent appelés prématurément à commander des vaisseaux, des escadres et même des flottes, lorsqu'ils manquaient encore de l'instruction et de la longue expérience qui sait trop souvent rendre, sur mer, le plus bouillant courage inutile. Pour remporter la victoire sur cet élément, il faut un accord parfait entre les ordres des amiraux et ceux chargés de les exécuter: or, souvent les capitaines de vaisseaux se trouvèrent, à cause de leur défaut d'instruction, et surtout de pratique, dans l'impossibilité de faire les manœuvres qui leur étaient ordonnées, tandis que dans d'autres circonstances les équipages, composés d'hommes courageux, mais indisciplinés, refusaient le service de leurs bras et de leur obéissance. De ce mélange singulier de courage et d'ignorance, de patriotisme et d'indiscipline, devaient résulter des avantages dans les combats de vaisseau à vaisseau; des revers dans les batailles; des actions héroïques et des défaites. Ainsi la marine française, manquant de cet ensemble et de cette union qui font la force d'une armée quelconque, devait promptement marcher à sa ruine. Il nous reste à prouver cette triste vérité.

A la fin de l'année 1793, deux armées navales croisaient dans la Méditerranée, sous le commandement du général Truguet, qui, sous le ministère de Bertrand, avait été élevé au grade de contre-amiral. Ces deux flottes n'avaient pu empêcher l'occupation de Toulon par les Anglais, et n'avaient joué qu'un rôle passif pendant le terrible et long siége de cette malheureuse ville. Une troisième armée navale était en même temps en croisière dans l'Océan, entre Groix et Belle-Ile, sous les ordres du vice-amiral Morard de Galles, dont le mérite était avantageusement connu par plusieurs actions d'éclat dans la dernière guerre avec l'Angleterre. Cette dernière station, qui avait été ordonnée par M. d'Albarade, alors ministre de la marine, paraît avoir été blâmée par tous les marins, sous les rapports militaires et politiques. La flotte de Morard de Galles ne pouvait y faire aucune prise; elle était exposée, au contraire, à y être attaquée par des forces supérieures qu'aucune retraite ne pouvait lui faire éviter, vu que la côte forme un golfe sans la ressource d'aucun port; que celui de l'Orient ne peut recevoir dix vaisseaux de ligne, et que d'ailleurs on ne peut y entrer qu'au moment de la pleine mer, ce qui est un grand inconvénient et dans un combat et dans une tempête. Il était donc absurde de tenir dans cette position périlleuse pour la marine et pour l'État, toutes les forces navales de l'Océan; mais vainement tous les officiers instruits, et entre autres M. de Kerguelen, firent au ministre d'Albarade les représentations les plus instantes à ce sujet ; vainement ils lui firent remarquer les dangers de la position, l'inutilité de la station, et les avantages qu'on trouverait, au contraire, en établissant une croisière plus rapprochée des côtes d'Angleterre, ou en détachant de l'escadre quelques vaisseaux destinés à protéger et à défendre les colonies, le ministre, dominé sans doute lui-même par les ordres despotiques du comité de salut public, resta inflexible à toutes ces sollicitations, et répondit vaguement qu'il craignait une descente sur les côtes de la république : comme si, pour des Français surtout, le meilleur moyen d'empêcher l'ennemi d'attaquer n'était pas toujours de l'attaquer lui-même ! On pouvait espérer de vaincre les Anglais en croisant sur leurs côtes, au lieu qu'on risquait tout en les attendant sur celles de la France, en leur offrant le double avantage de battre la flotte, et d'effectuer ensuite la descente que le ministre leur supposait le dessein de faire.

Cependant les craintes des officiers de marine se trouvèrent heureusement mal fondées ; les Anglais n'osèrent point attaquer les Français dans leur mauvais mouillage ; mais une insurrection, que ces mêmes officiers n'avaient pu prévoir, éclata sur les vaisseaux qui composaient la flotte de Morard de Galles, au commencement de 1794. Les équipages de l'armée navale, ennuyés de tenir la mer sans se battre, sans faire de prises, et de naviguer ainsi inutilement depuis quatre mois ; réduits à la plus affreuse misère, sans souliers, sans chemises, et nourris presque toujours de salaisons, manifestèrent séditieusement la volonté de retourner à Brest. Le principal auteur de cette insurrection était un canonnier de marine né à Lille, et le prétexte était la trahison des habitans de Toulon. Ils craignaient, disaient les factieux dans les adresses présentées aux généraux, que le port de Brest ne fût livré avec la même facilité. La situation de l'armée devenait critique; les révoltés, furieux, menaçaient de tuer leurs officiers s'ils ne se rendaient pas à leurs désirs. Ils traitaient la fermeté de ceux-ci de complicité avec les Anglais. Déjà, pour appareiller, les huniers avaient été hissés, dans plusieurs vaisseaux, par les mutins qui s'en étaient emparés. Morard de Galles et le contre-amiral Linois [1], qui commandait sous lui, assemblèrent sur le vaisseau amiral les généraux et les capitaines de l'armée, et permirent aux équipages de chaque vaisseau insurgé de députer un homme pour écouter la lecture des ordres du comité de salut public, qui voulait que l'on continuât à tenir la croisière. Témoins que leurs commandans étaient eux-mêmes dans la nécessité d'obéir, et instruits des dangers qui les attendaient dans le cas contraire, les soldats députés calmèrent leurs camarades, et les firent rentrer dans le devoir; mais comme la saison était avancée, et qu'il n'y avait plus de vivres pour l'armée, les généraux eux-mêmes se décidèrent à relâcher à Brest. On trouva en route, sur une frégate, le représentant du peuple Trehouart, qui se rendait sur la flotte, et qui, d'après le rapport qu'on lui fit de la situation de l'armée, approuva le parti qu'on avait pris.

C'était alors l'usage d'envoyer auprès des flottes, comme auprès des armées de terre, des représentans du peuple chargés d'inspecter la conduite des généraux et des soldats. La commission députée par le comité de salut public, à Brest, était composée des conventionnels Trehouart, Prieur (de la Marne) et Jean Bon Saint-André, dont il sera souvent question dans le cours de cet article. Avec eux était arrivés, à Brest, une foule d'agens de Robespierre, c'est-à-dire autant de scélérats, dont Duras, secrétaire de la commission, était le chef. Sous le prétexte de

---

[1] Comte, officier de la Légion-d'Honneur, chevalier de Saint-Louis, gouverneur de la Guadeloupe, etc.

l'insurrection arrivée à bord des vaisseaux de la république; la flotte entière de Brest eut bientôt à éprouver toutes les vexations ordinaires aux hommes de Robespierre. Un tribunal révolutionnaire fut créé. Des Français, qui se disaient les représentans de la nation, n'eurent pas honte d'adopter la fable inventée par les soldats pour justifier leur insurrection; eux aussi supposèrent qu'il avait existé une conspiration tendante à livrer le port de Brest aux Anglais. Les généraux qui avaient courageusement bravé toutes les rigueurs de la saison pendant leur mouillage dans la baie de Quiberon, furent accusés d'avoir pris part à cette prétendue conspiration. Sous ce motif vain et illusoire, des échafauds furent dressés, le sang coula !!!... et pour égorger avec plus de sécurité, les tyrans subalternes aux ordres de Robespierre prirent la précaution d'éloigner les troupes de la marine qu'ils supposaient attachées à leurs chefs et aux Brestois, et mirent à leur place des troupes dites révolutionnaires. Cette mesure, inepte autant qu'elle était cruelle, priva la marine de ses meilleurs canonniers, qui furent envoyés dans la Vendée, et on leur substitua des paysans de réquisition dont la plupart n'avaient même jamais vu un vaisseau; et tandis que les chefs de la nation affaiblissaient ainsi la marine française, l'Angleterre augmentait la sienne de huit mille hommes, en portant à trente-deux mille hommes ses troupes de mer, qui ne montaient auparavant qu'à vingt-quatre mille. Comment pouvait-on conserver l'espoir de lutter contre elle avec avantage?

Les représentans ne se contentèrent point de ces opérations préjudiciables à la prospérité de la république; ils destituèrent la plupart des officiers supérieurs; et quand ils furent destitués, ils cherchèrent les moyens de les faire périr. Plusieurs payèrent de leur vie leur ardent amour pour la patrie; d'autres furent plongés dans les cachots, et y éprouvèrent toutes les vexations alors en usage. Kerguelen était de ce nombre, et n'échappa à la mort que par la révolution du 9 thermidor. Morard de Galles ne dut la vie qu'à l'inaltérable loyauté de ses sentimens; il fut impossible au tribunal révolutionnaire de trouver un seul grief contre lui. Linois se sauva par un stratagème semblable à celui de Brutus sous Tarquin. Il eut la prudente précaution d'affecter une faiblesse et une incapacité qu'il était loin d'avoir. Les commissaires le regardant comme un homme sans talent, le crurent par conséquent peu dangereux, et continuèrent de l'employer.

C'est alors surtout que prévalut le fatal système de ne se servir que de jeunes officiers; le peu d'hommes de l'ancienne marine qui restaient encore à l'armée furent congédiés; des matelots mêmes furent licenciés, parce qu'ils s'étaient distingués sous la royauté. Plusieurs vaisseaux furent ainsi confiés à de jeunes capitaines pleins de républicanisme, mais dénués de toute expérience. Pour remplacer Morard de Galles, Jean Bon Saint-André avait proposé Villaret-Joyeuse, qui n'était encore que capitaine. Heureusement Villaret méritait, par ses talens, cette distinction. Cependant ses principes étaient connus pour être opposés à la révolution; les collègues de Jean Bon refusaient, par ce motif, leur assentiment à cette nomination : « Je sais, répondit Saint-André, que Villaret est un aristocrate; mais c'est un brave; il servira bien. » Jean Bon, malgré ses principes outrés, savait donc estimer la bravoure, et lui rendre justice !

En même temps qu'on destituait les généraux et qu'on renouvelait ainsi l'état-major de la flotte, les commissaires conventionnels changeaient les noms des vaisseaux. *Le Royal-Louis* fut nommé *le Républicain*; *les États de Bourgogne, la Montagne*; celui-ci *le Marat*, celui-là *le Jacobin*, cet autre *la Convention*, etc., etc. Un vaisseau rasé, qui, quelque temps après, fit beaucoup de mal aux Anglais sous la forme d'une frégate, fut métamorphosé en *Brutus*; le *Jean-Bart*, le *Duguay-Trouin*, le *Tourville*, etc., etc., furent sur le point d'être débaptisés ; tant on avait peu de respect pour des héros qui avaient bien servi leur pays, et illustré son nom dans la marine royale !.....

Cependant l'escadre de Brest, forte alors de vingt-six vaisseaux de ligne [1], avait reçu l'ordre de se mettre en course et de sortir du port. Le but de cette expédition était d'aller au-devant d'un riche convoi arrivant des États-Unis, sous la conserve de deux vaisseaux de ligne, commandés par le général Vanstabel. L'une des plus horribles famines qu'ait essuyées le royaume, affligeait alors la France. En guerre avec toute l'Europe, le gouvernement républicain était obligé d'aller jusqu'en Amérique chercher des subsistances. Il était donc de la plus grande importance de faire arriver à bon port le convoi qui en apportait, et de chercher à tromper la vigilance des Anglais, qu'on supposait devoir être à sa poursuite. Aussi les commissaires conventionnels s'empressèrent de faire tous les préparatifs qui pouvaient assurer le succès de l'entreprise. Les travaux du port furent poussés avec la plus grande activité. Argent, promesses, gratifications, honneurs, rien ne

---

[1] Voici le nom des vaisseaux qui composaient la flotte, et ceux de leurs capitaines :

Vaisseaux.	Capitaines.	Vaisseaux.	Capitaines.
1 La Montagne	Vignot.	14 Le Trajan	Dumoutier.
2 Le Terrible	Bouvet.	15 L'Entreprenant	Lefranq.
3 Le Républicain	Louger.	16 L'Eole	Bruix.
4 Le Jacobin	Gassin.	17 Le Tourville	Langlois.
5 Le Scipion	Huguet.	18 Le Jemappes	Le Ray.
6 Le Pelletier	Raillard.	19 Le Patriote	Lucadou.
7 Le Neptune	Tiphaine.	20 Le Révolutionnaire	Vanſtangel.
8 Le Trente-un Mai	Gantheaume.	21 L'Audacieux	Pilastre.
9 La Convention	Allary.	22 Le Tyrannicide	Deurdeliu.
10 Le Montagnard	Bompard.	23 Le Sans-Pareil	L'Héritier.
11 Le Gasparin	Tardy.	24 L'Indomptable	Nielly.
12 Le Téméraire	Morel.	25 Le Vengeur	Renaudin.
13 Le Mucius	Lureguy.	26 L'Aquilon	Thevenaut.

fut épargné par les représentans pour avancer et achever l'armement. Jamais le port de Brest n'avait été témoin d'autant d'ardeur et de zèle qu'il en fut déployé dans cette circonstance. Alors seulement on pouvait se convaincre de l'avantage de la jeunesse; c'est en pleine mer, et quand il faudra rivaliser de manœuvres avec les Anglais, qu'on reconnaîtra, mais trop tard, que la froide expérience de la vieillesse est souvent plus utile que la fougue du jeune âge.

Le coup de partance a retenti dans la rade : Brest l'a répété des batteries du château, de sa batterie basse et de la batterie républicaine, armée de vingt-quatre pièces en bronze du calibre de 48. Les forts ont répondu au signal, et les marins en retard se hâtent de regagner leurs bords respectifs. Mille canots couvrent la mer sur une étendue de trois lieues. Tous les équipages brûlent du désir de prouver à l'Angleterre que la France, toujours invincible, saisit avec empressement l'occasion de se mesurer avec elle.

Déjà la flotte avait dépassé les batteries de gauche et de droite (le fort Mingan et les Trois-Bâtons), dont les boulets se croisant compromettront toujours la sûreté des escadres même les plus formidables, qui voudraient entrer à Brest, lorsque Prieur de la Marne, averti par la chute du jour qu'il doit se retirer, demande son canot, et prononce ces paroles à tribord du vaisseau amiral *la Montagne* : « Mes amis, revenez vainqueurs des Anglais! — En doutez-vous? répondent les marins présens? Nous sommes Français. — Vive la république! ajouta Prieur. — Vivent la France et la gloire nationale, et mort aux Anglais! s'écria d'une voix unanime l'équipage de *la Montagne*, » et ce cri fut dans le même moment répété à l'envi par le reste de la flotte. Quels glorieux avantages n'eût-on pas dû espérer si les Français, qui montraient une telle ardeur, un tel enthousiasme, eussent été dirigés par des hommes capables de les conduire à la victoire! Mais l'amiral Villaret lui-même n'était pas le maître sur sa flotte. Jean Bon Saint-André montait avec lui *la Montagne*, et ce fier conventionnel, dont l'ignorance égalait la hauteur, prétendait diriger lui-même les mouvemens de l'armée navale. Sous un tel chef la bravoure française pouvait-elle rester victorieuse?...

Bientôt le phare Saint-Mathieu a offert à la moitié de l'armée¹ un spectacle nouveau pour elle, celui de la pleine-mer. Des fanaux allumés sur tous les bords indiquaient la marche à suivre et les mouvemens à faire. La flotte entière, favorisée par les vents, vogua majestueusement sur trois lignes et dans l'ordre le plus parfait. Les instructions de Villaret-Joyeuse portaient qu'il se rendrait aux îles Coves et Flores pour se joindre au convoi venant d'Amérique; il devait en l'attendant croiser en pleine-mer, évoluer et manœuvrer dans cette station pour exercer les vaisseaux, et aussitôt que la flotte paraîtrait, la ranger sous son escorte pour la conduire sans danger à Brest. Si l'escadre rencontrait alors l'armée anglaise, elle devait la combattre, et le convoi continuer sa route avec les deux vaisseaux qui l'accompagnaient. Jusques-là elle avait ordre d'éviter toute espèce d'engagement, par ce motif qu'il devenait inutile tant que le convoi ne serait pas en sûreté. Mais malgré la précision de ces instructions et par l'entêtement de Jean Bon Saint-André, on allait se conduire d'une manière diamétralement opposée.

Villaret suivait soigneusement la route qui lui était pres-

---

¹ Nous avons déjà dit que des troupes républicaines avaient été appelées pour remplacer les canonniers et artilleurs de marine, envoyés dans la Vendée. La plupart d'entre ces nouveaux marins voyaient donc la haute-mer pour la première fois; mais cette portion de l'escadre appartenante à la levée des trois cent mille hommes ou à la première réquisition avait déjà combattu sur terre au nord, à l'ouest ou au sud. Sa bravoure était connue: il ne lui manquait, pour la prouver encore, et la rendre avantageuse à la patrie, que l'habitude de la mer.

1794—an II.
France.

crite par la prudence et l'intérêt même de sa mission ; déjà plusieurs prises fort riches [1] avaient signalé son passage, lorsque le 28 mai, entre onze heures et midi, les gabiers du haut des hunes font tout-à-coup retentir ces mots : *Navires sous le vent à nous*. Les haubans, les vergues, le pont, la dunette, l'avant surtout sont à l'instant couverts de marins. Des cris de joie se font entendre, et le désir de combattre se manifeste sur toutes les figures. Les lunettes sont braquées, et ce qui ne paraissait d'abord qu'un point dans l'horizon est reconnu pour une flotte ennemie. C'était celle des Anglais, forte de vingt-six vaisseaux de ligne, et commandée par l'amiral Howe.

Tous les équipages, animés de cette haine profonde qui tiendra toujours les deux peuples divisés, demandaient à grands cris qu'on les menât au combat. Mais Villaret-Joyeuse fidèle à ses instructions, était loin de répondre à ces invitations du courage et de la bravoure. Décidé à éviter le combat pour suivre sa route, il donnait déjà les signaux pour manœuvrer en conséquence, quand Jean Bon Saint-André, témoin et comme électrisé par l'enthousiasme de l'armée, prend sur lui de désobéir aux ordres du comité de salut public, et commande à l'amiral de se préparer à une bataille. En vain celui-ci représente les dangers que peut courir, en cas d'échec,

---

[1] Dans un seul jour on amarina dix-sept navires portugais, chargés d'oranges pour Londres. L'un de ces navires, *le Saint-Ignace*, défilant sous la poupe de *la Montagne*, toucha de son beaupré la seconde galerie, précisément à l'endroit où se trouvait Jean Bon Saint-André, qui se fâcha vivement contre l'étourdi dont la maladresse l'avait presque renversé. Le jeune Bouvet, qui se trouvait à côté de lui, et qui riait à gorge déployée de sa colère, lui dit d'un grand sang-froid :

Ecce tricornigeri veniunt, nigra agmina, patres,

faisant allusion à la proue de ce navire, qui représentait le saint fondateur des jésuites, Loyola, en long manteau noir. A cette époque, la rade, le port de Brest et la rivière de Landernean étaient encombrés de prises anglaises, dont les pavillons renversés étaient *à la traîne*.

le précieux convoi qu'on attendait. La volonté du représentant du peuple reste formelle ; il faut s'y soumettre.

Le signal de *braule-bas général partout* est donné ; l'armée se forme sur une seule ligne, et l'on marche à l'ennemi qui semblait manœuvrer pour gagner le vent, et éviter un engagement que les Français n'eussent point dû chercher malgré lui. Cependant sur le soir, l'amiral Howe se décida à répondre aux menaces de ses adversaires. Son arrière-garde s'avança contre celle de Villaret. Au lieu de tenter de la couper et de l'attaquer avec vigueur avant l'arrivée du corps de l'armée anglaise, l'amiral français commit la faute de faire signal à son avant-garde de forcer de voiles ; ce mouvement fut suivi par tout son corps de bataille. Cependant par l'effet des vents qui contrariaient les manœuvres des deux partis, le combat ne devint point général et n'eut point de résultat sérieux. Le vaisseau amiral *la Montagne* occupait le centre de l'armée française, et la distance des eaux était telle que dans cette affaire, qui dura plus d'une heure, le feu seul des canons et les boulets rouges furent aperçus, et qu'aucune détonation ne se faisait entendre. Les Anglais ne parurent point avoir éprouvé beaucoup de mal. Mais le vaisseau français *le Révolutionnaire* fut très-maltraité. Deux vaisseaux anglais parvinrent à le prendre en poupe, tandis que deux autres foudroyaient son bâbord. Quoique accablé par des forces supérieures, démâté et privé de presque toutes ses voiles, *le Révolutionnaire* réussit à se faire remorquer à Rochefort.

Il était nuit, et la flotte française avait hissé des fanaux à tous ses mâts d'artimon. Les Anglais finirent par imiter cet exemple, après avoir long-temps hésité à le faire, et les deux flottes purent enfin s'apercevoir. Quand le jour parut, les Français étaient toujours maîtres du vent. Les deux armées défilèrent deux fois l'une sur l'autre, mais presque hors de portée. On s'essayait. Les boulets venaient mourir auprès des

1793—an II.
France.

vaisseaux, en traçant de longs sillons sur l'onde tranquille. Enfin Villaret donna l'ordre d'arriver, et il fit signal qu'il voulait une action décisive. Il l'aurait obtenue en faisant arriver son armée toute entière en dépendant sur celle de l'ennemi, afin de déployer en même temps toutes les forces françaises, et d'empêcher l'amiral Howe, en le serrant, de gagner le vent. Le signal de serrer l'ennemi au feu fut seulement donné à l'avant-garde ; elle fut désemparée. Alors l'amiral français demanda, par un autre signal, si elle pouvait virer vent devant. La réponse ayant été négative, il se décida à faire virer son armée en même temps : mais les Anglais le primant de manœuvre, avaient déjà reviré et étaient venus combattre l'arrière-garde en gagnant la vitesse du vent.

L'amiral Howe s'apercevant alors que le signal qu'il avait fait de couper la ligne française n'avait pas été bien compris par l'avant-garde de son escadre, vira de bord sur les deux heures, et pénétra seul dans cette ligne avec son vaisseau amiral *la Reine-Charlotte*, de 120 canons. Pendant quelque temps, Howe courut la même bordée que la flotte française, s'éleva ensuite pour canonner un vaisseau à trois ponts *le Vengeur*, avarié dans ses agrès, qui s'efforçait de rentrer dans la ligne, et qui deux jours après donnera ce bel exemple d'héroïsme, que la poésie s'empressera de célébrer. *Le Bellerophon* et *le Léviathan*, vaisseaux anglais qui avaient voulu imiter la manœuvre de leur amiral, furent vigoureusement repoussés et obligés de se prolonger bord à bord de la ligne française jusqu'au-delà de leur arrière-garde. Ces deux vaisseaux demeurèrent ainsi séparés de leur flotte jusqu'au premier juin.

Mais pendant que le combat se soutenait sans trop d'ardeur de part et d'autre, une brume épaisse, qui s'éleva vers le soir sur l'Océan, vint tout-à-coup répandre les ténèbres au milieu des combattans et les forcer de cesser tout engagement. Ne s'apercevant plus que dans des éclaircis et à la faveur des fanaux allumés sur leurs bords, les deux flottes n'osèrent plus agir l'une contre l'autre. Cette brume dura deux jours, et ne commença à se dissiper que le premier juin au matin. Pendant ces deux jours, l'armée française, dans l'impossibilité de rien entrevoir autour d'elle, manœuvra continuellement à la voile, et les eaux ne furent conservées qu'au moyen de coups de pistolet tirés de temps en temps.

Quand enfin parut le premier juin, ce jour à jamais célèbre dans la marine française, la mer était houleuse et moutonnait; le soleil brillait de tout l'éclat de ses feux; et l'on put voir que l'ennemi, dont les forces s'étaient augmentées, avait profité, pour gagner le vent, des brumes épaisses qui couvrirent la mer le 30 et le 31 mai. L'amiral anglais fit à sept heures le signal pour se porter sur la ligne française, et ordonna à ses vaisseaux de gouverner de manière à combattre bord à bord le vaisseau qui lui serait opposé. Aussitôt on vit cette flotte s'avancer à pleines voiles, dans un ordre parfait et sur une ligne oblique vers l'escadre française, dont tous les vaisseaux étaient également bien alignés et disposés au combat. De toutes parts et sur tous les bords retentissent ces airs guerriers par lesquels les Français s'excitaient à la valeur, et promettaient de vaincre ou de mourir pour la patrie.

L'action ne tarda pas à s'engager et à devenir générale. L'histoire en offre peu qui aient été aussi glorieuses et aussi meurtrières pour les deux nations. Les vaisseaux s'approchèrent à portée de pistolet et s'envoyèrent d'abord de nombreuses décharges d'artillerie. Les Anglais, qui avaient parfaitement reconnu la position de l'escadre française, n'attaquèrent point l'avant-garde, mais ils s'attachèrent à combattre le centre et l'arrière-garde. Bientôt l'ordre donné par l'amiral Howe reçoit son exécution. Chaque vaisseau anglais attaque un vaisseau français; la mêlée devient horrible, on se bat avec un acharnement égal à la haine que se portent les deux peuples. La confusion ne tarde pas à se mettre dans les manœuvres. Elle devient telle que le Français tire sur le Français, l'Anglais sur l'Anglais, et que les signaux ne peuvent plus être aperçus ni compris.

Les drisses ont disparu; les pavillons tombent et sont à l'instant *cloués.* Les voiles vent-dessus, vent-dedans (en panne), n'offrent plus que d'inutiles lambeaux. Les mâts restés debout sont criblés de boulets. Car l'Anglais spéculateur visait à démâter les vaisseaux français, tandis que ceux-ci s'efforçaient de couler bas leurs rivaux. Le feu de l'artillerie était si terrible, il était servi avec une activité si prodigieuse, que la foudre elle-même eût vainement cherché à se faire entendre au milieu de plus de quatre mille pièces de canon vomissant ensemble et la destruction et la mort, à travers d'épais tourbillons de fumée qui voilaient la lumière même du soleil.

Cependant l'amiral Howe, furieux de voir que des Français, dont la moitié connaissaient à peine la mer, lui disputaient si bravement la victoire, faisait les plus grands efforts pour la ranger sous son pavillon. Lui-même, au commencement du combat, avait canonné *la Montagne,* monté par Villaret-Joyeuse. Mais ce vaisseau, vigoureusement aidé par ses deux matelots d'avant et d'arrière, avait riposté avec tant d'avantage au feu redoublé de l'Anglais, que plusieurs fois celui-ci s'était vu obligé de reculer. Enfin sur le midi, le matelot d'arrière de l'amiral français, *le Jacobin,* qui jusqu'alors avait combattu avec le plus grand courage, fait tout-à-coup une fausse manœuvre, cède imprudemment au vent, longe *la Montagne,* et se montre bientôt à demi-portée de canon. Tel est le désordre qui règne parmi son équipage que dans cette nouvelle position, il continue son feu et ne s'aperçoit pas qu'il le dirige sur le vaisseau même qu'il devait protéger, sur l'amiral. Des Français sont tués par des Français dans cette fatale circonstance.

Cette fausse et pernicieuse manœuvre du *Jacobin* mettait à découvert *la Montagne*, et compromettait singulièrement sa sûreté. En effet, l'amiral Howe, qui n'avait point tardé à s'apercevoir du vide occasioné par la retraite de ce matelot d'arrière, saisit habilement ce moment, force de voile, coupe la ligne, et fait en même temps le signal pour que chaque vaisseau porte dans l'armée française. L'intervalle perdu donne à l'amiral Howe la facilité d'approcher *la Montagne* à la hanche. Suivi de deux vaisseaux à trois ponts et de trois autres inférieurs en force, il entoure l'amiral français, et lui livre à quart de tribord un combat à outrance, dont les annales de la marine offrent peu d'exemples.

La Montagne fut long-temps canonnée avec avantage par *la Reine-Charlotte* (l'amiral anglais) avant d'avoir pu présenter le côté à son ennemi. Enfin Villaret parvient à prendre cette position. Les deux armées se trouvaient alors mêlées et confondues. Les marins français, jaloux de la gloire des guerriers de terre, combattaient avec enthousiasme : *La victoire ou la mort,* telle était la devise inscrite en lettres d'or sur des pavillons bleus, arborés à bord de leurs vaisseaux. Toutes leurs actions montraient qu'ils ne voulaient pas être parjures. Ils se battaient avec la plus rare bravoure, et l'intrépidité des nouvelles recrues rivalisait avec celle des vieux marins. Tous oubliaient la mobilité de l'élément sur lequel ils donnaient ou recevaient la mort. L'image d'un péril imminent était écartée par l'idée seule de triompher : et l'horrible détonation des bouches à feu, la sombre fumée qui s'élevait de toutes parts en nuages immenses et noirs dissimulait à chaque combattant les victimes immolées presque sous sa vue.

Mais de tous les vaisseaux français celui qui se trouvait attaqué avec le plus de fureur était *la Montagne*. Entourée par les vaisseaux anglais, elle demeura pendant deux heures invisible au reste de la flotte. Bientôt *la Reine-Charlotte* veut tenter l'abordage : les vergues touchent les vergues, et s'entrelacent. Les deux énormes vaisseaux se choquent et s'entr'ouvrent. Les canonniers des deux bords, privés de l'espace nécessaire pour manœuvrer, s'attaquent à coup d'écouvillon. Frappé du spectacle dont ses yeux sont témoins, Jean Bon Saint-André ne peut surmonter la frayeur qu'il éprouve, et pour éviter le danger, il se hâte de descendre à la première batterie.

Cependant l'amiral français, devinant le dessein de Howe, essaie lui-même de le prévenir. L'ordre d'aborder sort de sa bouche avant que les Anglais aient réussi à le tenter. Les grappins se balancent, et Howe va connaître sur son propre bord ce que peut la valeur française animée par le patriotisme. Mais déjà il a su apprécier l'intrépidité de ses rivaux, et prudent, il sacrifie quelques cordages, et se retire sous le vent, à la distance de plusieurs toises.

Plus libre dans sa manœuvre, l'artillerie française s'efforce alors de lutter contre celle des Anglais. Les canonniers mettent dans leurs pièces des boulets ronds, des boulets ramés et des grappes de raisin. Ces meurtriers instrumens de carnage sèment la mort sur le bord ennemi. Mais lui-même riposte avec non moins de succès. Le gouvernail de *la Montagne* est arraché à l'étambot brisé, à ses gonds, à ses pentures. Deux des sabords de la Sainte-Barbe à tribord n'en forment plus qu'un ; le feu se manifeste à sa seconde galerie. L'amiral Villaret lui-même est renversé de son banc de quart qui saute en éclats ; Villaret, sans se déconcerter, se relève et fait rétablir le banc de quart. Un boulet coupe une longue vue dans les mains du froid et valeureux Delmotte, major-général. L'intendant Rassé, le capitaine de pavillon Bazire tombent emportés par le même coup, à côté du grand et brave

Vignot, Hue, de Granville, a le ventre entr'ouvert: Cordier se fait comprimer avec un ceinturon d'épée le tibia qu'un boulet lui a brisé en esquilles, et reste à son poste. Chardon, de Lorient, tombe blessé à la cuisse [1]; Gérard de Dieppe meurt; le courageux Angot, de Saint-Vallery en Caux, est frappé d'une balle au talon, se fait panser et remonte sur le pont. Le couronnement du vaisseau porte, empreinte dans ses moulures et dans ses ornemens, la cervelle des malheureux lieutenans de Villaret et des pilotes côtiers tués à la barre du gouvernail. L'entrepont du vaisseau est jonché de cadavres, que l'on n'a pas même le temps de jeter à la mer, et c'est dans le sang de leurs camarades que les marins français vont chercher et affronter un destin semblable.

Il est inconcevable que les forces anglaises, quintuplées autour de *la Montagne*, ne fussent pas encore parvenues à la couler, malgré plus de deux cent cinquante boulets qu'avait reçus à fleur d'eau son seul tribord. Le pavillon national flotte toujours à la misaine, au grand mât et à l'artimon. Cependant l'habitacle était détruit. Le sablier, la fleur de lys de la boussole, remplacée sur les autres bords par le bonnet de la liberté, ont totalement disparu. Le pont n'a pour ainsi dire plus de combattans; les troisième et seconde batteries sont privées de leurs généreux défenseurs. Le spectacle de la destruction se montre sur toute l'étendue du vaisseau. Des canons sont démontés; d'autres sont fendus à leur bouche par des boulets ennemis, que le hasard y a introduits; plusieurs boutons de culasse, repoussés eux-mêmes par une force irrésistible, ont doublé l'effet du projectile. Les gaillards d'arrière et d'avant, la chaloupe, les canots qu'elle encaisse sont percés à jour.

---

[1] Sa blessure était si grave qu'il fallut lui faire l'amputation. L'intrépide Français ne perdit rien de sa gaîté pendant l'opération. Au moment où le chirurgien de *la Montagne*, Chappon, commençait à trancher les chairs : « C'est dommage, dit Chardon en riant, que de regrets pour les belles de Lorient! »

1794—an II.
France.

Cinq fois de suite, à babord et à tribord, les canonniers des pièces de chasse ont été tués, et, sans que l'ordre eût été donné de les remplacer, de nouveaux braves leur succèdent; et sur les corps palpitans de leurs infortunés camarades, se disputent la gloire de venger leur trépas. Pendant un quart d'heure, la poulaine est le poste d'honneur. On voit jusqu'à des mousses, des enfans de dix ans, oublier le service des gargousses, saisir le boutefeu, et lancer gaîment la mort sur les Anglais. Tout-à-coup des caisses remplies de cartouches prennent feu sur la dunette, éclatent et tuent la moitié des timonniers à côté de leur chef Demay et du sous-lieutenant James. Ce dernier désastre répand la terreur parmi le petit nombre de braves qui restent encore vivant sur *la Montagne*. Le contre-amiral lui-même tourne involontairement la tête, et ce mouvement, qui dénote tous les dangers dont on est entouré, exalte au contraire le courage du jeune Bouvet de Cressé [1], chef de l'imprimerie de l'escadre, et lui inspire un dessein hardi, qui bientôt va sauver le vaisseau amiral et les glorieux débris de son équipage.

L'amiral Howe, témoin des pertes que faisait *la Montagne*, avait profité du ralentissement de son feu pour se rapprocher d'elle. Au moment de la détonation des caisses de cartouches, il n'était plus qu'à demi-portée de canon. Bouvet, qui a déjà reçu trois blessures, et dont le bras gauche est en écharpe, voit *la Reine Charlotte* faire force de voiles, et demande audacieusement à Villaret la permission de balayer le pont de l'amiral anglais. « Saisissez la lame ; mais vous vous ferez tuer, lui dit Villaret. — Tant mieux, répond le généreux jeune homme; je serai content si ma mort est utile à la patrie. » L'amiral français sourit, et lui serre la main.

Bouvet se glisse et monte en rampant de degrés en degrés,

[1] Aujourd'hui maître de pension à Paris.

Les Anglais tirent sur lui du haut des hunes, et avec des espingoles, à demi-portée de pistolet. L'aspect d'une mort presque certaine ne ralentit point son intrépide audace. Les balles criblent ses habits; son chapeau est percé en trois endroits; cinq nouvelles blessures sont le prix de son courage et de sa témérité. Bouvet, parvenu au but de ses efforts, se réjouit de voir son sang couler, met le feu à la caronade de 36 à tribord, et a le bonheur de voir son audace couronnée d'un plein succès.

L'effet de cette caronnade, pointée contre le gaillard d'arrière de *la Reine Charlotte*, fut si prompt, qu'aussitôt l'amiral Howe hissa toutes ses voiles, prit chasse, fit signal aux siens de le suivre, et laissa l'immobile *Montagne* (toujours vent-dessus, vent-dedans), entourée au loin de pontons, notamment, à tribord, du *Terrible*, et libre enfin sur une mer calme et couverte de gaz phosphorescent, de débris de vaisseaux, de cadavres et de sang. Ainsi la valeur d'un seul homme donnait la victoire au vaisseau amiral, et l'arrachait des mains des Anglais, fuyant à toutes voiles [1].

Mais tandis que *la Montagne* donnait à l'ennemi un si bel exemple de la bravoure des Français et de leur opiniâtreté à se défendre, le combat n'était pas moins violent entre les autres vaisseaux des deux flottes. La plupart avaient perdu leurs mâts et la moitié de leurs équipages; les canons étaient démontés, les agrès détruits, et plusieurs avaient amené leur pavillon..... Un autre vaisseau français, *le Vengeur*, avait rivalisé de gloire avec *la Montagne*, et venait de donner au

---

[1] Le 26 février 1795, la Convention nationale, sur le rapport de Desbourges, membre du comité des secours, décréta qu'il serait délivré au jeune Bouvet une gratification de trois cents francs en dédommagement du temps perdu dans son emploi pendant le pansement de ses huit blessures, et en même temps comme une récompense nationale pour le courage qu'il avait montré dans le combat naval du premier juin.

1794—an II.
France.

monde un nouvel exemple d'héroïsme inconnu jusqu'alors. Ce vaisseau, qui, dans le combat du 29 mai, avait commis la faute de s'écarter trop de la ligne, avait juré de la réparer, et de venger son honneur à force de dévouement. Abordé par le vaisseau anglais *le Brunswick*, et bientôt entouré par deux autres vaisseaux, *le Vengeur* soutint long-temps, contre ces forces supérieures, un combat que l'excès de la valeur pouvait seul rendre égal. Les Anglais faisaient contre lui un feu si meurtrier, que bientôt l'équipage se vit réduit de moitié. Les braves, emportés par la mitraille, périssaient après avoir fait des prodiges de valeur. Comment ne pas admirer ce trait d'intrépidité de Lehyr, second capitaine du vaiseau français ! Un biscayen lui fait, à la jambe, une blessure dangereuse; ses camarades, lui voyant perdre beaucoup de sang, le pressent de descendre pour se faire panser : « Non, dit Lehyr, j'ai juré de mourir à mon poste; je ne le quitterai pas. » Un moment après, un boulet ramé lui coupe les reins; il meurt en s'écriant : « Courage ! mes amis; vengez-nous ! »

Ce spectacle de la bravoure expirant encore avec gloire, enflamme tous les cœurs, et leur inspire un courage digne d'un meilleur sort. L'équipage du *Vengeur* redouble son feu, oppose à l'attaque toujours plus vive des Anglais une défense toujours plus opiniâtre. Les décharges de l'artillerie sont servies avec tant d'activité, et sont dirigées avec tant de précision, que le vaisseau *le Brunswick*, qui, le premier, avait abordé, est obligé de s'éloigner. Mais les deux autres vaisseaux redoublent d'efforts. *Le Vengeur* voit toute sa mâture abattue; criblé et comme transpercé de coups de canon, il reçoit de toutes parts l'eau à son fond de cale. Les généreux marins qui le montaient prennent alors une résolution désespérée, et qu'on peut comparer aux actes de dévouement les plus sublimes de l'ancienne Rome. Au lieu de chercher à sauver sa vie en se rendant prisonnier au moment où le vaisseau menaçait de couler bas, l'équipage décharge sa bordée quand déja les derniers canons sont à fleur d'eau; les marins remontent ensuite sur le pont, attachent le pavillon français, de crainte qu'il ne surnage, et les bras levés vers le ciel, agitant en l'air leurs chapeaux, ils descendent comme en triomphe, et aux cris mille fois répétés de *vive la république! vive la liberté et la France!* dans l'abîme qui devient pour eux la plus glorieuse des sépultures. Le capitaine Renaudin, son frère, quelques autres officiers et une quarantaine d'hommes, s'étaient jetés dans des chaloupes, et, recueillis par les Anglais, échappèrent seuls à ce désastre volontaire¹.

Cependant l'arrière-garde de la flotte française, composée

¹ Des Français, sans doute peu amis de la gloire nationale, ont révoqué en doute ce sublime exemple de dévouement donné par l'équipage du *Vengeur*. Cependant il n'est point de faits historiques qui soient appuyés sur des preuves plus convaincantes. Les Anglais eux-mêmes se sont empressés de signaler la bravoure de leurs rivaux dans cette circonstance. Entre autres témoignages, d'autant plus irrécusables qu'ils nous viennent des bords de la Tamise, nous citerons deux passages de leurs journaux du temps. Le premier est extrait du *Morning*, à la date du 16 juin 1794:

« Les partisans de la guerre actuelle, dit le journaliste, par suite de leur respect pour la vérité, et avec leur bonne foi ordinaire, continuent d'assurer que la peur seule produit dans l'âme des Français cet étonnant enthousiasme et cette puissante énergie dont nous sommes tous les jours les témoins. Voici une preuve de ce qu'ils avancent. Dans la brillante action navale qui vient d'avoir lieu, l'équipage d'un vaisseau français, au moment où il coulait bas, fit entendre unanimement les cris de *vive la république! vive la liberté!* et s'est abîmé avec son pavillon et ses flammes aux couleurs nationales flottans de toutes parts. Cette expression d'attachement à la république, cette passion dominante de la liberté, qui l'emporte sur l'horreur même de la mort, est-elle donc ici l'effet de la force ou de la peur? »

Le second témoignage est extrait d'un autre journal anglais, qui cite ce passage d'une lettre écrite par un officier présent à l'action:

« Vous savez, sans doute, que la flotte française en est venue aux mains avec celle du lord Howe. L'action a été une des plus chaudes qu'on ait vues jusqu'ici sur mer. Les Français se sont battus en désespérés. Ils n'ont point manqué de de six gros vaisseaux de ligne, était toujours aux prises avec les Anglais, qui avaient porté de ce côté tous leurs efforts. Six vaisseaux, serrés de près par l'escadre entière de l'amiral Howe, étaient dans l'impuissance de se défendre. Les signaux de détresse apprenaient à Villaret-Joyeuse le danger qu'ils couraient, et en même temps la facilité de les dégager. « Il suffisait, dit M. de Kerguelen, pour rallier ces six vaisseaux, et pour prendre deux vaisseaux anglais démâtés, de virer simplement de bord; » aussi l'amiral français s'était empressé de faire signal à cette arrière-garde qu'il allait voler à son secours. Déjà l'avant-garde, qui avait paru voguer jusque-là à pleines voiles, se préparait à revirer pour combattre; six vaisseaux français pouvaient ainsi être ravis aux Anglais, qui semblaient eux-mêmes s'étonner qu'on leur abandonnât une si riche proie; mais Jean Bon Saint-André sortit de la première batterie où il s'était réfugié pendant le combat de *la Montagne* contre l'amiral Howe. Il est pénible de rappeler cet acte de faiblesse de la part d'un représentant du peuple, dont le devoir était de chercher à ranimer le courage des marins s'ils eussent été capables d'en manquer : il n'en coûte pas moins de parler de la défense positive que Jean Bon Saint-André fit à l'amiral Villaret-Joyeuse de retourner au combat. C'est sur le pont de *la Montagne*, en présence de tous les marins assemblés, que ce commissaire de la Convention intimait un ordre si peu conforme à l'honneur et aux intérêts de la nation. L'équipage, indigné, éclatait en murmures. Plusieurs des braves qui avaient reçu dans le combat

courage. Entre autres traits de bravoure, un de leurs vaisseaux, se voyant sur le point de couler bas, déchargea sa dernière bordée, au moment que déjà l'eau effleurait ses derniers canons; ensuite les matelots attachèrent leur pavillon, sans doute pour qu'il ne tombât point en notre pouvoir, et se laissèrent engloutir dans les ondes, plutôt que de se rendre. L'histoire ne nous fournit point de trait de bravoure semblable. »

d'honorables blessures, et brûlaient du désir d'en recevoir encore, voulaient se jeter sur le représentant et parlaient de le lancer à la mer; mais Villaret, qu'effrayait la guillotine, devenue permanente à Brest comme à Paris, donna le signal de la retraite.

1794—an II.
France.

L'arrière-garde française se voyait ainsi abandonnée par le gros de la flotte : n'espérant plus de secours, ayant perdu la moitié de ses combattans, ses vaisseaux étant remplis d'eau dans la cale et quelques-uns menacés du feu, se voyant entourée d'ennemis ; cette malheureuse partie de l'escadre, après que tous ses équipages, officiers et soldats, eurent fait des prodiges de valeur et tout ce qu'on pouvait attendre d'hommes qu'animaient l'amour de la patrie et l'honneur de la marine française, fit signal qu'elle se rendait. Les Anglais l'amarinèrent au moment où il n'y avait plus sur les vaisseaux ni pavillon, ni bâton de pavillon : tous étaient ras comme des pontons. Les six vaisseaux restés prisonniers étaient *le Juste*, *l'America*, *l'Achille*, *le Northumberland*, *le Sans-Pareil* et *l'Impétueux*[1]. Ce dernier brûla, deux mois après, dans le port de Portsmouth. Les Anglais avaient eux-mêmes perdu plusieurs vaisseaux. Ils avaient éprouvé une perte énorme dans leurs équipages. Leur flotte était si maltraitée, que l'amiral Howe, à la seule apparence d'un renouvellement de combat, se serait hâté de fuir. La conduite de Jean Bon Saint-André privait donc les Français d'une victoire presque certaine, et faisait perdre six vaisseaux à la république. Ce représentant avait donc ainsi, dans cette circonstance, commis deux fautes également préjudiciables à l'intérêt de l'Etat: la première, d'avoir forcé Villaret à livrer bataille ; et la seconde, de l'avoir empêché de terminer le combat par un triomphe.

[1] Les noms de presque tous ces vaisseaux avaient été changés à Brest avant le combat.

1794—an 11.   Le reste de l'armée française avait mis à la voile pour re-
France.   tourner sur les côtes de France. Elle était désormais incapable de suivre sa première destination, et d'aller protéger
l'important convoi qui arrivait d'Amérique. Ainsi, par suite
d'une faute bien grave sans doute, les Anglais pouvaient
s'emparer aisément et avec sécurité des subsistances qui devaient sauver de la famine les côtes françaises de l'Océan.
Dans sa route vers Brest, Villaret-Joyeuse rencontra une
escadre de dix-sept vaisseaux, qu'à leur mâture, leur
coupe et surtout leur beaupré, on reconnut pour anglais.
Cette escadre, qui ignorait le combat livré contre celle de
l'amiral Howe, évitait avec le plus grand soin un engagement.
Aucun des vaisseaux n'osa même arborer son pavillon. La
flotte française, après les avoir inutilement poursuivis et chassés pendant cinq heures, mouilla dans la mauvaise rade de
Bertheaume.

Villaret y trouva une escadre toute fraîche qui venait de
Cancale. Dans la crainte que les dix-sept vaisseaux anglais ne
s'emparassent du convoi d'Amérique, il voulait profiter de
ce renfort, et voler à leur poursuite; mais Jean Bon Saint-
André, par un entêtement et pour des motifs que l'on ne peut
concevoir, s'opposa encore à l'exécution de cette sage mesure.
Peut-être ce représentant du peuple appréhendait-il à la fois
d'avoir fait d'un côté bien plus, et de l'autre, bien moins qu'il
ne devait. La flotte resta donc à Bertheaume, parce qu'on rou-
gissait de rentrer à Brest avec un déficit de sept vaisseaux; de
cinq mille hommes faits prisonniers, et de plus de trois mille
tués ou morts de leurs blessures. Ce séjour à Bertheaume était
encore une imprudence, puisque les vaisseaux désemparés n'y
sont point en sûreté lorsque les vents soufflent du sud au sud-
sud-ouest. On a vu plusieurs fois des vaisseaux mouillés dans
cette rade, dont le fond est un sable sec, obligés de couper
leurs cables pour se réfugier à Brest. Cependant on craignait

tant de se montrer dans ce port, qu'on fit venir de la ville les mâtures, les voiles de rechange, et notamment le nouveau gouvernail de *la Montagne*.

L'alarme se répandit sur les côtes de l'Océan quand on apprit que le convoi, attendu avec tant d'impatience, n'était plus protégé. Les habitans, qui manquaient de pain, se croyaient déjà livrés à toutes les horreurs de la famine. Heureusement, et quelques jours après le combat du 1er juin, le convoi parut à la vue de Brest, et fit son entrée dans le port. Vanstable, qui l'escortait avec deux vaisseaux de ligne, avait traversé le champ de bataille des deux flottes. A l'aspect des mâtures et autres débris qui couvraient la mer, il avait d'abord hésité s'il continuerait à suivre la même route. Il pouvait craindre que les Anglais, vainqueurs, ne fussent toujours en mer. Mais l'abondance même des débris, indices du combat, fut en même temps, pour lui, la preuve que ce combat avait dû être terrible pour les deux partis, et que par conséquent le vainqueur et le vaincu devaient également avoir eu besoin de faire voile vers leurs ports respectifs, pour réparer leurs avaries. Rassuré par cette considération, Vanstable s'était décidé à continuer sa marche, et avait été assez heureux pour ne point être rencontré par les dix-sept vaisseaux anglais qui croisaient dans ces parages [1].

Par un inconcevable délire, et qui prouve le peu de con-

---

[1] Aussitôt que Vanstable fut entré dans le port de Brest, il alla chez Jean Bon Saint-André pour lui rendre compte de sa mission. Il s'en acquitta de la manière que nous venons de raconter. Villaret, qui était présent à l'entretien, fit au général les complimens qu'il méritait. « Je ne vous en ferai point, moi, dit, avec sa franchise de marin, Vanstable, qui ignorait la part que Jean Bon Saint-André avait eue dans le combat. Vous vous êtes battu comme un lion ; mais vous vous êtes laissé prendre six vaisseaux, quand vous pouviez les sauver, et en amariner un pareil nombre à l'ennemi. » Villaret n'osa répliquer. Il se souvenait d'avoir vu guillotiner son parent, Kéréon.

fiance que méritent quelques documens officiels de cette époque historique, celui qui, seul, avait causé le désastre du 1ᵉʳ juin, Jean Bon Saint-André, dans le rapport qu'il adressa à la Convention sur cette journée, la peignit comme une victoire signalée remportée sur les Anglais. Il fit plus, il osa même assurer que les six vaisseaux, amarinés par l'ennemi, avaient été laissés en mer pour poursuivre les vaincus. Il débitait un rapport inexact, quand déjà les six vaisseaux, traînés à la suite de l'ennemi, ornaient son triomphe au moment de son entrée dans le port de Portsmouth, où l'amiral anglais vint jeter l'ancre aux acclamations de tous ses compatriotes, et fut visité à son bord par la famille royale. Aucune voix ne fut assez franche pour s'élever contre le récit du commissaire conventionnel, et son imitateur Barrère de Vieuzac, membre du comité de salut public, vint encore enchérir sur lui, et soutenir, à la face de la représentation nationale, que les Français étaient victorieux sur mer en même temps qu'ils l'étaient sur terre. La Convention trompée, ou qui feignait de l'être, applaudit d'une voix unanime à ce prétendu triomphe. Elle devait applaudir à la bravoure des Français, qui ne s'était jamais montrée plus brillante que dans ce combat, mais non adresser des remercîmens à Jean Bon Saint-André qui, seul, avait paralysé la victoire.

Ce même Barrère, qui avait proclamé avec tant d'emphase la prise de Landrecies, pour exciter l'indignation nationale, et qui venait d'accréditer le récit très-équivoque du combat naval, fait par son collègue, engagea l'assemblée à décréter que l'armée navale de Brest avait bien mérité de la patrie; qu'un modèle du vaisseau *le Vengeur* serait suspendu aux voûtes du Panthéon, et que le trait héroïque de dévouement de son équipage serait proposé aux peintres, aux poëtes et aux sculpteurs, pour le célébrer d'une manière digne de la reconnaissance de la patrie [1].

[1] Nous ignorons si la peinture ou la sculpture se sont occupées de traiter ce sujet national; mais la poésie a répondu dignement à l'appel de la Convention. Le dévouement du *Vengeur* a inspiré à Lebrun l'une de ses plus belles odes, et à Chénier une strophe sublime. Nous ne pouvons point nous refuser au plaisir de la citer. La voici :

> Lève-toi, sors des mers profondes,
> Cadavre fumant du *Vengeur*,
> Toi qui vis le Français vainqueur
> Des Anglais, des feux et des ondes !
> D'où partent ces cris déchirans ?
> Quelles sont ces voix magnanimes ?
> Ce sont les braves expirans
> Qui chantent, du fond des abîmes,
> Gloire au peuple français !.....

Voici quelques strophes de l'ode de Lebrun :

. . . .

> Captifs !... la vie est un outrage :
> Ils préfèrent le gouffre à ce bienfait honteux.
> L'Anglais, en frémissant, admire leur courage ;
> Albion pâlit devant eux.

. . . .

> Prêts de se voir réduits en poudre,
> Ils défendent leurs bords assiégés et sanglans ;
> Voyez les défier et la vague et la foudre
> Sous des mâts rompus et brûlans.

. . . .

> Voyez ce drapeau tricolore
> Qu'élève, en périssant, leur courage indompté ;
> Sous le flot qui le couvre, entendez-vous encore
> Ce cri : vive la liberté !

> Ce cri !... c'est en vain qu'il expire.
> Etouffé par la mort et par les flots jaloux,
> Sans cesse il revivra répété par ma lyre.
> Siècles ! il planera sur vous.

1794—an II. *Siége et prise d'Ypres ; combats de Roulers et de*
1ᵉʳ—17 juin. *Hooghlede*[1]. — Reportons maintenant nos regards vers la
(prairial.) Belgique. Le combat du 23 mai, sous Tournay, n'avait
Belgique. presque rien changé à la position respective des armées française et alliée après la bataille de Tourcoing. Au lieu d'être à Thielt, si le général Clairfait se fût trouvé réuni aux autres corps de l'armée ennemie, et que les troupes commandées par l'archiduc eussent été mises en action, il est permis de penser que l'issue de cette bataille n'eût peut-être pas été aussi favorable aux Français, et que leur gauche se fût trouvée au moins coupée de toute communication.

Pichegru venait, dans le combat du 23 mai, d'acquérir la presque conviction que les efforts qu'il pourrait faire désormais sur Tournay seraient au moins inutiles.

Le terrain coupé de la West-Flandre lui présentait un théâtre de guerre plus facile, avec les forces qu'il avait à sa disposition, et il résolut d'y opérer plus spécialement. D'un autre côté, la position de Clairfait à Thielt lui donnait le moyen de battre ce général isolément; mais pour parvenir à son but, il fallait tenter une entreprise qui pût attirer le général autrichien sur un champ de bataille avantageux, et Pichegru fit attaquer Ypres.

Le général Moreau fut chargé de cette expédition, partit de Menin, le 29 mai, pour se rendre à Hondtschoote, et se concerta dans ce village avec le général Michaud et le commandant du génie Dejean.

Le 1ᵉʳ juin, la division du général Michaud se mit en

    Et vous, héros de Salamine,
Dont Thétis vante encor les exploits glorieux
Non, vous n'égalez point cette auguste ruine,
    Ce naufrage victorieux !

[1] Journaux du temps, — Tableau historique, — Dictionnaire des siéges et batailles, — Jomini, — Mémoires et relations manuscrits, etc.

SIÈGE D'YPRES, en 1794.

mouvement, ainsi que la brigade du général Desenfant, et ces troupes, réunies, se postèrent en avant d'Elverdinghe et de Vlaemertinghe. Cette première attaque n'était que simulée, pour attirer le général Clairfait de sa position de Thielt; la place d'Ypres ne fut pas même investie, et l'on se contenta d'établir deux batteries peu nombreuses sur les chaussées d'Elverdinghe et de Vlaemertinghe.

1794—an II.
Belgique.

Dans le même temps, le général Pichegru concentra des troupes entre Courtray et Menin, prêtes à se porter, au besoin, sur le général Clairfait, fit faire, par les troupes du camp de Singhin, une démonstration sur Orchies pour y attirer l'attention des alliés, et envoya quelques troupes pour faire diversion en faveur de celles qui opéraient sur la Sambre. C'est ainsi que le général Kléber se trouva à même de secourir l'armée des Ardennes, engagée à Merbes-le-Château.

Ces dernières dispositions n'empêchèrent pas les Autrichiens d'envoyer sur la Sambre un corps de vingt mille hommes, que l'empereur François conduisit en personne; mais, d'un autre côté, elles obligèrent l'armée sous Tournay de rester sur la défensive, et de se retrancher dans ses positions.

Cependant, soit prévoyance ou hasard, le général Clairfait ne voulut point quitter sa position de Thielt, et Pichegru se détermina, en conséquence, à convertir l'attaque d'Ypres en siége régulier.

Le mouvement des vingt mille hommes de l'armée ennemie sur la Sambre, lui permettait d'abandonner les garnisons de Courtray et de Menin à leur propre force, et de couvrir les troupes de siége par une armée d'observation.

La brigade du général Vandamme se porta en avant de Dickebusch, pour compléter l'investissement d'Ypres, qui reçut, le 4 juin, un renfort de deux mille hommes.

Vandamme fit occuper toutes les positions et tous les débouchés entre l'inondation de Messine et le canal de Boezinghe, et opéra, le 4 juin, sa jonction sur ce canal avec la division Michaud.

L'armée d'observation, composée des troupes de Souham, et commandée par Pichegru en personne, prit position entre les villages de Passchendacle et de Langhemarcq, en avant de Zonnebecke, pour être en mesure d'appuyer le corps de siége, et de s'opposer aux entreprises de Clairfait, dont les troupes occupaient, comme nous l'avons déjà dit, la position de Thielt et celle de Thorout, ayant son avant-garde à Roulers.

Le soir même de l'investissement (le 5 juin), les assiégés, au nombre de deux mille hommes, firent une sortie vigoureuse sur tout le front des chaussées de Bruges, de Roulers, de Courtray et de Menin. Ils parvinrent d'abord à surprendre quelques postes qui n'étaient point sur leurs gardes, mais ils furent bientôt repoussés sur tous les points, et rentrèrent avec perte dans la ville, sans avoir pu rompre le cordon d'investissement.

Le général Laurent s'était emparé, le même jour, du fort de Cnocke, à droite du canal de Boezinghe.

Le siége ne fut pas poussé d'abord avec une grande vigueur, faute de munitions et d'artillerie suffisante; mais le général d'artillerie Songis fit venir un approvisionnement et des pièces de siége, qu'il tira de Lille, où le grand parc de l'armée se trouvait encore depuis l'affaire du 18 mai.

Le 7 juin, la division du général Michaud, postée sur la rive droite du canal de Boezinghe, ainsi que quelques bataillons de l'armée d'observation, se virent assaillis par un corps autrichien envoyé au secours de la place. Les Français, qu'une fausse sécurité empêchait de se garder avec assez de précaution, ne reçurent point ce choc avec leur valeur accoutumée, et furent repoussés près de Merckhem. Il eût été facile à l'ennemi de se porter de suite, et sans obstacle, sur les troupes d'investissement appuyées au canal près Saint-James, et, forçant ces dernières, de jeter par ce point du secours dans la place; mais il ne le fit pas, et donna le temps au chef du premier bataillon de l'Ille-et-Vilaine Aubrée, qui commandait dans cette partie sous les ordres de Vandamme, de faire les dispositions nécessaires pour soutenir l'attaque. Elle n'eut point lieu, parce que les Autrichiens, craignant de prêter le flanc à l'armée d'observation, se retirèrent à la hâte. Pendant cette entreprise, les assiégés avaient redoublé leur feu, et tenté plusieurs sorties partielles qui, toutes, avaient été repoussées.

1794—an II.
Belgique.

Les travaux de siége, dirigés par le commandant Dejean, furent poussés avec plus de vigueur du 7 au 10. La parallèle, déjà commencée, fut prolongée, et sept batteries nouvelles furent ajoutées aux trois déjà établies.

Cependant le général Clairfait ne pouvait pas rester tranquille spectateur du siége d'Ypres, sans tenter au moins quelques efforts pour dégager ou secourir cette place. Jusques alors il s'était borné à quelques mouvemens partiels pour y faire entrer plusieurs renforts, attendant d'être lui-même secouru par la grande armée; mais ayant perdu cet espoir, il s'avança à Roulers et à Hooghlede, pour attaquer l'armée d'observation.

Pichegru fit marcher des troupes en avant de Langhemarcq, et dans ce premier engagement, qui eut lieu le 10 juin, les Autrichiens furent contraints de se retirer sur Thorout et Thielt.

Le 11, le général Moreau fit sommer le général Salis, qui commandait dans Ypres, de rendre la place; et, sur le refus de ce commandant, le feu recommença avec plus de vigueur, et les travaux furent continués avec une grande activité. Un incendie éclata dans la place dans la nuit du 11 au 12, et, ce jour-là, on commença la seconde parallèle.

Le 13 juin, le général Clairfait renouvela son attaque sur l'armée d'observation, dans la position que cette dernière avait prise après l'affaire du 10. Il avait réuni tous ses détachemens, et reçu quelques renforts. La gauche des Autrichiens attaqua la position de Roulers, à la droite des Français, et cette droite fut culbutée presque aussitôt par l'impétuosité du choc ennemi. Ce premier succès allait singulièrement compromettre le reste des troupes; mais le centre était sous les ordres de Macdonald. Quoique attaqué de front et sur son flanc, cet habile général, qui occupait le plateau d'Hooghlede, prit de si bonnes dispositions et fit si bonne contenance, que l'ennemi ne put l'entamer.

Cette résistance donna le temps au général de Winter de se porter sur le champ de bataille avec sa brigade, et d'y rallier les troupes déjà mises en désordre. Les deux généraux faisant alors un effort combiné avec les brigades des généraux Daendels, Jardon et Salm, la position de Roulers est reprise; et bientôt Clairfait, vivement attaqué au pas de charge et à la baïonnette, est forcé d'abandonner une seconde fois le champ de bataille, et de se retirer sur Thielt.

Cette action très-meurtrière eut un succès décisif, et rendit bientôt les Français maîtres de la place d'Ypres et de la West-Flandre. Cependant les Autrichiens avaient trente mille hommes inactifs à Tournay, neuf mille Anglais venaient de débarquer à Ostende, sous les ordres de lord Moyra, et il est difficile de concevoir pourquoi ces troupes ne tentèrent point de donner la main au général Clairfait dans son entreprise vraiment nécessaire à l'intérêt des alliés. Au surplus, ceci est encore une des conséquences des mauvais plans et de l'irrésolution des mêmes alliés à cette époque. Nous aurons encore plus d'une occasion de faire la même observation dans la suite de nos récits.

Le siége fut poussé encore plus activement après ce dernier succès. Le 17 juin, vingt-huit bouches à feu tirèrent ensemble sur la place, et, pour la première fois, le feu des Français fut supérieur à celui des assiégés, qui cessa entièrement à onze heures du matin. On vit alors le drapeau blanc arboré sur les remparts.

Dans l'après-midi, le général Salis envoya un parlementaire et deux otages au général Moreau; mais les premières propositions ayant été rejetées en grande partie par le général en chef Pichegru et par Moreau, la capitulation ne fut définitivement consentie et signée que le 18 juin (30 prairial), à trois heures du matin La garnison, forte de six mille hommes, se rendit prisonnière de guerre, et fut conduite dans l'intérieur de la France.

On trouva dans la place plus de cent bouches à feu, dont une partie en bronze, près de cinquante milliers de poudre, des fusils, des bombes, des obus, des boulets en grande quantité, et des magasins remplis de grains; les particuliers avaient aussi des vivres en abondance.

Les troupes employées au siége d'Ypres se signalèrent à l'envi l'une de l'autre, et leur conduite mérita les éloges du général en chef. Les généraux Michaud, Vandamme, Laurent et Desenfant furent cités avec distinction par le général Moreau, digne appréciateur d'un mérite qu'il possédait déjà lui-même à un si haut degré. Parmi les traits particuliers qui honorèrent les soldats français pendant le siége d'Ypres, nous citerons celui-ci.

On venait d'achever la construction d'une des batteries de brèche; et comme on manquait de chevaux pour conduire les pièces destinées à l'armement de cette même batterie, le quatrième bataillon du Nord, empressé de la voir en jeu, s'attela tout entier aux six pièces de grosse artillerie qu'il s'agissait de placer, et parcourut ainsi un intervalle de cent cinquante

1794—an II.
Belgique.
toises sous le feu le plus violent des assiégés; la batterie fut armée.

Ce trait de courage et de dévouement valut à cette brave troupe, qui se distingua d'ailleurs en d'autres occasions, une lettre de félicitation que lui écrivit la Convention nationale par l'organe de son président. A cette époque, il faut bien en convenir, et des milliers de témoins existent encore pour l'attester, de pareilles récompenses agissaient encore plus fortement sur l'esprit des soldats de la patrie que celles qui furent accordées par la suite à la bravoure individuelle.

20 juin.
(5 messidor.)
Combat de Deynse [1]. — Pichegru, après avoir mis Ypres en état de défense, marcha, le 20 juin, sur la Mandel. L'intention de ce général était d'obliquer à droite, de venir passer l'Escaut à Audenaerde, d'isoler ainsi Clairfait du corps du duc d'Yorck, et de se lier à l'armée de Sambre-et-Meuse, pour s'associer aux grandes opérations de cette dernière.

Clairfait quitta sa position de Thielt pour se retirer sur Gand. Il venait de faire occuper la petite ville de Deynse, à trois lieues de la première, lorsqu'il fut attaqué par les troupes du général Souham, qui le chassèrent de ce poste. Poursuivi jusqu'aux portes de Gand, le général Clairfait laissa au pouvoir des Français dix pièces de canon et trois cents prisonniers.

Nous ne devons point passer sous silence un trait qui honore les soldats français, et qui va prouver combien ils étaient loin de partager le délire souvent atroce de ceux qui gouvernaient alors la France. Le décret qui ordonnait de ne plus faire de prisonniers anglais venait d'être promulgué dans les armées, et avait été reçu avec une sourde indignation par des hommes généreux qui se promettaient bien de ne pas le mettre à exécution de sang-froid, mais qui, liés par cette obéissance

---

[1] Tableau historique, — Jomini, — Mémoires et relations manuscrites, etc.

passive dont on fait une vertu nécessaire à la guerre, n'avaient point osé faire éclater les sentimens que faisait naître en eux une loi aussi barbare qu'impolitique. Parmi les prisonniers faits dans le combat de Deynse, il y avait un assez bon nombre d'Hanovriens que leur qualité de sujets du roi d'Angleterre rendaient passibles de la mesure sanguinaire. Un détachement les conduisit à Wielsbecke, quartier-général de Souham, où un officier d'état-major les reçut des mains d'un sergent qui commandait l'escorte. « Camarades, dit l'officier au détachement, vous allez nous mettre dans un cruel et terrible embarras; il fallait laisser ces malheureux s'échapper où vous les avez rencontrés. — Mon officier, répond le sergent dans son langage naïf, c'est autant de coups de fusil à recevoir de moins, et nous sommes ici pour affaiblir l'ennemi. — Mais il existe une loi affreuse contre eux, et bien embarrassante pour nous. — Nous la connaissons; mais la Convention n'a pas prétendu que des soldats français fissent le métier de bourreaux. Au reste, voici nos prisonniers; envoyez-les aux représentans du peuple, et si ceux-ci sont des sauvages féroces, qu'ils les tuent, et les mangent ensuite ; ce n'est plus notre affaire. »

Combats de la croix des Bouquets[1]. — L'armée des Pyrénées-Occidentales était restée long-temps dans l'inaction ; mais ayant reçu quelques renforts dans les derniers jours de mai, le général en chef Muller, d'après l'ordre des commissaires conventionnels, voulut (disent quelques relations) entreprendre une expédition sur le territoire espagnol, dans l'intention de s'emparer de la vallée de Bastan, et de menacer même Pampelune, capitale de la Navarre. Il fit attaquer, à cet effet, la ligne de postes espagnols dans la vallée de Bay-

1794—an II. Belgique.

23 juin. (5 messidor.) France.

---

[1] Journaux du temps, — Tableau historique, — de Marcillac, — Mémoires de B***, etc.

gorry; mais ce mouvement, assez mal combiné, à en juger par les détails qu'en donnent ces mêmes relations, se borna à occuper quelques postes, dont le plus important, et celui qui coûta le plus d'efforts, fut le village des Aldudes, où se distingua particulièrement l'adjudant-général Harispe. On y fit quelques prisonniers, et l'on s'empara de plusieurs pièces de canon.

Quelques jours après cette expédition des Français, le général de l'armée espagnole, Caro, voulant sans doute opérer une diversion, et empêcher le général Muller de mettre à exécution le projet d'invasion dans les vallées de Bastan et de Roncevaux, réunit dix à douze mille hommes sur la Bidassoa. Le 23 juin, ce corps de troupes, partagé en quatre colonnes, s'ébranle à la fois. Le général Escalante, à la tête de la première colonne, se porte des hauteurs de Berra sur la montagne de Maudal. Le marquis de la Romana, parti de Biriatou, marche sur le Mont-Diamant et sur le Mont-Verd. Le lieutenant-général don Juan attaque les positions en avant d'Andaye. La colonne d'Escalante, après une assez grande résistance de la part des Français, parvient à occuper les postes de Maudal, du rocher et du calvaire d'Urrugne. La Romana obtient le même succès dans son attaque; mais sur la gauche des Espagnols, les colonnes des généraux Gil et Camesfort sont moins heureuses. Le poste de la Croix des Bouquets tient ferme, donne le temps au général Frégeville de rallier les différens détachemens qui venaient de se replier devant les Espagnols, et permet au général en chef Muller d'envoyer un renfort considérable tiré du camp des Sans-Culottes. L'action change alors de face, et les Espagnols sont attaqués à leur tour avec une grande impétuosité. Les colonnes de la gauche des Espagnols sont culbutées, et cherchent à se rallier aux troupes d'Escalante et de la Romana, parmi lesquelles le désordre ne tarde pas à s'introduire. Frégeville continue à

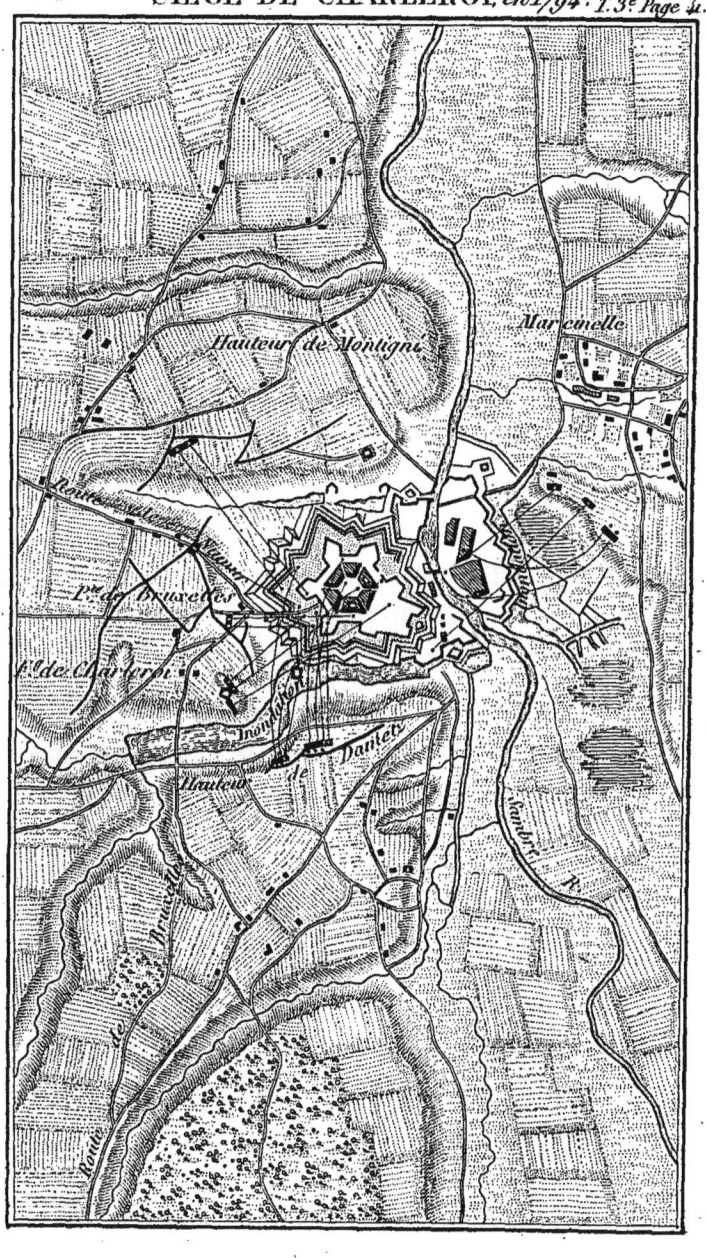

SIÈGE DE CHARLEROI, en 1794.

poursuivre son ennemi la baïonnette dans les reins; les positions prises par les Espagnols leur sont enlevées au pas de charge; et bientôt l'artillerie dont ils s'étaient emparés, mais que les Français reprennent dans leur charge impétueuse, est dirigée sur les fuyards, et la déroute est bientôt complète.

1794—an II.
France.

Les ennemis perdirent beaucoup de monde dans cette affaire, qui fut moins sanglante pour les Français, malgré leur premier échec. Les Espagnols, pressés de fuir, avaient, contre leur usage, abandonné presque tous leurs blessés. Ceux-ci furent traités dans les hôpitaux de l'armée avec les mêmes soins et les mêmes égards que les soldats français.

Les Espagnols se retirèrent derrière la Bidassoa.

Siége et prise de Charleroy[1]. — Il était temps de mettre un terme aux tentatives réitérées des Français sur la rive droite de la Sambre, à l'effet de s'emparer de Charleroy et de s'établir dans le comté de Namur. Quatre passages successifs et toujours infructueux de cette rivière, des échecs multipliés, n'avaient point rebuté le comité de salut public, ou plutôt ses agens Saint-Just et Lebas; et les alliés mettaient la même obstination à défendre un point important, sans l'occupation duquel le succès de la diversion de Pichegru dans la Flandre autrichienne ne pouvait être complet.

25 juin.
(7 messidor.)
Belgique.

On a vu que le 29 mai, le dernier passage, effectué par l'armée des Ardennes, l'avait enfin conduite sous les murs de Charleroy; que cette ville avait été investie et bombardée; et que le 3 juin, un renfort, guidé par l'empereur d'Autriche en personne, avait mis le prince d'Orange à même de battre de nouveau les Français, et de les rejeter encore une fois sur la rive gauche de la Sambre.

[1] Journaux du temps, — Tableau historique, — Jomini, — Dictionnaire des siéges et batailles, — Relations de l'armée de Sambre-et-Meuse, — Mémoires particuliers, etc.

1794—an II.
Belgique.

Cette entreprise eût vraisemblablement été la dernière, si le général Jourdan, depuis quelque temps en marche avec l'armée de la Moselle, forte de trente et quelques mille hommes, ne fût arrivé le 3 juin au soir, au moment même où l'armée des Ardennes était ramenée en désordre.

Le comité de salut public, convaincu de la nécessité de la coopération de l'armée de la Moselle dans une entreprise à laquelle il attachait une si haute importance, avait donné l'ordre au général Jourdan de se réunir avec l'armée des Ardennes et les troupes de l'aile droite de l'armée du Nord. Cette réunion était devenue indispensable, surtout depuis que les alliés s'étaient déterminés à renforcer leur gauche qui se trouvait en ce moment bien supérieure aux troupes qui lui étaient opposées dans cette partie de la ligne.

Un courrier envoyé par le général Jourdan pour prévenir les généraux Charbonnier et Desjardins de l'arrivée de l'armée de la Moselle, ne put joindre ces derniers en temps utile. Ce retard avait occasioné l'engagement prématuré du 3 juin. Instruits à temps, les généraux Charbonnier et Desjardins auraient peut-être évité le combat jusqu'à l'arrivée de Jourdan, dont la présence eût vraisemblablement changé l'issue de cette action meurtrière et funeste.

Quoi qu'il en soit, le succès des alliés leur inspira une confiance que la présence de l'empereur François dans les murs de Charleroy servit encore à augmenter. Ce monarque y passa les troupes en revue, et distribua des récompenses aux chefs et aux soldats qui s'étaient distingués dans les différens combats livrés sur la Sambre et sous les murs de la ville.

La jonction de l'armée de la Moselle avec celle des Ardennes et le corps de Desjardins venait de s'opérer sur la rive gauche de la Sambre. Cette réunion allait donner aux Français de puissans moyens pour opérer sur cette partie du théâtre de la guerre. Le comité de salut public ordonna que les différens corps n'en formeraient qu'un seul sous la dénomination d'armée de Sambre-et-Meuse, et le commandement en fut dévolu au général Jourdan.

1794—an II. Belgique.

Cette armée va bientôt effacer les derniers désastres par des triomphes, et ouvrir à la France une longue carrière de gloire qui placera notre nation au premier rang des peuples guerriers.

Dès le moment même de son arrivée, Jourdan annonça l'intention de repasser la Sambre, et de renouveler le siége de Charleroy, et il ne tarda point à se trouver pourvu de tout ce qui lui était nécessaire pour commencer cette grande opération, avec probabilité de succès. Huit jours suffirent pour la réunion de tous les préparatifs ; et, le 12 juin, à la pointe du jour, le passage fut effectué. L'ennemi voulut en vain opposer quelque résistance ; les dispositions avaient été si bien prises, que ses troupes furent repoussées et culbutées. Une partie se renferma dans Charleroy, l'autre prit position en arrière de cette place. Charleroy fut investi.

Le 13, Jourdan se posta en avant pour couvrir le siége. Huit mille hommes restèrent devant la place, sous les ordres du général Hatry. Celui-ci, accompagné du général Bollemont, commandant de l'artillerie, et du chef de bataillon du génie Marescot, fit la reconnaissance de Charleroy, et ordonna les travaux nécessaires pour en commencer le siége. Un poste extérieur, fortifié par l'ennemi, fut emporté le 14 juin avec beaucoup d'intrépidité par l'adjudant-général Devaux. Ce poste était une ancienne redoute abandonnée. L'ennemi l'avait fait réparer en partie, parce que sa position la rendait très-gênante pour la marche des attaques sur la place. Le commandant Marescot en fit démolir les parapets par une compagnie de sapeurs, sous les ordres du capitaine Bois-Gérard. Cette opération se fit malgré le feu le plus vif du canon et d'une fusillade presque à bout portant. L'intrépide Bois-

Gérard et ses sapeurs ne se retirèrent qu'après avoir achevé la démolition de la redoute.

Dans les nuits du 14 et du 15 juin, on rouvrit les parallèles commencées dans les sièges précédens.

Témoin de nos préparatifs, le prince d'Orange réunit toutes ses forces, résolu à tenter un dernier effort pour délivrer encore une fois Charleroy. Le 15 juin, il part de son camp de Nivelles, et attaque, le 16, l'armée française sur quatre colonnes. Le général Jourdan avait fait prendre une position circulaire pour investir la place. Les deux ailes étaient appuyées à la Sambre, le centre vers Ransart, se prolongeant jusqu'à Gosselies et Jumet.

La colonne de gauche des alliés, commandée par le prince de Reuss, attaqua la division Marceau dans la position de Lambusart.

Les deux colonnes du centre, aux ordres des généraux Beaulieu et Alvinzy, marchant concentriquement sur Mellet, attaquèrent vers Gosselies le centre de l'armée française, qui se replia sur le moulin situé à la droite de la chaussée de Charleroy à Bruxelles, près de Jumet.

Le général Marceau, attaqué par le prince de Reuss, fut forcé de repasser la Sambre à Pont-la-Loup, et le prince put se porter alors vers le bois de Jumet. Ce mouvement compromit le centre des Français dans la position du moulin, qui allait être tournée. La retraite se fit en désordre sur Marchienne-au-Pont.

Le prince d'Orange commandait en personne la quatrième colonne destinée à attaquer la gauche des Français entre Trazegnies et Forchies. Une partie de la division Morlot se trouva en présence de cette colonne; et, pendant que l'action s'engageait, le général Kléber, qui se trouvait à Fontaine-l'Évêque avec sa division, n'ayant point d'ennemi devant lui, et entendant l'attaque sur la division Morlot, se porta par un changement de front rapide vers cette attaque, en faisant prévenir la division Montaigu, postée vers Landely, pour l'inviter à appuyer son mouvement.

Cette manœuvre du général Kléber contraignit le prince d'Orange à combattre avec désavantage ; et le résultat en eût été plus grand sans les succès obtenus par les alliés à la droite et au centre. Le savant général s'aperçut bientôt qu'il se trouverait compromis en poussant plus loin un mouvement qui n'avait plus de but ; et, renonçant à son avantage, il repassa la Sambre.

Cette première bataille de Fleurus, car elle eut lieu sur le même terrain que celle qui se livra dix jours plus tard, fut très-meurtrière ; les Français y perdirent plus de quatre mille hommes, et les alliés près de trois mille. La levée du siége de Charleroy fut la conséquence immédiate du succès des alliés. Saint-Just, toujours aussi entêté, voulait qu'on repassât de suite la rivière, et qu'on attaquât l'ennemi pour ne pas lui donner le temps de ravitailler la place et de détruire les travaux de siége. Mais l'armée française était trop fatiguée, et les munitions d'artillerie trop peu nombreuses : il fallait d'ailleurs faire venir des munitions de Maubeuge, et rétablir l'ordre dans l'armée.

Le 18 juin, Jourdan fit de nouvelles dispositions pour effectuer le passage. On concevra difficilement les motifs qui engagèrent, après la journée du 15, le prince d'Orange à retourner à son quartier-général de Nivelles, au lieu de rester en force sous les murs de Charleroy et de s'opposer à une nouvelle entreprise de la part des Français. Il n'avait laissé qu'un faible cordon de troupes devant Jourdan, imaginant sans doute que les Français rebutés renonceraient enfin à un projet qui avait si souvent échoué. La Sambre fut traversée, et ce passage, qui sera le dernier, assurera la conquête de la Belgique.

1794—an II.
Belgique.

Charleroy se trouvait assiégé pour la troisième fois. Les ouvrages déjà détruits en partie furent relevés ou réparés. On ouvrit sur la hauteur de Montigny-sur-Sambre une nouvelle tranchée qui avait pour but une fausse attaque sur ce point afin d'assurer la gauche de la véritable attaque contre les sorties qui pourraient y être dirigées à la faveur d'un vallon intermédiaire. Les assiégés donnèrent dans ce piége, firent une sortie sur les nouveaux travaux et furent repoussés.

Cependant l'armée d'observation reprit ses premières positions. Rappelé sans doute à Nivelle par le prince de Cobourg, qui persistait dans le dessein de dégager le corps de Clairfait, toujours compromis, le prince d'Orange se rapprocha le 20 juin de l'armée française. Plusieurs escarmouches eurent lieu entre les troupes qu'il commandait et celles de la division Kléber. Le 21, le prince s'avança en tâtonnant jusqu'à la position de la chapelle de Herlaymont. Kléber ne permit pas aux alliés de s'avancer davantage, et vint les attaquer dans ce dernier poste. Après une résistance assez vive, les alliés cédèrent le terrain. Le général Dubois contribua puissamment au succès de cette dernière action. Il fit avec beaucoup d'intelligence plusieurs charges de cavalerie, prit sept pièces de canon, sabra sept à huit cents hommes, et fit cinq cents prisonniers. Le général Championnet ayant joint ses troupes à celles du général Kléber, les vaincus furent poursuivis avec acharnement, et repoussés jusqu'au-delà de Genappe.

Pendant que l'armée d'observation enlevait ainsi au prince d'Orange la possibilité de secourir Charleroy, le siége de cette place tirait à sa fin. Les commissaires conventionnels, impatiens de voir Charleroy tomber entre leurs mains, tourmentaient le général Jourdan pour qu'il fît tenter une escalade sous la protection du feu des batteries. Le commandant Marescot fit rassembler à cet effet, dans les villages voisins, le plus grand nombre possible d'échelles, les fit voiturer à la queue de la tranchée, ainsi qu'une certaine quantité de fascines qu'il avait eu la précaution de faire fabriquer dans le bois de Jumet.

1794—an II.
Belgique.

Toutefois ces préparatifs ne satisfirent point le proconsul Saint-Just. Cet homme féroce, qui ne se montra jamais à la tranchée, instruit qu'un capitaine du premier régiment d'artillerie avait apporté quelque négligence dans la construction d'une batterie dont il était chargé, le fit fusiller dans la tranchée. Il donna en même temps au général Jourdan l'ordre de faire arrêter, et par conséquent fusiller sur-le-champ, le général Hatry, commandant les troupes de siége, le général Bellemont, commandant de l'artillerie, et le commandant Marescot. Le général Jourdan eut, au péril de sa propre vie, le courage de résister aux volontés du lâche conventionnel. Les officiers dont nous venons de parler avaient eu la générosité de faire des représentations contre l'arrêt cruel qui condamnait le malheureux capitaine d'artillerie Méras, et, dans son atroce délire, Saint-Just osait les accuser de complicité.

Le jour même où cette scène se passait, les six batteries des assiégeans se trouvaient organisées et perfectionnées de manière à pouvoir agir avec force; l'activité des batteries de la place se ralentit à l'instant même.

Le lendemain 24 juin, pendant la nuit, les assiégés essayèrent deux sorties, qui dérangèrent les travaux; mais on profita du brouillard de la matinée pour regagner le temps perdu. Bientôt l'artillerie fit un feu si vif, si soutenu et si bien dirigé, qu'elle fit taire les batteries des assiégés. Le général Jourdan envoya sur-le-champ sommer le commandant de Charleroy de lui remettre la place. Celui-ci demanda un délai de trois heures pour assembler le conseil de guerre. On lui accorda un quart d'heure, au bout duquel les batteries, qui avaient interrompu leur feu, recommencèrent à jouer.

1794—an 11.   L'artillerie ne cessa point de tirer pendant la nuit et la mati-
Belgique.   née. Les sapeurs gagnèrent du terrain, et se trouvèrent à distance de la troisième parallèle. A dix heures du matin, le commandant se décida à entrer en arrangement. On lui répondit que la seule capitulation qu'on pouvait lui accorder était de se rendre à discrétion. Vers midi, un officier supérieur, envoyé par le même commandant, vint remettre au général Jourdan les articles d'une capitulation sans doute moins dure dans ses conditions ; Saint-Just, qui se trouvait alors chez le général en chef, repousse le paquet qui lui est présenté, en disant : « Ce n'est pas du papier, c'est la place que je demande. »

26 juin.   Après plusieurs pourparlers infructueux, le commandant autrichien, craignant de subir un assaut, envoya dire que la
(6 messidor.) garnison se rendait à discrétion, et se confiait à la générosité française. Il fut accordé qu'elle sortirait avec les honneurs de la guerre, qu'elle déposerait ses armes et ses drapeaux sur les glacis, et que les officiers conserveraient leurs épées et leurs équipages. Cette garnison était forte de trois mille hommes. On trouva sur les remparts environ cinquante bouches à feu dont plusieurs démontées. Les magasins renfermaient encore des vivres et quelques munitions de guerre.

La garnison de Charleroy avait à peine défilé, et il n'y avait encore que la porte de Bruxelles qui fût occupée par une compagnie de grenadiers, lorsqu'on entendit une canonnade dans le lointain. C'était celle des Français aux prises avec les alliés dans les champs de Fleurus. Ce bruit qui annonçait à la place de Charleroy un secours désormais inutile, répandit une vive alégresse dans l'armée de siége, et dut inspirer des regrets bien cuisans à la garnison prisonnière.

Bataille de Fleurus [1]. — Le canon entendu quelques

---

[1] Moniteur, — Tableau historique, — Dictionnaire des siéges et batailles, — Jomini, — Relations et Mémoires, etc., etc.

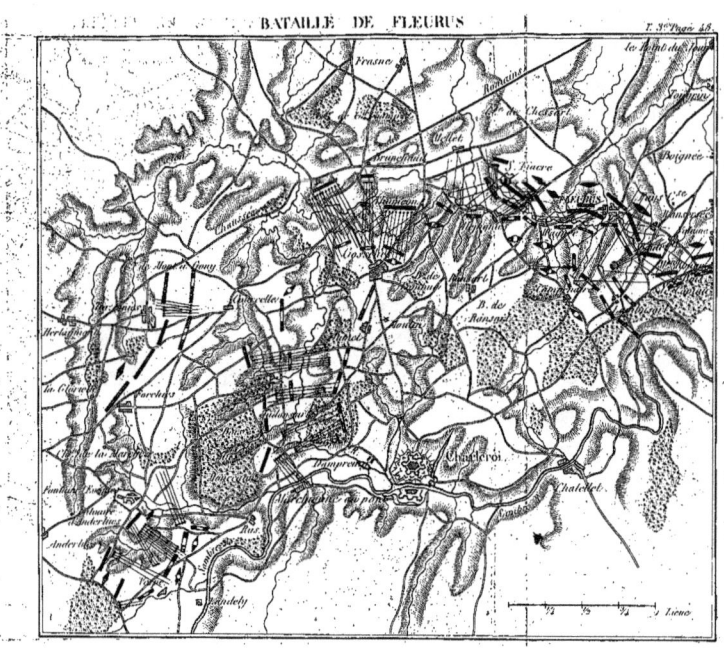

instans avant la reddition de Charleroy était celui du prince de Cobourg, préludant par des escarmouches à la sérieuse affaire du lendemain. Ce prince, averti des progrès rapides des assiégeans autour de la place, était parti de Tournay le 21, avec l'armée anglaise et la réserve autrichienne. Sa marche précipitée lui avait permis de se trouver, le 23, à Nivelles, et d'y opérer sa jonction avec le prince d'Orange.

Mais au lieu d'attaquer sur-le-champ les Français et de manœuvrer pour délivrer Charleroy, il crut devoir donner du repos à ses troupes, et perdit ainsi dans l'inaction un temps précieux, dont Jourdan, comme on l'a vu, sut tirer le plus grand avantage. La canonnade engagée seulement le 25, resta elle-même sans résultat, et par une fatalité qui semblait présider à toutes les entreprises des alliés dans cette campagne, le prince de Cobourg ne se décida enfin à livrer bataille qu'au moment où la victoire même eût été inutile pour délivrer Charleroy.

Tous les auteurs ont remarqué combien il était étonnant que dans une province de la domination autrichienne, où il était si facile d'entretenir des intelligences, le prince ait en effet ignoré la prise de Charleroy le lendemain de la capitulation de cette place. Mais soit que cette ignorance fût réelle, soit que Cobourg l'ait feinte après coup pour excuser sa défaite, il est certain du moins que l'armée alliée n'en avait aucune connaissance. Le bruit de cette reddition ne se répandit dans les rangs qu'au fort de la mêlée, et quelques écrivains ont mis au nombre des causes qui firent perdre la bataille, le découragement que cette nouvelle répandit subitement parmi les soldats.

Cobourg avait d'ailleurs pour lui toutes les chances du succès. Son armée, déjà supérieure en nombre, s'était encore augmentée d'une partie des garnisons de Landrecies, de Condé et de Valenciennes. Elle comptait à peu près cent dix mille hommes, et s'il eût voulu disposer d'une forte partie de cette masse pour attaquer les Français qui occupaient toujours une position circulaire et trop disséminée autour de Charleroy, il pouvait facilement se flatter de remporter la victoire. Mais la manie des généraux de cette époque était de vouloir faire face sur tous les points, et c'est en effet pour avoir suivi cette méthode vicieuse dont Lascy avait été le premier propagateur, et que le général Mack avait si malheureusement fait mettre en pratique dans la dernière campagne, que le prince de Cobourg perdit la mémorable bataille que nous allons décrire.

L'armée française occupait les mêmes positions que dans la journée du 16 juin, à l'exception qu'elle était postée un peu plus en avant. Elle était composée des mêmes divisions et commandée par les mêmes généraux. Répandue en croissant autour de Charleroy, elle s'appuyait sur la Sambre par ses deux ailes, la droite vers Lambusart et les bois de Copiau, la gauche vers Landely. Le centre s'avançait jusqu'au bourg de Gosselies. La division du général Marceau s'étendait à Velaine et Wansersée ; celle du général Lefebvre, un peu en arrière et sur la gauche de Fleurus ; celle du général Championnet au-delà d'Herpignies ; celle du général Morlot en avant de Gosselies ; celle du général Kléber en avant du moulin de Jumet et du village de Courcelle ; celle du général Montaigu, à Trazegnies ; une brigade aux ordres du général Daurier, formant la réserve de l'aile gauche, se trouvait en avant de Landely, derrière Fontaine-l'Evêque. La division du général Hatry était postée en réserve à Ransart, et un corps de cavalerie aux ordres du général Dubois était réparti entre Ransart et Wagnée, et près du bois de Lombue. Tout le front des positions françaises était défendu par des retranchemens liés entre eux par de fortes redoutes.

L'armée des alliés occupait, à sa gauche, les hauteurs de Boignée, de Tongrin et du Point-du-Jour ; le centre se trouvait le long de la chaussée des Romains, et la droite s'étendait depuis Herlaymont jusque près d'Anderlues. Cette armée était divisée en cinq grands corps, qui devaient, ainsi que nous l'avons déjà dit, attaquer en même temps tout le front de l'armée des Français.

1794—an II. Belgique.

La première division de droite, commandée par le prince d'Orange et le général Latour, avait ordre de se partager en trois colonnes au moment de l'engagement, afin de s'emparer de Trazegnies, Fontaine-l'Evêque et des bois du Monceaux. La force de cette division était de vingt-quatre bataillons et trente-deux escadrons.

Le deuxième corps, à la droite du centre, dont la force était de quatorze bataillons et seize escadrons, se trouvait aux ordres du général Quasdanovich. Il devait s'étendre sur la grande route de Bruxelles, et attaquer Frasne, Mellet et Gosselies.

Le troisième corps, à la gauche du centre, était commandé par le général d'artillerie comte de Kaunitz. La première ligne de ce corps se composait de dix bataillons et dix-huit escadrons ; la seconde ligne se formait de la réserve de l'armée. Sa destination était d'attaquer les Français entre Mellet et Fleurus, et de s'emparer du village d'Hepignies.

Le quatrième corps, devant se lier à la gauche du troisième, et commandé par le prince Charles, était le moins nombreux de tous ; il avait ordre de se diriger sur Fleurus.

Le cinquième corps, sous le commandement du général Beaulieu, faisait l'extrémité de l'aile gauche, et était, ainsi que le premier, divisé en trois colonnes : la première, à gauche, vers la Sambre, et conduite par Beaulieu en personne ; la deuxième, formant le centre, était aux ordres du général Zapf ; la troisième enfin, qui formait la droite, était commandée par le général Schmertzing, et devait se lier au corps de l'archiduc. Le cinquième corps d'armée, fort de seize à dix-huit mille hommes, devait marcher, par Boignée et Lambusart, sur Charleroy, dans le dessein de faire une trouée jusqu'à cette place, et de la ravitailler s'il était possible.

Les relations du temps remarquent que le prince de Cobourg avait dans son armée une cavalerie beaucoup plus nombreuse et mieux aguerrie que celle des Français; mais en revanche, les relations autrichiennes prétendent que Jourdan avait une artillerie plus formidable et mieux servie que celle de Cobourg.

Quoi qu'il ensoit, les deux partis, désirant vivement engager le combat, se portèrent en avant avec une égale ardeur, le 26 juin, à la pointe du jour, et l'action commença sur les deux lignes par une vive canonnade long-temps prolongée. Vers l'extrémité de la gauche des Français, le prince d'Orange, à la tête de la première colonne de la première division ennemie, s'empara d'abord du calvaire d'Anderlues, de Fontaine-l'Evêque, et pénétra jusqu'au château de Vespe. Dans le dessein d'opérer sa jonction à Rus, avec les deux autres colonnes de son corps d'armée, il attaqua la brigade du général Daurier, et eut, dans le premier instant, quelque succès. Les Français, effrayés du nombre des assaillans, allaient céder à leurs efforts, et abandonner le village qu'ils défendaient, lorsque, renforcés par une brigade que le général Montaigu envoyait à leur secours, ils reprirent courage, et opposèrent une vigoureuse résistance. La colonne du prince d'Orange ayant ainsi perdu la supériorité du nombre, s'aperçut promptement que la partie n'était plus égale. En vain l'ennemi manœuvra avec art; soit pour enlever de front les batteries, soit pour les prendre en flanc; en vain sa cavalerie s'élança elle-même, et chargea brusquement les troupes françaises qui gardaient les pièces, elle fut chaque fois repoussée et écrasée par la mitraille que vomissaient les batteries. Obligé enfin de renoncer à cette attaque, après avoir perdu un grand nombre de ses soldats, le prince d'Orange opéra sa retraite sur Forchies.

Mais pendant que la brigade du général Daurier défendait et gardait ainsi glorieusement sa position, le général Montaigu était contraint d'évacuer la sienne. Les deux autres colonnes du premier corps de l'armée ennemie, commandées par le général Latour, après avoir passé le Piéton, s'étaient rangées en bataille entre le bois de la Gloriette et la cense de Mont-à-Gouy. Elles s'étaient ensuite avancées par échelons vers Trazegnies, en refusant leur gauche. Après une heure d'une canonnade assez vive de part et d'autre, la première ligne ennemie, marchant en avant, attaqua les Français, et, malgré leur résistance assez long-temps prolongée, les força à céder du terrain. Montaigu, désespéré de cet échec, ordonne à sa cavalerie de charger les Autrichiens. Elle obéit, et s'élance avec rapidité. L'ennemi, qui ne s'attendait point à cette brusque attaque, s'étonne et s'arrête. Mais l'exemple de la cavalerie avait ranimé le courage de l'infanterie, qui, revenant à la charge, attaque à son tour l'ennemi avec vigueur, le renverse et reprend sa première position.

Ce succès, dont Montaigu s'applaudissait déjà, ne fut que momentané. Témoin du désordre introduit parmi les siens par la cavalerie française, le général Latour appelle à son secours sa réserve, et bientôt il retourne à l'attaque des retranchemens. Le choc des nouveaux assaillans est si impétueux, que la cavalerie du général Montaigu est obligée de reculer à son tour. Poursuivie avec vivacité, elle se jette sur l'infanterie, et répand la confusion dans les rangs. Montaigu ne réussit qu'avec peine à empêcher sa division de se débander toute entière. Cependant il parvint à contenir ses troupes, et se retira, suivant les instructions qu'il avait reçues du général Jourdan, partie sur le général Daurier, et partie sur Marchienne-au-Pont, en ayant soin de faire déployer les pontons, et d'établir des batteries sur la rive droite de la Sambre. Le général Kléber, instruit des dangers que courait cette division, envoyait en ce moment un détachement de cavalerie et du canon pour la secourir; mais ce renfort n'arriva que pour être témoin de l'avantage que remportait l'ennemi. Le détachement de Kléber, n'espérant point rétablir le combat, se hâta lui-même de se retirer.

Ce succès, remporté par le général Latour sur la gauche de l'armée française, avait été prévu par Jourdan, qui l'avait comme préparé, en affaiblissant cette gauche pour renforcer sa droite et son centre. Bien loin d'être avantageux à l'ennemi, il allait lui devenir funeste. Il avait imprudemment employé une partie de son armée contre une seule division française. Le prince d'Orange se trouvait entièrement séparé du prince de Cobourg; et Latour, trop faible pour forcer le passage du Piéton, courait désormais le danger d'être enveloppé dans la position où il s'était placé.

En effet, ce général s'étant hâté de poursuivre Montaigu, s'était emparé des bois de Monceaux, et venait de faire canonner Marchienne-au-Pont où s'était renfermé la droite de la division en retraite. Il espérait être soutenu, dans cette opération, par le prince d'Orange; mais ce prince, arrêté par Daurier, n'avait pu déboucher par Rus. Cependant Latour se flattait encore de garder sa position, lorsqu'une manœuvre habile du général Kléber vint donner aux événemens un autre résultat. Ayant reçu les ordres de Jourdan, ce général s'empara des hauteurs du Piéton, et voulant appuyer la résistance de Montaigu dans Marchienne, il fit placer de fortes batteries sur ces hauteurs, et foudroya les troupes de Latour, occupées elles-mêmes à canonner Marchienne. En même temps il portait le chef de brigade Bernadotte [1],

---

[1] Aujourd'hui prince royal de Suède.

avec quelques bataillons, sur Baymont, et fit attaquer ce village. Cette double diversion eut tout le succès que Kléber en attendait. Le feu de ses batteries, auquel voulurent vainement répondre les Autrichiens, répandit l'alarme parmi les troupes de Latour, et jeta quelque désordre dans leurs rangs. Kléber, remarquant de l'irrésolution dans leurs mouvemens, ordonne un dernier effort, dans le dessein de leur faire abandonner leur position. Bernadotte attaque la droite de Latour, la repousse, et pénètre dans les bois du Monceaux. Kléber lui-même attaque leur gauche, et la fait tourner par la brigade du général Duhesme. Cette première division de l'armée de Cobourg, privée de l'appui du prince d'Orange, engagée fort loin du centre des combattans, et menacée d'être enveloppée par toutes les forces de Kléber, jugea qu'une plus longue résistance était inutile, et se décida à opérer sa retraite. Elle se fit à quatre heures du soir, d'abord sur les hauteurs de Forchies, et ensuite sur le camp de Haine-Saint-Paul, et de la chapelle Herlaymont.

Tandis que le premier corps de l'armée alliée échouait ainsi dans ses derniers efforts sur la gauche des Français, l'ennemi attaquait avec la même impétuosité, mais avec moins de succès, le centre de l'armée républicaine. Le second corps du prince de Cobourg, qui faisait partie du centre des alliés, et que commandait le général Quasdanowich, après avoir manœuvré sur la route de Bruxelles, et s'être emparé de Frasne, s'était mis en bataille en avant de la cense de Grand-Champ. Il devait opérer contre la division française aux ordres du général Morlot. Celui-ci, attentif au mouvement de l'ennemi, avait fait avancer des troupes pour s'y opposer. Elles avaient ordre de marcher par Thuméon et par Mellet, afin de prendre l'ennemi en flanc, pendant que Morlot lui-même les attaquerait de front. Mais ces troupes ne mirent point assez de rapidité dans leur marche; elles furent devancées. Le général Quasdanowich avait attaqué, sur sa droite, la cense de Brunchaud, et repoussé les Français envoyés par Morlot pour le prendre en flanc; après s'être emparé de la cense et de Mellet, il s'était établi sur les hauteurs de ce dernier village, d'où il se mit à canonner le front de la division française, postée en avant de Gosselies. Bientôt après il la fit attaquer. Mais les Français se défendirent avec tant d'intrépidité, que le général Quasdanowich n'osa pas aborder la ligne de bataille; il se borna à continuer sa canonnade, à laquelle l'artillerie française répondait, avec d'autant plus d'avantage qu'elle était placée dans des redoutes. Les deux partis restèrent ainsi à se foudroyer jusqu'au soir. Quasdanowich ayant alors appris la défaite du prince de Cobourg, s'empressa de suivre le mouvement rétrograde de l'armée, et se retira sur Trois-Bras entre Frasne et Genappe.

L'avant-garde du prince de Kaunitz attaqua d'abord six escadrons de la division du général Championnet, postés près de la cense de Chessart. Après avoir fait mine de résister, les cavaliers français, ne se sentant point en force, se replièrent sur le gros des troupes retranché entre Saint-Fiacre, Hepignies et Wagnie. Les alliés se portèrent rapidement à leur poursuite, et le prince de Kaunitz, ayant réuni le troisième corps sous ses ordres, vers Saint-Fiacre, le fit ranger en bataille, malgré une vive canonnade qui partait des retranchemens français. Championnet, voyant qu'il allait être attaqué, envoie alors huit escadrons, dans le dessein de tourner l'ennemi du côté de Wagnie. Cette manœuvre réussit au gré des désirs du général français. Menacé d'être enveloppé, Kaunitz fit faire un mouvement d'arrière à ses troupes; et, imitant la prudente circonspection du général Quasdanowich, il n'osa point se porter à l'attaque des retranchemens, et resta pendant quelque temps dans la même position, se contentant de répondre, par son artillerie, aux continuelles canonnades

des Français. Il semblait attendre l'issue des attaques des autres corps pour se décider.

En effet, il était instruit que le général Beaulieu, aux prises avec la droite de l'armée française, poursuivait vigoureusement le combat, se flattant de remporter un avantage décisif. Beaulieu, qui commandait le cinquième corps de l'armée alliée, s'était mis en mouvement de la Cense de Faye. Ses tirailleurs engagèrent le combat avec ceux de Marceau, postés vers les villages de Wansersée, de Velaine et de Baulet. Reçus avec fermeté, ils furent d'abord repoussés; mais ils revinrent à la charge, firent replier les tirailleurs français, et s'emparèrent de Baulet, de Velaine et du bois de même nom. Les troupes de la droite de Marceau, obligées de céder après le combat le plus opiniâtre, se retirèrent dans les bois de Copiau, derrière les retranchemens qu'ils y avaient élevés. Attaqués presque aussitôt par l'ennemi ardent à les poursuivre, les Français réussirent à l'arrêter long-temps en avant de leurs retranchemens; mais, se voyant près d'être tournés par une colonne ennemie qui avait pénétré par la pointe du bois conduisant à la Cense de la Maison rouge, et, craignant d'être coupés, ils abandonnèrent, quoique à regret leur position. Quelques soldats, plus effrayés que les autres, répandirent l'alarme parmi leurs camarades en criant le fatal *sauve qui peut!* et cette retraite, commencée dans le plus grand ordre, s'acheva dans la plus grande confusion. L'infanterie se jeta dans Lambusart, et la cavalerie se rallia en avant de ce village. Les rangs n'étaient pas encore formés, quand cette cavalerie fut chargée par celle de l'ennemi : au lieu d'opposer une résistance qui eût donné à l'infanterie le temps de la soutenir, elle céda et fut obligée de se retirer encore pour se rallier à quelque distance sous la protection d'une batterie. Marceau se flattait qu'elle tiendrait davantage dans cette dernière position; mais le découragement s'était emparé de cette cavalerie. Chargée de nouveau par quatre escadrons autrichiens postés non loin de Lambusart, elle se laissa culbuter sur l'infanterie. Déjà le désordre commençait à se manifester parmi les fantassins, lorsque Marceau vint par sa présence ranimer les courages près de faiblir. A sa voix, les Français, honteux de leur irrésolution, s'élancent, la baïonnette en avant, reçoivent avec sang-froid la cavalerie autrichienne, et donnent le temps aux escadrons de se reformer. L'ennemi, repoussé par cette attaque, et foudroyé par l'artillerie placée dans Lambusart, est contraint de renoncer à l'espoir de tourner le village.

Il y eut alors un moment de ralentissement dans le combat : Jourdan en profita pour donner l'ordre au général Hatry de se joindre au général Lefebvre, et de soutenir l'un et l'autre la division Marceau, tandis que le général Dubois se porterait avec la cavalerie de réserve en arrière de Wagnie et d'Epignies. Mais déjà Beaulieu avait appelé à lui des renforts et recommençait l'attaque contre Lambusart. Les troupes de Marceau résistèrent avec cette valeur héroïque que leur inspirait leur brave général ; et si la cavalerie eût soutenu leur courage, peut-être eussent-elles conservé leur position ; mais celle-ci, chargée avec impétuosité par plusieurs escadrons ennemis, ne put résister, et rendit nuls tous les efforts de l'infanterie. A la vue de cette cavalerie opérant sa retraite au grand galop, les soldats s'imaginent que tout est perdu, tournent le dos sans songer à prolonger leur défense, et fuient en désordre vers le Pont-à-Loup, afin d'y repasser la Sambre. Marceau cependant réussit à retenir quelques bataillons, et ayant réuni sous son commandement six autres bataillons que venaient de lui envoyer les généraux Lefebvre et Hatry, il posta ce petit corps dans les haies et dans les jardins de Lambusart, et, soutenu pas son artillerie, dont les Autrichiens n'avaient pu s'approcher, il contint l'ennemi et l'empêcha de déboucher du village. Quelques escadrons que Beaulieu s'était hâté de faire filer le long de la Sambre, se présentèrent devant Charleroy, et furent repoussés par l'artillerie de la place.

Tandis que Beaulieu réussissait à déposter Marceau de sa position, le général Lefebvre défendait glorieusement celle qu'il occupait en arrière de Fleurus. Attaqué par le quatrième corps de l'armée alliée que commandait l'archiduc Charles, il avait d'abord été obligé de faire replier ses avant-postes du village de Fleurus après un combat long et meurtrier. Mais vainement les Autrichiens essayèrent de forcer la position et les retranchemens des généraux Lefebvre et Hatry. Deux manœuvres que le prince Charles commanda pour les tourner tantôt à gauche, tantôt à droite, échouèrent également. Voyant enfin que tous ces mouvemens étaient inutiles pour surprendre les Français, le général ennemi se décida à les attaquer de front. Trois fois ses troupes arrivent jusqu'à portée de pistolet de la ligne française, trois fois elles sont repoussées par la mitraille et la mousqueterie. Aussitôt qu'elles tournaient le dos pour reformer leurs rangs, elles étaient chargées par des régimens de cavalerie que le général Lefebvre faisait déboucher du camp par des passages qui avaient été ménagés. Enfin, découragé par le peu de succès de ces trois attaques, et menacé d'être poursuivi, le prince Charles fit un mouvement sur sa droite pour se réunir au prince de Kaunitz.

Le général Lefebvre se préparait à tirer parti de cet avantage, et déjà il était sorti de ses retranchemens, lorsque la nouvelle de l'échec éprouvé par Marceau parvint jusqu'à lui, en même temps que l'ordre de Jourdan de porter secours à ce général. La retraite de cette division mettait son flanc droit à découvert, et si le prince Charles, au lieu de se retirer, eût alors retourné à la charge, on peut douter si Lefebvre se fût trouvé en mesure de résister. Le général français sentit aussitôt toute l'imminence du danger qu'il courait, et prit habilement les moyens les plus propres à l'éviter. Les différens corps qui déjà avaient réoccupé Fleurus reçurent en conséquence l'ordre précis d'évacuer ce village et de se replier par échelon dans les retranchemens du camp. En même temps Lefebvre poussa ses tirailleurs jusqu'auprès de Lambusart, et de cette manière se mit à même de soutenir les bataillons que Marceau avait réunis en arrière de ce village. Un régiment de cavalerie et les grenadiers de la division vinrent se former en potence depuis le village jusqu'au bois. Il se trouvait sur ce point plusieurs hauteurs; Lefebvre y envoya aussitôt quelques troupes et y fit établir une batterie de douze pièce d'artillerie.

La position de l'armée française à ce moment de la journée était très-critique. L'ennemi, vainqueur sur plusieurs points, résistait sur tous, et se montrait disposé à faire les plus grands efforts pour rester maître du champ de bataille. A la droite des Français, partie de la division du général Marceau avait été forcée de repasser la Sambre; celle du général Montaigu avait perdu tout son terrain, et plus de la moitié s'était elle-même réfugiée derrière la rivière; le centre avait été contraint de reprendre des positions en arrière, où Morlot et Championnet se soutenaient avec peine. Le succès de la journée dépendait maintenant presqu'en entier de l'attaque de Lambusart; et si Cobourg eût eu plus d'audace; si, rassemblant tout-à-coup ses forces, il fût tombé avec vigueur sur les divisions de Lefebvre, Hatry et Championnet, il paraît presque certain que les Français n'eussent pas remporté la victoire. C'est un hommage que le héros de cette journée, Jourdan lui-même, s'est plu à rendre à la vérité. Mais Cobourg resta fidèle à son système, et l'événement va prouver combien il était contraire aux véritables règles de l'art.

Cependant Beaulieu, par son opiniâtreté à vouloir forcer les retranchemens de Lambusart, prouvait bien qu'il connaissait toute l'importance de ce poste, et que de la dispersion des Français qui le défendaient, dépendait tout le succès de la journée. Nous avons vu avec quel acharnement il s'était efforcé de déboucher de ce village après la retraite de la division du général Marceau. Arrêté dans ce mouvement par les bataillons que celui-ci avait réunis et par l'artillerie placée sur les hauteurs, il avait appelé à son secours la colonne du général Schmerzing et une partie de la troisième commandée par le général Zapf. Schmerzing et Zapf s'avancèrent en même temps par un défilé du côté de Lambusart dans le dessein de prendre à revers les retranchemens français. Mais à ce moment Lefebvre lui-même venait d'opérer son mouvement sur Lambusart. Arrêtées par le régiment de cavalerie, les grenadiers formés en potence et la batterie de douze pièces établie sur les hauteurs, les deux colonnes autrichiennes furent tellement maltraitées par la mitraille, qu'elles se retirèrent en toute hâte, non sans avoir éprouvé une perte considérable en hommes tués ou blessés.

Cet échec éprouvé, quand il osait se flatter de la victoire, ne découragea point le général Beaulieu, qui, dans cette journée, donna les preuves de grands talens militaires. Il fait prier le prince de Kaunitz et l'archiduc de soutenir ses efforts, en attaquant eux-mêmes vigoureusement les Français; et, décidé à tout tenter pour réussir, il réunit toutes ses divisions, attaque en masse les retranchemens, et parvient en effet à prendre le camp en flanc pour tourner la droite de l'armée. La victoire était perdue pour les Français, si Jourdan eût laissé ce dernier mouvement s'opérer. Mais, malgré la rapidité avec laquelle Beaulieu l'avait effectué, et quoiqu'il eût cherché à le dérober, à la faveur d'un terrain coupé, le général français, dont l'œil exercé parcourait en ce moment tout le champ de bataille, aperçut promptement la manœuvre du général autrichien. Convaincu lui-même combien il importe au salut de l'armée de conserver cette position, Jourdan en-

1794—an II.
Belgique.

voie la plus grande partie de là division du général Hatry au secours de celle de Lefebvre, et donne l'ordre à celui-ci de faire les plus grands efforts, non-seulement pour garder sa position, mais aussi pour chasser l'ennemi de Lambusart.

Beaulieu comptait tellement sur le succès de sa manœuvre, que, s'imaginant voir les Français en pleine retraite, il commença par s'assurer les passages de la Sambre, afin d'empêcher les vaincus de traverser cette rivière. Après cette opération préliminaire, il réunit de nouveau toutes ses forces, et se porte avec impétuosité contre les retranchemens : mais, animés par la voix et l'exemple de leurs généraux, les Français opposent à l'ennemi une résistance proportionnée à ses efforts. A mesure que les Autrichiens veulent déboucher du village de Lambusart, ils sont arrêtés par un feu terrible de mousqueterie, et inquiétés, de tous côtés, par les troupes légères éparses dans les jardins et dans les haies. Bientôt renforcé par les détachemens du général Hatry, Lefebvre prend lui-même l'offensive; ses soldats se jettent avec fureur sur ceux de Beaulieu, les culbutent, les chassent de Lambusart, et ne leur permettent de se rallier qu'en arrière de ce village. Mais ce dernier échec ne peut encore rebuter le général Beaulieu.

Nous avons dit qu'il avait fait prier les princes Charles et de Kaunitz de seconder ses efforts. Ceux-ci prévenus des succès que se promettait le général Beaulieu, avaient en effet réuni leurs forces, et avaient alors attaqué avec un acharnement incroyable la division Championnet, que le prince de Kaunitz canonnait depuis le commencement de la journée. Mais ce fut en vain que ces deux généraux se réunirent contre Championnet. La division de ce général était à l'abri derrière de forts retranchemens, appuyée à une redoute armée de dix-huit pièces de canon; elle était soutenue par la réserve de cavalerie et quatre compagnies d'artillerie légère. Elle résista valeureusement à tous les efforts de l'ennemi. Toutefois, le général Championnet ayant reçu un faux avis, qui lui annonçait que le général Lefebvre avait été forcé d'abandonner sa position, et craignant d'être pris entre deux feux, crut devoir ordonner la retraite de sa division. Déjà la grande redoute était entièrement désarmée ; déjà la tête de la colonne débouchait du village d'Hépignies, lorsque Jourdan, qui s'est aperçu de ce faux mouvement, arrive avec six bataillons et deux régimens de cavalerie du général Kléber, et vient une seconde fois sauver l'armée. Surpris autant qu'effrayé d'une manœuvre dont il ne pénètre point la cause, il hésite quand Championnet lui fait dire que Lefebvre étant en pleine retraite, lui, Championnet, se voit forcé de quitter une position compromise. Certain de la fausseté de ce rapport, Jourdan, sans perdre de temps, donne ordre à ce général de faire revenir promptement l'artillerie de la grande redoute, et de se porter en avant, au pas de charge, pour reprendre la position qu'il a abandonnée. Lui-même se met à la tête des six bataillons qu'il a amenés, et les dispose en colonne serrée à la droite d'Hépignies.

A ce moment, Beaulieu, après s'être rallié en arrière de Lambusart, opérait sa jonction avec le prince de Kaunitz et l'archiduc. Ceux-ci, qui s'étaient aperçus du mouvement rétrograde de Championnet, s'étaient emparé des haies et des jardins d'Hépignies, tandis que Beaulieu manœuvrait contre Lambusart. Les trois colonnes autrichiennes s'avançaient majestueusement en bataille sur deux lignes, dans la plaine entre Hépignies et Wagnie. Une artillerie nombreuse accompagnait les colonnes et était masquée par elles. Le combat qui allait se livrer devait être décisif. Jourdan fait donner l'ordre aux soldats de ne faire feu que lorsque l'ennemi sera parvenu à demi-portée de canon. Cet ordre est exécuté avec précision et exactitude. Le feu de la grande redoute et celui des quatre compagnies d'artillerie légère portent la mort dans les rangs de l'ennemi, et y jettent la confusion. Deux fois les troupes de Kaunitz et de l'archiduc reviennent à la charge; deux fois elles sont repoussées avec une perte immense. La dernière attaque fut la plus vigoureuse. Irrité par les obstacles et devenu furieux par la résistance, l'ennemi bravait les dangers avec une impassibilité que ne surpassait point la bouillante valeur des Français. L'artillerie tirait de part et d'autre avec tant de vivacité, qu'il était impossible de distinguer les coups. Les obus enflammèrent les blés et les baraques du camp. Il semblait qu'on combattît dans une plaine de feu. Au milieu de cet incendie général, un obus éclate dans le camp. Plusieurs caissons sautent avec une forte explosion. Le camp est enveloppé, un moment, d'un nuage de flammes et de fumée. Quelques bataillons, effrayés, demandent l'ordre de la retraite. « Non, dit Jourdan, qui combattait à la tête de ces braves; point de retraite aujourd'hui! Nous retirer quand nous pouvons combattre! Non, non, point de retraite! » Ces mots retentissent dans tous les cœurs, et exaltent tous les courages. Electrisés par l'héroïque ardeur de leur général, les Français se précipitent une dernière fois sur les Autrichiens, et les mettent en désordre. Dans tous les rangs, on entendait les soldats s'écrier : « Point de retraite aujourd'hui, » et ce cri fut celui de la victoire.

En effet, le prince de Kaunitz et l'archiduc opérèrent leur retraite avec précipitation, poursuivis par le général Dubois, auquel Jourdan avait ordonné cette manœuvre.

Pendant que Kaunitz et l'archiduc cédaient ainsi la victoire, Beaulieu l'avait disputée non moins vaillamment qu'eux. Au premier choc, ses troupes avaient repoussé celles du général Lefebvre, et avaient repris Lambusart. Mais Lefebvre n'avait évacué ce village que dans le dessein de le reprendre. En effet, rallié derrière le village, il dérobe à l'ennemi un mouvement, porte sa deuxième ligne à sa droite, en colonnes d'attaque, sur Lambusart, et fait attaquer de front le village par ses autres troupes. Les Français, animés par la vengeance et le désir de remporter enfin la victoire, s'élancent avec confiance. C'est en vain que l'ennemi se défend jusqu'à la dernière extrémité ; il est impossible d'arrêter les Français, et le village est enfin pris par les deux colonnes, qui y entrent à la fois, chacune de leur côté. Dans cette dernière attaque, le général autrichien eut la jambe atteinte d'un boulet.

Il était six heures du soir, et Beaulieu était en pleine retraite, lorsque le prince de Cobourg, voyant qu'il avait perdu la bataille[1], lui envoya ordre de l'opérer par Sombref et Balatre, sur Gembloux. Ainsi tous les corps de l'armée alliée, en se retirant, cédaient la victoire aux Français. Le prince de Kaunitz avait été chargé, par Cobourg, de protéger cette retraite. Mais poursuivi vivement par le général Dubois, il était peu dans le cas de s'acquitter de cette commission délicate. Parvenue à Saint-Fiacre, la cavalerie ennemie fit volte-face ; mais les hussards autrichiens furent vigoureusement repoussés. L'infanterie de Kaunitz se forma en carré pour les soutenir, et le prince de Lambesc, à la tête des carabiniers, se porta contre les escadrons français, qui n'avancèrent pas plus loin. Le résultat de ce dernier engagement fut la prise de quelques hommes et de quelques canons.

[1] « Il est cependant probable, dit dans son ouvrage le général Jomini, que si les trois colonnes du prince d'Orange, au lieu de se retirer sur Forchies et Anderlues, se fussent liées avec celle de Quasdanowich pour attaquer Gosselies et Jumet, tandis que Kaunitz, l'archiduc et Beaulieu se seraient réunis contre Fleurus, la bataille eût été gagnée par les alliés ; mais le prince de Cobourg, qui savait sacrifier dix mille hommes pour sauver une bicoque, n'avait jamais su risquer un bataillon pour tenter de grandes entreprises contre des corps d'armée. Charleroy était pris, il crut qu'il fallait se retirer, et il en donna l'ordre au moment où un effort simultané de ces corps lui eût valu, et la victoire et Charleroy, qui n'était pas tenable. »

1794—jn 11.
Belgique.

L'armée française resta dans ses positions retranchées. Celle des alliés se retira sur Nivelles, d'où elle porta un corps à Rœulx; le gros à Mont-Saint-Jean,[1], près de Braine-la-Leud, à l'entrée de la forêt de Soignes; la gauche vers Genappe et Gembloux.

La seconde conquête de la Belgique fut le fruit de cette célèbre victoire de Fleurus, qui répandit dans la France républicaine une ivresse générale. Quoique des auteurs modernes se soient plus à exagérer la perte des vainqueurs, nous devons croire, avec le général Jourdan, qu'elle ne passa pas six mille hommes. Les vaincus portèrent la leur à dix mille, et en eurent trois mille hommes faits prisonniers.

Prise d'Ostende [2]. — Pichegru, après l'occupation de la ville d'Ypres, s'était, par un mouvement sur sa droite, porté, le 20 juin, à Wachen, entre la rive droite de la Mandel et la rive gauche de la Lys, entre Courtray et Deynse. Ce mouvement avait obligé le général Clairfait de quitter sa position de Thielt, pour s'établir derrière Deynse, et pousser des avant-postes sur la droite de la Lys.

Le général français, que ce voisinage inquiétait, fit attaquer, le 22, ces avant-postes, et les contraignit de se replier. Clairfait se retira à Gand; il y renforça son armée d'un corps de cinq mille Anglais et Hanovriens, qui était arrivé, la veille, de Bruges, sous la conduite de lord Moira, et établit la plus grande partie de son corps d'armée derrière le canal de Gand et de Bruges.

Le 24, trois divisions françaises se portèrent contre les

---

[1] C'est le même endroit où vingt-un ans après, et dans le même mois, se livra la dernière bataille de la guerre de la révolution, celle où la valeur française parut si éclatante et si malheureuse.

[2] Journaux du temps, — Tableau historique, — Dictionnaire des siéges et batailles, — Jomini, — David, — Galerie militaire, — Histoire de Pichegru.

ennemis; une d'entre elles parvint même jusqu'aux portes de Gand; mais les deux autres, ayant des forces supérieures à combattre, furent repoussées avec perte. Les vainqueurs se portèrent sans délai sur la première colonne, la culbutèrent sans lui donner le temps de faire résistance, et la poursuivirent l'épée dans les reins jusqu'au camp.

Sur ces entrefaites, le duc d'Yorck s'était porté entre Audenaerde et Renaix, laissant une brigade à Tournay. Le général autrichien Kray, qui avait un corps considérable à Orchies, s'était, de son côté, rapproché de Maulde, où il campa le 23.

Pichegru n'ayant pu réussir dans ses tentaves contre Clairfait, prit alors la résolution d'obliquer à droite, et de venir passer l'Escaut à Audenaerde. Son dessein était de séparer Clairfait de l'armée anglaise, de l'empêcher de se retirer sur Bruxelles, et de le battre séparément. Après y avoir réussi, il voulait se porter sur les derrières de l'armée du prince de Cobourg, qui agissait sur la Sambre; et, après l'avoir détruite ou dispersée, il eût fait sa jonction avec le général Jourdan, opération qui l'eût mis dans le cas de frapper des coups décisifs.

En conséquence de ce plan, il se mit en marche le 25 juin, et campa sur la droite de la Lys, au-dessus de Deynse, à Cruyshautem et Waereghem. Le 27, il se rapprocha d'Audenaerde, en prenant position entre Worteghem et Huisse. Il devait passer l'Escaut dans la nuit du 28 au 29 juin; mais il reçut le soir même un ordre impératif du comité de salut public, qui lui enjoignait de retourner sur la Lys, afin de s'emparer d'Ostende.

Si la conception du plan que voulait exécuter Pichegru appartient à ce général, elle fait honneur à sa perspicacité et à ses talens militaires. Ce mouvement était parfaitement imaginé, et eût produit les plus grands résultats. Tous les gens de guerre verront dans l'ordre donné par le comité de salut public, une mesure fausse, intempestive, puisqu'on était toujours à même d'occuper Ostende, qui est une ville ouverte. Un des graves inconvéniens de la direction des mouvemens militaires confiée à ce comité, où l'on ne trouvait qu'un seul homme qui entendît la guerre, était la facilité avec laquelle les plans les plus mal combinés étaient accueillis. Ceux qui les proposaient, mettant sans cesse en avant les mots de *salut de la patrie*, couvraient sous ce voile leur ineptie. Pichegru connaissait trop bien ce qu'il en coûtait à résister aux ordres d'un gouvernement qui ne cherchait que des victimes afin de les immoler à sa jalouse fureur, pour ne pas se hâter de mettre à exécution ce qu'on venait de lui prescrire.

Ce nouveau plan était d'autant plus préjudiciable aux véritables intérêts de la république, que l'intervention de l'armée commandée par Pichegru n'était point nécessaire pour amener l'occupation d'Ostende. La division du général Moreau, qui s'était emparée de Bruges le 29, était plus que suffisante pour l'opérer. Moreau n'avait qu'à se présenter devant Ostende, pour s'en faire ouvrir les portes. Pichegru, d'après les instructions du comité, devait en outre détacher seize mille hommes de l'armée du Nord, et les employer à une expédition, également inutile, qu'on projetait contre l'île de Walcheren. Ce projet, que le général Jomini compare au mouvement extravagant de Dumouriez contre la Hollande, dans la campagne précédente, donnait à l'armée française l'attitude de la crainte et l'air de faire une retraite au moment de ses plus beaux triomphes. Il pouvait jeter les troupes dans le découragement; il empêchait la réunion de deux cent mille Français victorieux, dont les efforts bien combinés eussent pu terminer cette campagne du Nord de la manière la plus glorieuse. Enfin le plan du comité de salut public avait surtout cet inconvénient, qu'un seul revers pouvait exposer les deux armées à perdre tout le fruit de leurs succès antérieurs; car si les alliés, éclairés par leurs fautes passées, eussent eu la sagesse de donner une direction centrale aux différentes armées commandées par Clairfait, le duc d'Yorck, le prince d'Orange et le prince de Cobourg, afin d'attaquer Jourdan, ils pouvaient l'isoler pour toujours de l'armée du Nord, et détruire en entier son armée. Heureusement les événemens ultérieurs, qu'aucune sagesse humaine ne pouvait prévoir, prirent en quelque sorte le soin de justifier le comité de salut public, puisque l'exécution de son plan ne causa point les désastres qu'on devait supposer.

L'occupation d'Ostende importait au gouvernement républicain, parce qu'il considérait cette ville comme le principal entrepôt des Anglais. En effet, c'était dans ce port que débarquaient les troupes britanniques. La ville renfermait toutes leurs munitions, leurs magasins et leurs dépôts d'armes.

Pichegru fit donc prendre à son armée une direction divergente, remonta à Deynse, dont il s'empara, passa à Bruges, et se présenta, le 1ᵉʳ juillet, devant Ostende. Lord Moyra en était sorti quelques jours avant, avec les cinq mille hommes de débarquement qu'il avait conduits à Gand, pour renforcer l'armée du général Clairfait. La garnison que ce général anglais avait laissée dans la place était si faible, ou si peu brave, qu'à l'aspect de l'avant-garde de Pichegru, elle s'effraya, et s'embarqua aussitôt sans tirer un seul coup de canon. Les Français entrèrent donc dans Ostende sans éprouver la moindre résistance du côté de la terre. La flotte ennemie, qui croisait devant le port, voulut au moins faire mine de défendre la ville; mais les nombreuses bordées qu'elle tira sur les troupes françaises ne leur causèrent aucun mal. Pichegru fit lui-même braquer sur elle les canons des forts, et la flotte de convoi qui mouillait dans le port ne s'étant pas retirée as-

1794—an 11
Belgique.

sez vite, une partie fut obligée de se brûler elle-même pour ne pas tomber au pouvoir des Français.

L'ennemi, en évacuant Ostende, avait encloué presque tous les canons, et brisé l'un des tourillons de presque toutes les pièces en fer. Outre la commodité de son port et la possession des richesses que les Anglais y avaient accumulées, les Français tirèrent d'autres avantages réels de l'occupation d'Ostende. Ils y trouvèrent un approvisionnement considérable de poudre, plus de six mille boulets, quelques pièces de bataille en bronze, plusieurs pièces de fer intactes, des magasins immenses en grains et fourrages, des voitures, des caissons, des chevaux, et plusieurs vaisseaux de bonne prise, entre autres un grand bâtiment doublé en cuivre, qu'on parvint à sauver de l'incendie allumé par les Anglais, et dont on réussit à conserver le cuivre et la carcasse.

6 juillet.
(21 messidor)
France.

Combat d'Arquinzun [1]. — Le combat de la Croix des Bouquets, fatal aux Espagnols, les avait derechef obligés de se replier en arrière de leurs positions. Le comte de Colomera, vice-roi de Navarre, qui avait succédé à don Ventura Caro dans le commandement de leur armée, alarmé des progrès des Français, avait fait, mais inutilement, aux habitans de la vallée de Bastan, une proclamation dans laquelle il les invitait à suivre l'exemple de leurs ancêtres qui, sous Louis XIV, avaient préservé leur pays d'une invasion en se levant en masse. Les habitans de la vallée restèrent tranquilles dans leurs foyers, et Colomera, réduit à ses seules forces, était peu dans le cas de s'opposer à la marche des Français.

Dans ces circonstances critiques, le général espagnol avait fait prendre à ses troupes les positions les moins défavorables.

[1] Moniteur, — de Marcillac, — Mémoires de B***.

Le marquis de Saint-Simon, qui commandait un corps de sept mille Espagnols, occupait les hauteurs de la montagne d'Arquinzun. Il devait tenir en échec Berderitz et Mizpira, et couvrir la fonderie d'Eguy, ainsi que les derrières de la vallée de Bastan. Le 9 juillet, le général Moncey vint l'attaquer dans sa position, suivi du brave Latour-d'Auvergne, qui venait de lui amener un renfort de vingt compagnies de grenadiers. Une forte colonne se présente en front du camp d'Arquinzun, tandis que Latour-d'Auvergne, à la tête de ses grenadiers, tournait ses derrières. Assaillie par une vive décharge d'artillerie, la colonne française s'irrite, et, sans attendre que Latour-d'Auvergne ait terminé son mouvement, elle se précipite la baïonnette en avant, parvient, au milieu des boulets, jusqu'aux retranchemens de l'ennemi, et force le marquis de Saint-Simon à chercher son salut dans une prompte retraite.

Cependant le succès rapide de cette attaque devint, par cela même, favorable aux Espagnols. Si la colonne française eût su maîtriser davantage son impatiente ardeur, Latour-d'Auvergne fût survenu, et, prenant les Espagnols en queue pendant qu'ils étaient occupés à se défendre de front, il les eût hachés, et peut-être eussent-ils tous été faits prisonniers. Quoi qu'il en soit, les Français se mirent à la poursuite des vaincus. Pendant cette retraite, le marquis de Saint-Simon, qui était à la queue de son arrière-garde, reçoit une balle qui lui traverse la poitrine. L'officier républicain qui était en tête de la colonne française, s'en aperçoit, et crie à ses soldats : « Ne tirez plus, nous le tenons. » Les deux troupes étaient si rapprochées, que Saint-Simon entend lui-même prononcer cet ordre; il répond : « Non, non, tu ne me tiens pas encore; viens me chercher si tu l'oses. » Un peloton de grenadiers espagnols entoure alors le général, et combat avec tant d'intrépidité qu'il arrête les Français assez de temps pour

1794—an 11. qu'on pût sauver le marquis en le transportant sur un bran-
France.   card à la tête de l'avant-garde. Ce combat, qui avait causé
aux Espagnols une grande perte en hommes tués et prisonniers, fut très-avantageux aux Français, en ce qu'il leur valait d'excellentes positions et leur ouvrait définitivement la
vallée de Bastan.

11 juillet. *Combat du Mont-Palissel; prise de Mons, de Nivelle, etc.;*
(23 messidor) *jonction des deux armées du Nord et de Sambre-et-*
Belgique. *Meuse* [1] — Reportons nos regards sur la Belgique. Le mouvement opéré par le général Pichegru pour s'emparer d'Ostende n'avait rien changé à la position des alliés. Le duc
d'Yorck était toujours dans sa position de Renaix, et Clairfait n'avait pas quitté Gand. Le prince d'Orange occupait
Mons; Cobourg, à la tête du gros de l'armée autrichienne,
était campé à Mont-Saint-Jean, vers Braine-la-Leud; Beaulieu et Quasdanowich étaient placés vers Sombref et Gembloux, et s'appuyaient sur la Sambre. Ainsi la position générale des alliés occupait un long cordon qui, partant de Gand,
communiquait par deux corps établis à Tournay et à Maulde,
et s'étendait jusqu'à la rivière de Haine.

L'impossibilité de pouvoir rester en sûreté dans une position aussi étendue fit prendre aux généraux alliés la résolution de se concentrer pour couvrir Bruxelles. Mais ce projet
même était insuffisant pour s'opposer aux tentatives que Jourdan pouvait faire après la victoire remportée à Fleurus. Au
lieu de faire occuper Assche par le duc d'Yorck, Bodeghem
par Clairfait, et Tubize près de Hal par le prince d'Orange,
ils auraient dû profiter du faux mouvement de Pichegru sur
Ostende, pour opérer une concentration plus resserrée, et
attaquer Jourdan avec toutes leurs forces réunies. Leur nouvelle position était encore trop morcelée pour leur laisser

[1] Journaux du temps, — Dictionnaire des siéges et batailles, — Jomini, —
Tableau historique, — Relations et Mémoires manuscrits, etc.

l'espoir d'agir avec quelque succès, et bientôt ils purent acquérir une nouvelle preuve du danger de l'isolement dans lequel ils s'obstinaient à tenir leurs armées.

En effet, tandis que les alliés ne renonçaient point à leur système de tâtonnement, Jourdan s'était mis rapidement en marche pour tirer parti de sa victoire. Cependant il est vrai de dire que lui-même commit la faute de porter la plus grande partie de ses troupes sur sa gauche, au lieu de les diriger sur le point principal par sa droite. Peut-être ne se croyait-il pas assez fort pour attaquer de nouveau le prince de Cobourg après la manière dont il avait combattu à Fleurus. Quoi qu'il en soit, Jourdan, après avoir donné quelques jours de repos à ses troupes autour de Charleroy, parut combiner, le premier juillet, un mouvement général sur Mons. Ce jour-là, les divisions des généraux Kléber et Lefebvre marchèrent à Marimont. Les Autrichiens, commandés par le général Davidowich, qui étaient en force dans leur camp de Roeulx, se portèrent au-devant du général Lefebvre, et l'attaquèrent; mais ce général, qui avait si puissamment contribué au succès de la dernière bataille, n'eut besoin que de rappeler à ses soldats la gloire acquise par eux dans cette journée, pour les exciter à bien faire; et les Autrichiens défaits dans un combat qu'il leur livra sur les hauteurs de Bracquignies, furent repoussés et obligés de se retirer.

Le même jour, le général Schérer se portait des environs d'Avesnes sur la rive gauche de la Sambre, d'où il s'avança sur le Mont-Palissel, à la droite et près de Mons, où le général Montaigu arrivait en même temps par la chaussée de Binch. Le Mont-Palissel était occupé par un corps nombreux d'Autrichiens résolus de s'y défendre opiniâtrement, parce que cette position couvrait la ville de Mons. Schérer et Montaigu attaquent l'ennemi avec toutes leurs forces à la fois.

1794—an II.
Belgique.

Soutenus par une artillerie nombreuse qui faisait sur les Autrichiens un feu terrible, les Français gravissent la montagne au pas de charge. Les alliés les reçoivent en faisant à demi-portée une double décharge de mitraille et de mousqueterie. Le premier rang de la division de Schérer, plus exposée que celle de Montaigu, tombe presque tout entier; mais rien ne peut arrêter les Français. Ils sautent dans les rétranchemens, et, après un léger combat à la baïonnette, ils mettent l'ennemi en déroute, et le forcent de fuir en désordre. Pendant ce combat, le général Favereau, à la tête des troupes de la garnison de Maubeuge, s'était lui-même porté sur Mons, et se présentait sous les murs au moment où Montaigu et Schérer poursuivaient les Autrichiens. Le bruit de leur défaite s'était promptement répandu jusque dans la ville, et la garnison sortait à huit heures du soir par l'une des portes de Mons, quand déjà Favereau entrait dans la place par une autre porte. Les deux divisions Kléber et Lefebvre qui venaient de forcer les bois d'Havré, arrivaient au même instant et opérèrent leur jonction avec celles de Schérer et de Montaigu. Le prince d'Orange se retira sur Soignies et ensuite sur Hal.

Le même jour, une partie de la division du général Morlot chassa l'ennemi de Seneffe, sur le chemin de Nivelles à Binch. Le général Marceau repoussa un corps autrichien sur Gembloux, et le général Championnet se porta entre Marbaix et Genappe.

Le combat du Mont-Palissel et la prise de Mons mirent les alliés dans la nécessité d'évacuer Saint-Amand, Marchiennes, Cateau-Cambresis, et les autres postes qu'ils occupaient encore sur la frontière du département du Nord. Alors Condé, Valenciennes, Le Quesnoy et Landrecies se trouvèrent livrés à leurs propres forces, et Pichegru put dès ce moment s'occuper d'en faire l'investissement. Nous dirons en son lieu comment ces quatre places importantes rentrèrent sous la domination de la république.

1794 — an II.
Belgique.

Mais tandis que Jourdan remportait ainsi des avantages sur sa gauche, il éprouvait d'abord des revers sur sa droite. Les divisions des généraux Mayer, Hatry et Dubois avaient échoué dans leurs tentatives sur Gembloux et Sombref qu'occupaient les généraux ennemis Beaulieu et Quasdanowich, pour couvrir les routes de Namur et la ligne de la Meuse. Jourdan vit alors combien il avait eu tort de ne point diriger de ce côté ses forces principales, et il se hâta de profiter de ses succès sur sa gauche pour renforcer sa droite.

Les divisions des généraux Kléber et Lefebvre s'étaient, comme nous l'avons vu, avancées sur Nivelles, et dès-lors les Français purent agir plus sûrement de ce côté. Le prince de Cobourg, se voyant menacé, crut lui-même devoir s'ébranler pour soutenir ses communications. Il quitta le 6 juillet le Mont-Saint-Jean, près de Braine-la-Leud, et vint camper à Corbaix, pour se rapprocher de Beaulieu et de la Meuse; le prince d'Orange quitta Hal, où il s'était retiré après le combat du Mont-Palissel, et vint remplacer l'armée de Cobourg dans son camp, où il fut attaqué en arrivant. Dans cette journée, on se battit encore sur plusieurs points. Les généraux Hatry et Mayer attaquèrent et repoussèrent l'ennemi de Baignée et de Balatre. Le général Championnet se maintint dans sa position en avant de Marbais; après un combat assez vif. Le général Morlot se porta sur Trois-Bras. Le général Dubois, suivi à peu de distance par d'autres troupes, et marchant avec la cavalerie sur Nivelles, rencontra l'ennemi, le tourna par Beaulers, le força d'abandonner sa position et de se retirer par Lillois. Réunis en avant de Braine-la-Leud, les Autrichiens chargèrent une partie de la division du général Lefebvre, et la repoussèrent d'abord. Mais le général Dubois, qui arrivait, ayant ordonné une charge de cavalerie qui réussit très-heureusement, culbuta l'ennemi, et le mit en déroute, pendant que le général Lefebvre s'emparait des redoutes et se portait à la gauche de Braine-la-Leud, où les vaincus venaient de se réunir au prince d'Orange. Malgré cette réunion, l'ennemi fut également chassé après un combat opiniâtre et une canonnade qui se prolongea jusqu'à Waterloo.

Cependant le général Beaulieu occupait toujours les hauteurs de Sombref, qui couvraient la ville de Nivelles. Attaqué le 7 juillet, ce général repoussa d'abord le général Hatry, qui était venu l'attaquer. Hatry, après s'être replié, se réunit à la division du général Mayer, et revient en force attaquer une seconde fois les Autrichiens. Beaulieu avait avec lui beaucoup de grosse artillerie et une nombreuse cavalerie. Cet avantage le mit long-temps à même de résister avec succès aux efforts de Mayer et de Hatry; mais enfin ces deux généraux parvinrent à rompre les Autrichiens, et à repousser leur cavalerie. Vainement Beaulieu tenta de la rallier; il manqua lui-même d'être pris. Un officier de son état-major fut obligé de se rendre, ainsi qu'un grand nombre de soldats et d'officiers. Les Autrichiens furent poursuivis avec acharnement jusque dans Nivelles, où les troupes françaises entrèrent pêle-mêle avec eux. Ce combat, qui avait été très-meurtrier, coûta aux Autrichiens près de trois mille hommes blessés ou tués. Au nombre des derniers était le prince de Hesse-Philipstadt. La perte des Français fut évaluée à mille ou douze cents hommes.

Beaulieu, battu à Sombref, et coupé de Namur, se retira d'abord sur Gembloux, et ensuite sur Hotomont. Le même jour, le prince d'Orange, repoussé une seconde fois à Braine-la-Leud, fut obligé d'opérer sa retraite, par la forêt de Soignies, sur Bruxelles. Alors l'armée du prince de Cobourg quitta son camp de Corbaix pour s'établir à Louvain et Jodoigne. Le 9 juillet, il établit son quartier-général à Tirlemont.

1794--an II. Belgique.

Pendant que l'armée de Sambre-et-Meuse poursuivait de cette manière les divisions ennemies, celle du Nord se mit en marche le 3 juillet, d'Ostende et de Bruges, pour se rendre à Gand. Elle était alors divisée en deux grands corps, marchant à droite et à gauche du canal. Elle campa le même jour à Saint-Joris-ten-Distel et à Knesselaër. Le lendemain 4, ces deux divisions traversèrent la ville de Gand aux acclamations bruyantes des habitans, satisfaits de revoir les Français dans leurs murs. Tournay fut occupé le 5 octobre, et Audenaerde ouvrit ses portes le même jour. Toute cette population demi-française de la Belgique, accueillit l'armée avec enthousiasme. Elle prévoyait que bientôt elle-même ferait partie de la république, et dans les soldats français elle voyait déjà des frères.

Le 9 juillet, l'armée du Nord vint camper à Erembodeghen, derrière Alost. Le même jour, des détachemens de son avant-garde pénétrèrent jusque dans Bruxelles. Cependant l'ennemi n'avait pas entièrement évacué cette ville; mais à l'approche des Français, il se hâta d'en sortir. Le général Leval, détaché de la division de Montaigu, de l'armée de Sambre-et-Meuse, y était entré en même temps, et le lendemain cette même division occupa entièrement la ville.

Le 11 juillet, l'armée du Nord, venant d'Assche, campa derrière le canal de Vilvorden, à la gauche de Bruxelles, où Pichegru établit son quartier-général. Jourdan prit le sien à Nivelles, et les deux armées se trouvèrent réunies en ligne, la gauche à Vilvorden, le centre à Bruxelles, et la droite vers Namur.

Ainsi la jonction des armées du Nord et de Sambre-et-Meuse se trouvait enfin opérée. Après tant de fatigues éprouvées, d'obstacles surmontés, de dangers affrontés, de combats et de batailles livrées, il était beau de voir réunies, dans la capitale du pays conquis, les deux armées qui avaient en si peu de temps vengé la patrie de tous les revers éprouvés précédemment. Cependant, à cette époque de troubles, où les factions qui s'entrechoquaient avaient seules le droit de tenir attentifs les citoyens, on remarqua peu ce grand événement ; mais l'histoire dédommagera de l'indifférence de leurs contemporains les deux généraux qui surent ainsi relever l'honneur des armes de la France, et placer la nation au rang éminent qu'elle a conservé pendant vingt années.

Combats de Platzberg et de Tripstadt [1]. — Après le combat de Kayserslautern, l'armée du Rhin, trop faible pour former de grandes entreprises, s'était bornée à se tenir sur la défensive. Cependant, quoique le général prussien Moëllendorf, qui était chargé d'agir contre elle, eût des forces bien supérieures, il était lui-même resté dans l'inaction, et, comme si une faible armée de seize à dix-huit mille hommes eût été dans le cas de lui en imposer, il semblait ne s'appliquer qu'à chercher des positions inabordables et à l'abri de toute attaque. Les nombreuses divisions qu'il avait sous ses ordres campaient toutes dans des lieux inaccessibles, sur des montagnes arducs, où, pour emprunter l'expression du général Jomini, elles se tenaient perchées isolément et sans ensemble. Les deux armées, alliée et française, décidées, la première par une tactique plus que prudente, et l'autre par nécessité, à ne point agir, passèrent ainsi à s'observer une partie du mois de mai et tout le mois de juin.

Mais ayant reçu des renforts, le général Michaud se vit bientôt en mesure de quitter le rôle passif qu'il avait gardé jusqu'alors. En effet, au commencement de juillet, dix mille

---

[1] Journaux du temps, — Dictionnaire des siéges et batailles, — Jomini, — Relations et Mémoires manuscrits, etc.

hommes, détachés de l'armée de la Moselle, vinrent se réunir à la sienne, et lui donner les moyens de marcher rapidement à la victoire.

1794—an II.
Allemagne.

Dès le 3 juillet, Michaud mit en mouvement son armée ainsi renforcée, et vint attaquer les Prussiens dans les postes de Hochstadt, de Haimbach et de Fraischbach, entre Spire et Landau. L'ennemi, qui se reposait avec sécurité sur sa force, ne s'attendait point à cette agression. Les divisions du centre et de la gauche des Français, tombant sur lui à l'improviste, égorgèrent les avant-postes, et, malgré la supériorité de leur artillerie, les alliés furent repoussés sur tous les points, et obligés de se retirer après avoir perdu le général autrichien qui les commandait, plusieurs officiers, plus de quatre cents hommes tués, une grande quantité de blessés, des déserteurs, des prisonniers et du canon. Le lendemain, les colonnes victorieuses se mirent encore à harceler l'ennemi. Cette manœuvre, qui dura plusieurs jours, et au moyen de laquelle les Français remportèrent toujours l'avantage, ne put tirer le général Moëllendorf de son inaction, et l'engager à faire usage de ses masses pour disputer la victoire. Au contraire, il n'en parut que plus attaché à son système de s'isoler et de se retrancher dans des positions partielles et éloignées.

Michaud sut habilement profiter de cet état de torpeur pour poursuivre ses avantages. Les deux armées du Rhin et de la Moselle débouchèrent sur trois colonnes, par les revers des Vosges. La colonne de droite devait inquiéter le prince de Hohenlohe dans la vallée du Rhin; celle du centre devait marcher sur Tripstadt, et celle de gauche sur Deux-Ponts et Lautern.

Les avant-postes ennemis furent promptement forcés, et vivement poursuivis. Vainement la cavalerie prussienne, commandée par le général de Courbière, voulut chasser la division de gauche; trois fois l'infanterie républicaine l'arrêta, et lui présentant un front de baïonnettes croisées, la força de se retirer avec une grande perte.

La division de droite, postée derrière la Queich, marchant par son centre sous la conduite du général Desaix, chercha à forcer le point de communication entre le prince de Hohenlohe et celui des Autrichiens. Elle s'empara d'abord de Hochstadt, de Fraischbach et de Freimersheim. Mais le prince de Hohenlohe ayant fait marcher contre lui sa gauche, composée des brigades Blucher, Wolfradt et prince de Baden, tandis que les Autrichiens faisaient également avancer leur droite, Desaix, qui n'était d'ailleurs chargé que de faire une fausse attaque, prit une position en arrière, et se contenta de tenir en échec les corps qui voulaient le combattre.

La division du centre, la plus forte des trois, était chargée de l'attaque principale. Son objet était de s'emparer des hauteurs dominantes des Vosges, et d'isoler de cette manière les deux armées autrichienne et prussienne. Il fallait, pour y réussir, chasser les différens détachemens de communication qui s'étendaient depuis Tripstadt jusqu'à Neustadt. Le général Voss gardait le Schangel avec trois bataillons de grenadiers, et formait le premier poste à la droite du prince de Hohenlohe; un second détachement tenait le Saukopf. Le Johanniskreutz et le Sande étaient gardés par la brigade de gauche de l'armée de Moëllendorf. Le gros de cette armée occupait les hauteurs du Platzberg et de Tripstadt. La journée du 13 fut employée aux différentes attaques qui devaient précéder celle plus générale que l'on méditait sur cette armée entière, et les Français, après avoir éprouvé une résistance plus propre à aiguillonner leur courage qu'à l'abattre, réussirent parfaitement dans ces différentes opérations partielles.

Le lendemain, à la pointe du jour, les divisions françaises qui avaient bivouaqué sur le terrain, recommencèrent leurs attaques. La division de l'extrême gauche de l'armée de la

Moselle, partit de Deux-Ponts, et s'avança sur Mertensée. La division Taponnier se dirigea vers Tripstadt, qu'occupaient l'avant-garde de l'armée de Moëllendorf et les corps de Kalkreuth et de Ruchel. Pendant ce temps, une troisième division française se jeta dans les gorges des montagnes entre Heldersberg et Schmalenberg, dans le but de déborder la gauche de Moëllendorf, et d'accabler les postes de communication en arrière de Jokanniskreu et de Sande. En même temps, le général Desaix, à la droite de l'armée du Rhin, avait ordre de faire, de même que la veille, une fausse attaque; de tenir le corps du prince de Hohenlohe en haleine, d'attirer son attention, et enfin de lui inspirer des craintes, en faisant sur lui un feu continuel d'artillerie, tandis que le gros de l'armée, aux ordres des généraux Saint-Cyr, Desgranges et Siscé, devait attaquer le Platzberg, en combinant leurs opérations avec celles de Taponnier.

Le Platzberg est la hauteur la plus élevée du duché de Deux-Ponts. Les Prussiens, qui l'occupaient, s'y étaient retranchés par tous les moyens que l'art des fortifications indique. Ils attendaient les Français avec confiance, et, malgré leurs revers précédens, ils comptaient sur un succès assuré. Cependant les troupes françaises, sous le feu d'une artillerie formidable, gravirent les pentes ardues du Platzberg, et en atteignirent le sommet. Après un combat meurtrier, les Prussiens furent obligés de céder la position; en abandonnant neuf pièces de canon, des caissons, des chevaux et un grand nombre de blessés et de morts. Parmi ces derniers se trouva le major-général Pfau, qui commandait les troupes. Ce succès amena l'occupation de la montagne de Saukopf, point également important, et d'un accès non moins difficile. Le général de brigade Sibaud, qui attaquait ce poste, vit tout-à-coup les Prussiens se retirer devant lui avec tant de précipitation, qu'il lui fut impossible de les atteindre. Le major Borck défendit avec beaucoup de valeur le Kesselberg. Il n'avait avec lui qu'un bataillon et trois compagnies de chasseurs. Tourné par la vallée de Modebach, ce brave officier ne trouva plus d'autre parti à prendre que celui de se faire jour à travers les troupes françaises qui l'entouraient. Réunissant en conséquence sa petite troupe, il la fit charger la baïonnette en avant, et parvint à se retirer en sacrifiant un tiers environ de ses soldats.

Pendant que les divisions de l'armée du Rhin réussissaient ainsi, celles de l'armée de la Moselle, qui devaient attaquer Tripstadt, combattaient avec une égale bravoure et plus de difficultés encore. Tripstadt, position non moins favorable que le Platzberg, était environnée de fortes redoutes, hérissées de canon. Les Prussiens, pour augmenter les obstacles, s'étaient entourés d'abattis, et une nombreuse cavalerie devait seconder leurs efforts. Les soldats français abordèrent franchement l'ennemi, qui leur opposa d'abord la plus vigoureuse résistance. La cavalerie prussienne paraissait surtout très-redoutable. Cinq fois l'infanterie républicaine fut repoussée dans ses efforts. La cavalerie prussienne fit plusieurs charges heureuses, et força les troupes françaises à se former en carré ; mais la division Taponnier, après avoir combattu avec succès sur le flanc gauche de la montagne, s'étant emparée d'une redoute, en dirigea les canons contre l'ennemi. La cavalerie prussienne ne put tenir contre ce feu, et fit sa retraite. Alors l'infanterie française s'élança au pas de charge, et telle fut la vigueur de ce dernier choc, que les Prussiens se virent contraints de céder le terrain. Ils furent enfoncés, rompus sur toute la ligne. Les Français s'emparèrent des retranchemens, massacrèrent les canonniers sur leurs pièces, et, vainqueurs enfin après un combat qui avait duré dix-neuf heures, ils devinrent maîtres du camp de Tripstadt, des batteries de l'ennemi, de ses munitions, de ses magasins. La nuit les empêcha de poursuivre les Prussiens.

La défaite des ennemis dans cette journée leur coûta plus de quatre mille cinq cents hommes restés morts sur le champ de bataille, beaucoup de blessés, peu de prisonniers, mais une quantité considérable de déserteurs, entre autres une compagnie de grenadiers toute entière. La perte des Français fut beaucoup moindre en proportion. Le colonel du quatrième régiment d'artillerie à cheval, Ferveur, fut fait prisonnier pour avoir engagé trop avant trois pièces de canon, dont l'ennemi s'empara. Le général Laboissière fut également pris en cherchant à dégager cette artillerie.

Occupation de Louvain et de Malines [1]. — La réunion des deux armées du Nord et de Sambre-et-Meuse, n'amena point les grands résultats qu'on était en droit d'attendre. On pensera naturellement que les armées alliées ayant pris une direction divergente, il devenait facile de les écraser successivement avec une masse aussi formidable que celle qui se trouvait à la disposition du gouvernement républicain. Cependant, par l'effet d'une résolution qui étonna tout le monde, les deux armées françaises se séparèrent presque aussitôt. Pichegru se soumit sans réclamation à cette décision qui lui fut transmise par les commissaires conventionnels attachés à l'armée.

De leur côté, les alliés, mus par leurs intérêts respectifs, étaient loin de chercher à centraliser leurs forces. Le duc d'Yorck et le prince d'Orange voulaient couvrir la Hollande, et les Autrichiens désiraient se rapprocher des bords du Rhin, vers Cologne et Coblentz, pour se mettre en communication avec la Basse-Allemagne. La ligne d'opérations dans les Pays-Bas, n'offrant que des avantages aux Français, les généraux ennemis ne pouvaient point songer à la conserver.

Telle était, au 12 juillet, la position des deux armées combinées. Elle commençait à Conticq près Anvers., suivait

---

[1] Journaux du temps, — Tableau historique, — Siéges et batailles, — Jomini, — Relations et Mémoires communiqués, etc.

la rivière de la Dyle par Malines, remontait par Louvain et Tirlemont jusque vers Namur, couvert par le corps du général Beaulieu.

Les gens de guerre, en considérant cette ligne de plus de vingt-quatre lieues d'étendue, ne pourront que s'étonner davantage de la détermination prise par le comité de salut public, de séparer les deux armées du Nord et de Sambre-et-Meuse. Cette masse de cent cinquante mille hommes opérant, soit sur le prince de Cobourg à Louvain, soit sur le duc d'Yorck vers Anvers, aurait infailliblement anéanti l'une ou l'autre de ces armées ennemies. La manœuvre contre le duc d'Yorck eût été surtout d'un succès presque sûr et d'une conséquence bien importante. Renfermés entre l'armée française et Anvers par le mouvement de la première sur la Nèthe, les Anglais échappaient difficilement à une destruction totale; ils n'avaient d'ailleurs aucuns moyens d'embarquement préparés. Le nouveau corps amené par lord Moyra était isolé à Waterlos, les Hessois étaient en l'air à Malines, et les Hollandais, dans la position qu'on leur avait fait prendre pour défendre le canal de Louvain, étaient tout à fait compromis.

Cependant les Français surent encore tirer parti de la fausse détermination du comité de salut public. Le 15 juillet, le général Kléber se porta sur Louvain, tandis que les généraux Lefebvre, Dubois, Championnet et Morlot faisaient un mouvement sur la Dyle, vers Jodoigne. Les Autrichiens occupaient la montagne de Fer, en avant de Louvain, et promettaient de faire une vive résistance. Kléber les attaqua à huit heures du matin, et parvint à les chasser de cette position. Dans le même moment, les généraux Lefebvre et Dubois s'emparèrent de l'abbaye de Florival. Ces deux avantages rendant libres les approches de la ville, Kléber attaqua Louvain, que les Autrichiens occupaient toujours. Les portes furent brisées à coups de hache. Un combat très-vif s'engagea dans les rues de la ville, qui furent en un moment jonchées de cadavres. Après une résistance qui leur fit honneur, les Autrichiens prirent le parti d'abandonner la ville au pouvoir des Français. L'avantage le plus remarquable de l'occupation de Louvain fut la délivrance d'une grande partie des soldats de la garnison de Landrecies, que les Autrichiens tenaient renfermés dans le poste qu'ils évacuaient, pour se replier sur Tirlemont.

Au moment où ceci se passait à Louvain, l'armée du Nord, qui avait passé le 13 juillet le canal de Vilvorden, et était venue camper à Hombeck, devant Malines, attaquait les Hollandais, derrière le canal de Louvain. Impatiens des préparatifs qui se faisaient pour passer le canal, un grand nombre de soldats français le traversèrent à la nage. Le lieutenant Dardennes, du troisième bataillon des tirailleurs, donna le premier l'exemple, en allant saisir, sur le bord opposé, un grenadier hanovrien qu'il força de repasser le canal avec lui. Les soldats, animés par cet exemple d'intrépidité, s'élancèrent à l'envi vers l'autre rive, et réussirent à s'y établir malgré tous les efforts et le feu le plus violent des Hanovriens. Ce passage de quelques braves donna plus de facilité pour la construction du pont que le général Pichegru faisait établir, et bientôt toutes les troupes françaises passèrent de l'autre côté du canal. Le combat s'engagea presque aussitôt avec la plus grande vivacité. Les Hanovriens, qui connaissaient la terrible mesure décrétée contre les troupes anglaises, se défendirent avec le courage du désespoir ; mais, attaqués sur leurs deux flancs à la fois, ils furent obligés de se retirer derrière la Nèthe, jusque vers Nylen. Les troupes françaises les poursuivirent jusqu'à Malines. Les portes de cette ville, barricadées et obstruées par des amas de fumier, n'arrêtèrent point les vainqueurs. Les murs furent escaladés, une des portes fut débarrassée, et l'armée française entra dans la ville en même temps que l'ennemi sortait par la porte d'Anvers.

Le général de brigade Proteau fut tué dans le combat livré sur le canal de Louvain, et le général Salem y fut grièvement blessé.

Reprise de Landrecies sur les alliés. [1] — La victoire de Fleurus et les progrès des armées du Nord et de Sambre-et-Meuse en Belgique, mettaient non-seulement à découvert les places prises par les alliés sur la frontière de la Flandre, mais compromettaient encore Namur, qui se trouvait environné par les troupes françaises. Le comité de salut public résolut l'attaque prompte et successive de toutes ces forteresses. L'armée du Nord devait, dans le principe, assiéger Valenciennes et Condé, et une division de l'armée de Sambre-et-Meuse était destinée à attaquer Landrecies et Le Quesnoy. La Convention, habile à profiter du système de terreur qu'elle mettait en pratique, vis-à-vis même de ses administrés, pensa que les alliés se laisseraient intimider par les mêmes moyens; et renonceraient à tirer parti de toutes les mesures qu'ils avaient prises pour soutenir avec avantage le siége des places qui se trouvaient en leur pouvoir. En conséquence, cette assemblée, sur le rapport de Carnot, rendit un décret portant : « Que les quatre grandes places françaises (Valenciennes, Condé, Landrecies et Le Quesnoy) seraient sommées de se rendre à discrétion, et que, dans le cas de refus, après un délai de vingt-quatre heures, les garnisons ennemies seraient passées au fil de l'épée. »

Cependant les forces dont on pouvait disposer ne pouvaient entreprendre qu'un seul de ces siéges à la fois. Il était natu-

---

[1] Journaux du temps, — Tableau historique, — Dictionnaire des siéges et batailles, — Jomini, — Relations et Mémoires manuscrits, etc.

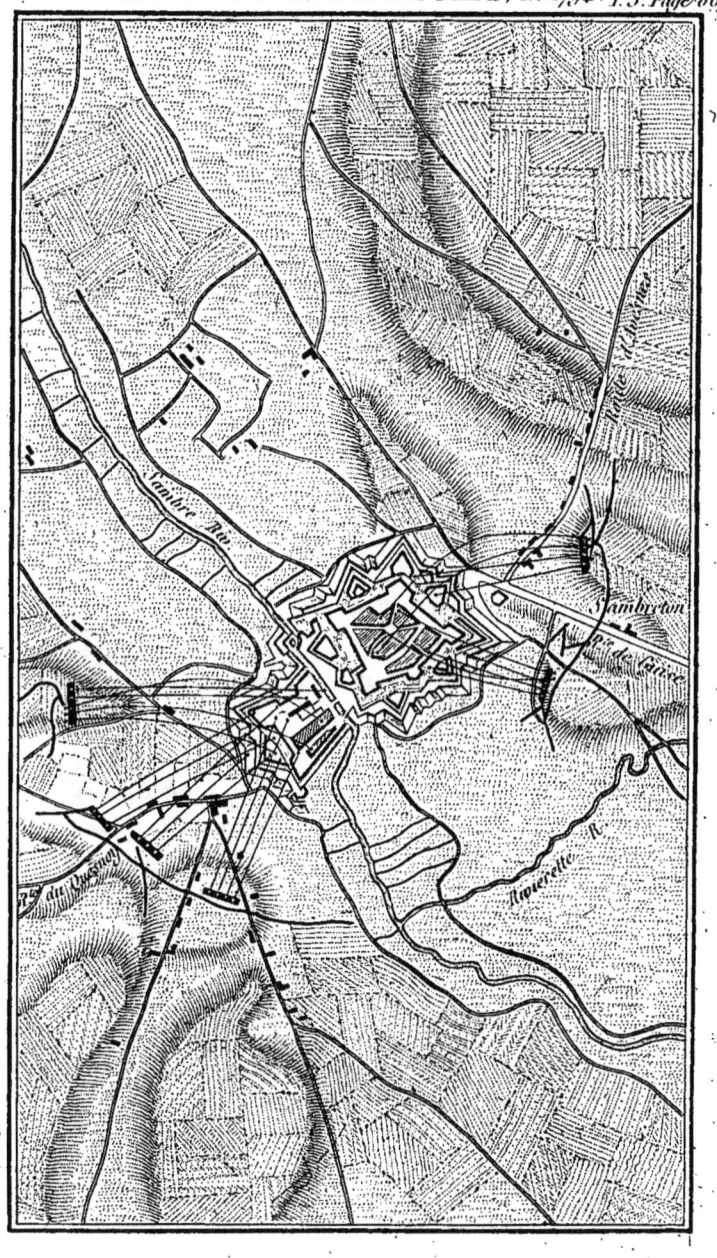

SIEGE DE LANDRECIES, en 1794. T. 3.e Page 86.

rel de penser qu'on commencerait par Valenciennes; mais le siége de Landrecies fut résolu le premier. Dès le 3 juillet cette place avait été investie par une division de sept à huit mille hommes, détachée de l'armée de Sambre-et-Meuse, et commandée par le général Jacob. Ce brave général, plus pénétré du désir de se battre qu'instruit dans l'art d'attaquer les places, montra la même ignorance et la même audace que les généraux Charbonnier et Desjardins au siége de Charleroy. Il s'imagina qu'il lui serait facile de prendre par un coup de main Landrecies sans le secours d'officiers de génie, et seulement avec la faible artillerie attachée à sa division. Il établit çà et là ses petites batteries isolées, auxquelles néanmoins l'assiégé s'amusa à répondre. Croyant par là en avoir imposé à l'ennemi, le général Jacob fit sommer la place de se rendre. Le commandant répondit, ainsi qu'on devait s'y attendre, par une négative qui montrait combien il méprisait les faibles moyens employés contre lui. Cette première sommation était d'ailleurs antérieure au décret dont nous venons de parler plus haut.

D'après la détermination du gouvernement conventionnel, et voyant que l'entreprise échouerait si on ne portait point sous les murs de la place des forces plus imposantes, le général Ferrand, qui commandait cette partie des frontières, réunit autour de Landrecies une armée de quatorze à quinze mille hommes, des artilleurs, des ingénieurs, des mineurs, des sapeurs, de l'artillerie, des munitions, des outils, et généralement tout ce qui est nécessaire pour un siége. Les fascines et les gabions semblaient d'avance avoir été fabriqués par l'ennemi. Il en avait fait de grands dépôts dans les villages environnans.

La tranchée fut ouverte dans la nuit du 10 au 11 juillet. C'était, suivant l'esprit du décret, le moment d'en notifier le contenu au commandant de la place. Mais le général Ferrand,

1794—an II.
France.

mu par les sentimens de loyauté et d'humanité si naturels aux militaires français, ne voulant point exposer la garnison qui défendait Landrecies au danger de mépriser ce décret avant que ses batteries dressées n'eussent en effet prouvé qu'il avait les moyens de s'emparer de la place, attendit un moment plus opportun pour faire la sommation. Les travaux de siége furent poussés avec une activité extraordinaire. Le chef de bataillon Marescot, qui commandait le génie, y montra la même habileté qu'au siége de Charleroy. S'éloignant de la routine habituelle des siéges, et profitant de la faiblesse de la garnison, qui n'était que de quinze cents hommes, il supprima la première parallèle, et porta la seconde à cent cinquante toises du chemin couvert, au lieu de trois cents, prescrites par les règles ordinaires. Cette innovation, dont l'exécution était rendue fort difficile par un beau clair de lune et un temps très-calme, réussit cependant au gré des désirs de l'habile ingénieur. Vainement les assiégés, qui entendaient le bruit des premiers travaux, firent sur les travailleurs un feu terrible d'artillerie. S'imaginant que la tranchée s'ouvrait à la distance ordinaire de trois cents toises, ils calculèrent leurs coups pour les faire tomber au lieu où ils soupçonnaient que la terre était fouillée. Les bombes, les boulets et les obus passèrent par-dessus les travailleurs et les soldats chargés de les escorter. Mais ce feu était si violent, les projectiles tombaient à une distance si rapprochée, que les soldats et les travailleurs en étaient quelquefois ébranlés et mis en désordre. Les capitaines du génie Flayelle, Detroyes, Blanc, Dalquier et Montfort se distinguèrent dans cette circonstance par leur courage et leur fermeté. Plusieurs fois ils réussirent à rallier et à ramener au travail les soldats et les ouvriers épouvantés. Cependant cette nuit laborieuse, où l'ennemi faisait un feu si terrible, ne coûta guère aux assiégeans que vingt-huit ou trente hommes. On avait travaillé avec tant d'ardeur qu'au point du jour on se trouvait à couvert sur tous les points de la parallèle, et les communications étaient déjà commencées.

Le siége de Landrecies fixait l'attention de tout le pays qui environne la place. Quel Français pouvait rester indifférent aux efforts que faisaient des soldats-citoyens pour enlever aux étrangers l'une des forteresses de la patrie, tandis que les deux grandes armées du Nord et de Sambre-et-Meuse achevaient l'invasion de la Belgique? Cet événement, qui annonçait que bientôt le sol de la France serait délivré de la présence de l'ennemi, excita l'enthousiasme et le zèle des villes et des communes voisines. Leurs gardes nationales se firent un honneur de demander d'être mises en activité, et vinrent avec joie se joindre aux troupes du général Ferrand; elles supportèrent avec un généreux dévouement toutes les fatigues du siége. Ce secours, auquel on ne s'attendait pas, et qui est un honorable indice de l'esprit public des Français à cette époque, augmenta encore l'ardeur des soldats en excitant leur émulation. Une noble rivalité s'établit entre les gardes nationaux et les troupes de siége. Avec de tels moyens, Landrecies, malgré toute la résistance qu'opposait sa garnison, devait bientôt succomber et être rendue à la patrie qui la réclamait.

Le 13 juillet, le général Ferrand, tombé malade par suite du trop grand mouvement qu'il s'était donné en visitant les ouvrages, fut remplacé dans le commandement du siége par le général Schérer. Ce nouveau commandant ne mit pas moins d'activité que le premier à presser les travaux. Témoin de la rapidité avec laquelle ils étaient confectionnés, le gouverneur de la place, Foulon, envoya sur le soir un parlementaire pour proposer d'évacuer Landrecies s'il n'était pas secouru avant le premier août. Schérer, ne voulant pas encore lui signifier le décret de la Convention, par les mêmes motifs qui avaient empêché son prédécesseur de le faire, ne lui fit aucune réponse.

1794—an II.
France.

Cependant, malgré l'intelligence et le zèle des travailleurs, les batteries ne se trouvèrent prêtes que dans la nuit du 15 au 16. Deux attaques formidables se trouvèrent alors formées; l'une de deux batteries armées chacune de treize bouches à feu, et l'autre de quatre batteries réunissant quatorze canons. A minuit, ces batteries font toutes ensemble et au même instant une décharge terrible sur les remparts de la ville. A deux heures, le général Schérer, certain de l'épouvante que cette décharge a dû jeter dans Landrecies, envoie sommer le commandant de se rendre à discrétion, et lui donne connaissance du décret de la Convention. En vain Foulon veut négocier pour obtenir une capitulation plus honorable. Schérer lui accorde une heure pour se décider, et le menace de continuer le feu de ses batteries, et de suivre à la lettre le décret de la Convention si, au bout de ce court délai, la capitulation n'est pas signée. La fierté de cette réponse, et plus encore la crainte de voir la ville prise d'assaut et sa garnison passée au fil de l'épée, décidèrent le commandant. Il consentit à tout ce qui lui était prescrit, et subit la loi du vainqueur.

Ainsi la prise de Landrecies justifiait les vues de la Convention. Elle était d'un bon augure pour la restitution des trois autres forteresses dont on méditait déjà la conquête. Il était d'autant plus avantageux de s'emparer ainsi de Landrecies, sans employer les moyens ordinaires de réduction, que les Autrichiens en avaient singulièrement augmenté les fortifications, et qu'il eût été fâcheux de les endommager en les battant avec du canon. Les Français y trouvèrent quatre-vingt-douze pièces d'artillerie, des provisions de bouche, des magasins de poudre, et un très-grand approvisionnement de fer coulé. Cette conquête importante ne coûta que cent cinquante hommes tués ou blessés.

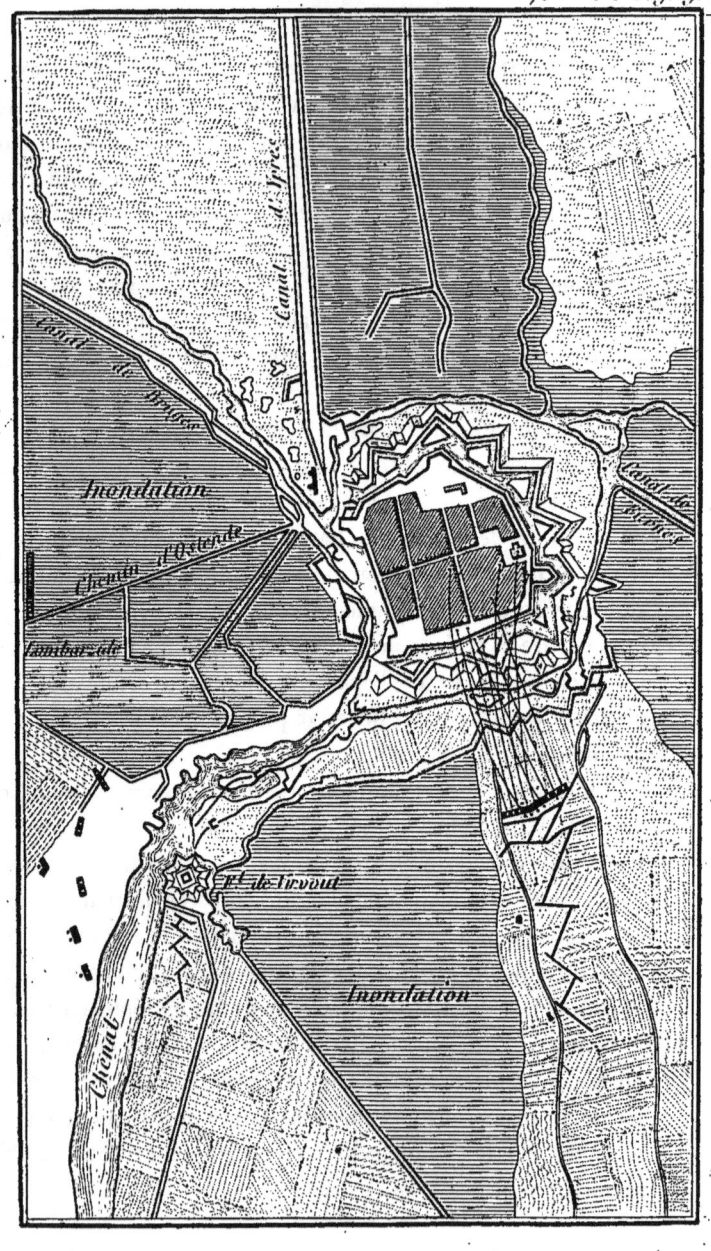

SIEGE DE NIEUPORT en 1794. T. 3e Page 91.

Prise de Namur [1]. — Pendant qu'une division de l'armée de Sambre-et-Meuse commençait ainsi la reprise des quatre places frontières sur les alliés, le général en chef Jourdan, à la tête de l'aile droite de la même armée, se présenta le 16 juillet devant Namur. Cette place, qui avait arrêté si longtemps les armées victorieuses de Louis XIV, et résisté l'année précédente aux efforts de l'armée de Dumouriez, renfermait une garnison nombreuse ; ses fortifications étaient encore en bon état, et ses remparts garnis d'une artillerie assez nombreuse. Il est difficile de concevoir les motifs qui purent déterminer les Autrichiens à évacuer la ville aux premiers coups de canon tirés contre ses remparts; quoi qu'il en soit, ils profitèrent du moment où l'investissement n'était pas encore terminé pour se retirer pendant la nuit, ne laissant que deux cents hommes dans la place, et un officier qui en remit les clefs aux vainqueurs. On trouva dans Namur cinquante canons de tout calibre, et une grande quantité de vivres, et de munitions de guerre.

1794—an II.
16 juillet
(26 mersidor)
Belgique.

Siége et prise de Niewport [2]. — Pendant que le centre de l'armée du Nord, resté oisif [3] après l'occupation de Ma-

19 juillet.
(29 messidor)

---

[1] Journaux du temps, — Tableau historique, — Dictionnaire des siéges et batailles, — Jomini, — Relations et Mémoires manuscrits, etc.

[2] Journaux du temps, — Dictionnaire des siéges et batailles, — Jomini, — Tableau historique, — David, — Relations et Mémoires manuscrits, — Histoire de Moreau, etc.

[3] On a vu plus haut combien cette inaction était préjudiciable aux grands résultats qu'on devait attendre de la position respective des armées françaises et alliées. Elle dura huit jours, sous le prétexte d'organiser le service des vivres, tandis qu'on pouvait anéantir l'armée anglaise en vingt-quatre heures. « Il est étonnant, dit le judicieux général Jomini, qu'on ait pu donner un motif semblable dans le pays le plus fertile de l'Europe ; il semble plus probable que la mésintelligence des généraux entre eux, et celle du gouvernement avec les généraux, fut la véritable cause de cette inaction. » Quoi qu'il en soit, le général Pichegru perdit en cette circonstance l'occasion la plus favorable pour obtenir une haute illustration.

1794—an 11. Belgique.

lines, s'était enfin décidé à se porter sur Anvers, l'armée de diversion, aux ordres du général Moreau, agissait avec plus d'activité dans la Flandre maritime. Cette armée, qui formait la gauche de celle du Nord, s'était emparée, comme nous l'avons vu, le 30 juin, de la ville d'Ostende. Le lendemain de la prise de ce port, Moreau résolut de se porter contre Nieuport, petite place défendue par une garnison de trois mille cinq cents hommes, et forte seulement par ses inondations et la difficulté de ses approches.

Ce général comptait employer à ce siége le corps entier qu'il avait sous ses ordres. La division particulière qu'il commandait aurait formé l'armée de siége proprement dite, tandis que les autres divisions se seraient tenues à quelque distance en observation. Mais les succès que remportait journellement l'armée de Sambre-et-Meuse, empêchant de craindre d'être inquiété dans cette opération, le général Pichegru rappela à lui ces dernières divisions, et celle du général Moreau resta seule chargée du soin de prendre Nieuport. En conséquence une brigade de cette division, commandée par le général Laurent, prit position en avant de Bruges pour couvrir la petite armée de siége; et les autres divisions de l'armée partirent de Bruges le 3 juillet, traversèrent le lendemain la ville de Gand, évacuée par les Autrichiens depuis quelque temps, et prirent le même jour possession d'Audenaerde.

Moreau lui-même partit d'Ostende le 3 juillet, accompagné du général Eblé, commandant l'artillerie; du général de brigade Vandamme, du commandant du génie Dejean, et de plusieurs autres officiers, à l'effet de reconnaître la place dont on allait former le siége. Ils visitèrent l'écluse de Slyppe, suivirent le canal jusqu'au-delà de l'écluse de Frattevalle, et se portèrent ensuite au fort de Niewendamme, et en avant de ce fort aussi loin que l'inondation put le permettre, afin de reconnaître le front même de Nieuport entre le canal d'Ostende et celui de Dixmude. Cette reconnaissance, qui s'effectua sans avoir été inquiété, convainquit le général Moreau que ce front était inattaquable par l'extrême difficulté de cheminer dans l'inondation, et par l'impossibilité d'y transporter de l'artillerie.

Moreau donna aussitôt l'ordre de commencer l'investissement, et le 4 juillet la brigade du général Vandamme se porta, moitié sur le front de Lombarzide, et moitié à Saint-Peters-Capelle et à Mannekensvers. L'ennemi voulut s'opposer à l'établissement des Français dans ce dernier poste; mais il fut vigoureusement repoussé par les chasseurs de Mont-Cassel, en présence des généraux Moreau, Vandamme et Pichegru lui-même, qui était venu ce jour-là visiter l'armée de siége. L'investissement, qui déjà s'étendait depuis la mer jusqu'au canal d'Ostende, et depuis ce canal jusqu'à celui de Dixmude, fut achevé le lendemain, 5 juillet, par quatre bataillons qui se portèrent en avant d'Oostdunckercke, dont trois s'établirent entre la mer et l'inondation d'Oostdunckercke, et le quatrième près du canal de Furnes, principalement sur la rive droite jusqu'au terrain inondé.

La place ayant été reconnue sur tous les points, il fut décidé que l'attaque principale aurait lieu sur le front, à l'ouest, entre l'inondation de Virvout et celle de Oostdunckercke. Mais, pour tromper l'assiégé, il fut convenu que l'on feindrait deux autres attaques : l'une sur le front de Lombarzide, et l'autre sur le fort Virvout et les postes environnans. En conséquence on établit sur le front de Lombarzide, à plus de sept cents toises de la place, une batterie de deux obusiers de dix pouces, de deux obusiers de six pouces, et d'une pièce de douze; mais cette batterie s'étant trouvée beaucoup trop éloignée pour nuire aux assiégés, de manière à les inquiéter, fut détruite deux jours après, par

1794—an.11.
Belgique.

l'ordre du général en chef. La fausse attaque dirigée contre le fort Virevout, réussit mieux que la première. Plusieurs batteries furent établies sur la rive droite du chenal, afin de battre le fort en brèche, et empêcher la communication de Virevout avec la place. Une de ces batteries, de trois pièces de 16, était destinée à rompre les portes du sas de Furnes, ainsi que le pont au-dessus de ce sas. A la faveur de ces différentes batteries, les Français inquiétèrent et fatiguèrent les assiégés. Les grenadiers ou chasseurs de garde aux batteries s'approchèrent du fort en suivant les dunes, et parvinrent à s'établir dans des trous qu'ils creusèrent à environ cinquante toises de son chemin couvert.

La tranchée fut ouverte le 12, et neuf cents travailleurs furent occupés à l'attaque principale. Ils entreprirent une communication de plus de deux cents toises, partant de la Maison Rouge, une tranchée ou parallèle en avant, ayant plus de cent toises de longueur, et deux zigzags en arrière de la Maison Rouge : le premier parallèle à la place, et le second se rapprochant du dépôt des fascines. En même temps les travaux de l'attaque du fort Virevout étaient poussés avec activité : on élargit, on prolongea, et on perfectionna l'espèce de tranchée pratiquée dans les dunes, par les gardes, les jours précédens, et on ouvrit des communications en arrière de cette parallèle pour en rendre les abords moins dangereux.

Quelques jours suffirent au chef de bataillon Dejean, commandant du génie, pour amener à leur point de perfectionnement tous les travaux entrepris autour de la place de Niewport. Le 16 juillet les batteries de l'attaque principale et du fort Virevout étaient achevées et armées, les premières de vingt-cinq bouches à feu, et la seconde de deux pièces de 12, et des obusiers dont nous avons déjà parlé. Le lendemain, à la pointe du jour, ces différentes batteries firent feu en même temps sur les deux attaques : les batteries placées sur la redoute du chenal, ainsi qu'une pièce de 16 restée seule à la batterie de Lombarzide, suivirent cet exemple. Les assiégés, de leur côté, répondirent avec vigueur à ce feu bien nourri, par la décharge de toute leur artillerie. La journée se passa ainsi à se canonner mutuellement. Les batteries ennemies ne firent que très-peu de mal aux Français : à peine si elle tuèrent une dixaine de canonniers ou volontaires.

1794--an II.
Belgique.

Il n'en fut pas de même des vingt-huit pièces assiégeantes; elles firent un feu si vif et si terrible, qu'à la fin elles imposèrent silence à l'artillerie ennemie; et à sept heures du soir la garnison arbora le drapeau blanc, pour qu'on fît cesser ce feu meurtrier et dévastateur. Un officier envoyé par le général-major Diepenbroick, en qualité de parlementaire, se rendit auprès du général Moreau, à Oost-Dunkerque, pour demander à communiquer avec la flotte anglaise qui était en rade, sous le prétexte que les signaux annonçaient des dépêches importantes, qui pouvaient déterminer la reddition de la place. Mais cette demande ayant été rejetée, l'officier rentra dans la ville pour prendre les nouveaux ordres du commandant.

Celui-ci avait assemblé son conseil pendant la nuit, et il avait été reconnu qu'il était impossible à la garnison de tenir davantage dans une place entamée de toutes parts, et qui n'avait plus aucune espérance d'être secourue. Le gouverneur renvoya donc le lendemain au matin le même parlementaire, chargé de traiter de la capitulation avec les assiégeans. Malgré le décret conventionnel qui défendait de faire grâce à tout soldat anglais ou hanovrien, Moreau, n'écoutant que sa générosité naturelle, les reçut à capitulation : cet acte d'humanité faillit lui devenir fatal. Les commissaires de la Convention, qui étaient assemblés à Bruxelles, l'accusèrent d'avoir trahi la patrie en conservant la vie à deux mille ennemis qui avaient mis bas les armes. Moreau s'excusa en disant qu'il n'avait point encore reçu le décret à l'époque de la capitulation. Mais sans la protection des conventionnels Richard et Lacoste, il eût peut-être payé de sa tête une conduite aussi loyale.

Les émigrés français qui faisaient partie de la garnison, avaient été formellement exceptés de la capitulation. Victimes dévouées de leur opinion politique, en prenant les armes contre le gouvernement conventionnel, ils avaient dû calculer tout le danger auquel ils s'exposaient, en mettant leurs compatriotes, armés pour la défense de la patrie, dans la cruelle alternative de remplir une obligation, qui, toute cruelle qu'elle fût, n'en était pas moins instante et réelle; ou de violer les lois d'une austère discipline, sans laquelle il faut renoncer aux succès de la guerre. Ne prévoyant que trop le sort qui les attendait, ces infortunés cherchèrent à s'échapper en se cachant dans les fermes éparses, au milieu de l'inondation. Découverts et arrêtés par l'infanterie légère, composée en grande partie de soldats belges, ils furent fusillés. En donnant, bien malgré lui sans doute, l'ordre de leur mort, le général Moreau ne pensait pas alors que lui-même, un jour, prendrait aussi les armes, avec les étrangers, contre les soldats de son pays, et qu'il succomberait aussi, mais plus honorablement, frappé par des Français, sur le champ de bataille.

La garnison sortit le 19 de Nieuport, par la porte de Furnes, avec tous les honneurs de la guerre, déposa ses armes et ses drapeaux sur les glacis. Mais elle était prisonnière de guerre, et fut aussitôt dirigée dans l'intérieur du territoire de la république. La prise de Nieuport devenait très-avantageuse aux Français, par le grand nombre de bouches à feu, de munitions, de magasins de vivres et d'artillerie qu'ils trouvèrent dans cette place.

Les assiégeans, pour réussir dans leurs entreprises, avaient eu à vaincre les plus grandes difficultés. Le climat et la localité en offraient d'insurmontables pour d'autres que des Français. La plupart des tranchées, ouvertes dans un sable fin et mouvant, étaient très-faciles à creuser; mais il fallait des précautions inouïes pour en rendre solides les revêtemens. Les eaux de l'inondation, venant presque toutes de la mer, étaient saumâtres et insalubres. La seule eau potable qu'on pût se procurer, se trouvait en creusant dans les dunes, et encore fallait-il y mêler une certaine quantité de vinaigre pour lui ôter sa qualité malfaisante; aussi Moreau, dont une des brillantes qualités était sa sollicitude constante pour les besoins du soldat, fit-il, pendant toute la durée du siége, distribuer une double ration de cet acide, et une grande quantité de petite bière. Cependant, malgré tant de précautions, l'air était si malsain, que déjà les maladies atteignaient l'armée, lorsque la garnison demanda à capituler.

Outre ces obstacles, qui provenaient de la nature des lieux, et ceux qu'opposaient les efforts de la garnison pour se défendre, les Français en avaient encore trouvé dans les manœuvres de la flotte anglaise, qui était en rade. Tous les jours à la haute mer les frégates et les chaloupes s'approchaient de la côte et de la hauteur du chenal, d'où elles faisaient un feu très-vif sur les assiégeans; principalement dans la direction de l'attaque du fort Virvout. Les décharges multipliées de ces batteries flottantes, servies par des hommes animés de la haine du nom français, empêchèrent souvent les troupes de manœuvrer. Mais, par leur constance et leur intrépidité, les assiégeans parvinrent à triompher également de la nature et des hommes. Cette brave armée annonçait ainsi ce que plus tard elle allait faire dans l'île de Catzand ou Cassandria et au fort de l'Ecluse.

1794—au 11.
Belgique.

Le chef de bataillon Dejean [1], commandant du génie, pendant ce siége, termine la relation qu'il a donnée du siége de Nieuport, par une observation que nous citons, et qui nous paraît devoir intéresser tous les ingénieurs :

« Je dois ajouter, dit-il, une observation sur les changemens survenus à la hauteur relative de l'inondation (à Nieuport), depuis le dernier siége, en 1745 : le terrain, autour de la place, m'a paru sensiblement exhaussé dans bien des parties; car, quoique l'inondation fût à sa plus grande hauteur, une partie considérable du terrain inondé en 1745, à droite et à gauche de la principale attaque, était cette année au-dessus des eaux, et couvert de belles récoltes : ce changement est l'effet naturel du temps. Les vases, provenant des inondations accidentelles, les terres des fossés, les sables charriés par les vents, les engrais, les débris des végétaux, etc., sont autant de causes qui tendent toutes à produire cet effet plus ou moins lentement, suivant les circonstances et les localités.

» Il résulte de ce fait, que les places qui tirent leur principale force des inondations, s'affaiblissent sensiblement avec le temps, et que tôt ou tard il faut y substituer d'autres moyens de défense. »

20 juillet.
(2 thermidor)
France.
(Corse.)

Siége et prise de Bastia [2]. — Paoli, d'abord favorable à la révolution française, en était devenu l'ennemi acharné quand il eut vu, sur les ruines de la monarchie constitutionnelle, se placer le gouvernement républicain. Profitant de l'influence que lui donnait sur ses compatriotes son ancienne renommée, il avait entrepris de séparer l'île de Corse de la mère-patrie. Devenu chef d'un parti nombreux, en

---

[1] Aujourd'hui lieutenant-général, ancien ministre directeur de l'administration de la guerre, ex-gouverneur de l'école polytechnique, etc., etc., etc.

[2] Journaux du temps; — Dictionnaire des siéges et batailles, — Relations et Mémoires manuscrits, etc.

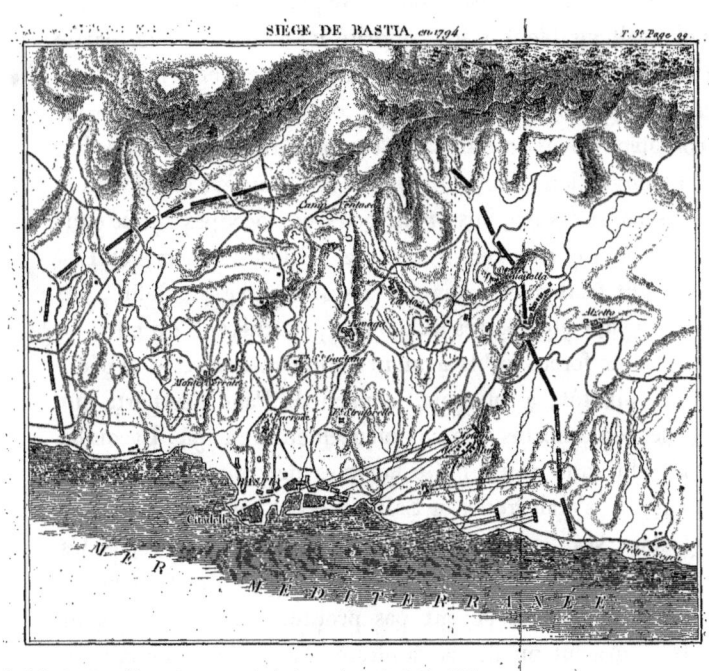

1793, il avait contraint tous les amis de la République française à s'expatrier. Bonaparte, alors fort jeune, et qui d'abord avait eu une part dans l'amitié et la confiance de Paoli, ayant montré des principes révolutionnaires, avait été, ainsi que toute sa famille, compris dans cette mesure de proscription ; et ce que Paoli regardait comme une punition pour ce jeune ambitieux, fut réellement la première origine de sa grandeur future. Maître absolu dans l'île pendant quelque temps, Paoli avait vu bientôt son autorité méprisée, et une partie de la Corse se déclarer pour la France. La Convention profita de cette circonstance pour y envoyer des troupes sous le commandement du général Lacombe-Saint-Michel, membre de la Convention. Paoli effrayé de ses progrès, appela alors à son secours les Anglais ; mais ceux-ci, occupés sur le continent, ne lui envoyèrent que de faibles renforts, et Lacombe put facilement poursuivre ses avantages. Enfin, les Anglais ayant été chassés de Toulon, tournèrent du côté de la Corse les forces qu'ils avaient employées à cette expédition, et bientôt, à son tour, le parti de Paoli l'emporta sur celui des républicains. Au commencement de 1794, Lacombe n'avait plus que douze mille hommes de troupes. Pressé vivement, il s'était retiré à Saint-Florent, et s'y tenait resserré dans ses lignes. Bastia et Calvi étaient désormais les seules villes qui reconnussent encore son autorité. Cependant les Anglais ne surent pas profiter aussi promptement qu'ils l'auraient pu de sa faiblesse. Lacombe craignait de voir former le siége de Bastia ; il emploie la ruse pour éloigner le danger ; il fait venir le capitaine d'un vaisseau ragusain mouillé dans le port, lui remet mystérieusement une lettre pour le consul de France à Gênes ; lui compte une somme, et lui en promet une bien plus forte s'il parvient à soustraire cette lettre à la vigilance des croiseurs anglais. Il instruisait le consul de quelque échec qu'il venait d'éprouver ; mais il lui marquait en même temps qu'il avait pris à Bastia une nouvelle position, où il avait tendu aux Anglais un piége tel, que s'ils y tombaient, il n'en échapperait pas un seul. A peine sorti de Bastia, l'avide Ragusain ne manqua pas, comme Lacombe l'avait prévu, de vendre sa dépêche aux Anglais. La ruse réussit : l'amiral ennemi n'osa, de six semaines, former aucune entreprise sur Bastia. Pendant ce temps Lacombe était parvenu à se fortifier ; mais les Anglais, de leur côté, avaient fait venir des Napolitains pour les aider. Vingt vaisseaux de ligne croisaient en même temps dans ces parages pour empêcher toute espèce de secours d'y pénétrer. Fiers de leurs forces, les Anglais forment le siége de Bastia et de Calvi ; Bastia est aussitôt sommé de se rendre : le général français répond qu'il est prêt à les recevoir avec des boulets rouges. Dès le soir une de leurs frégates parut dans la rade, et s'embossa devant la ville. Placé à la batterie la plus avancée, le général lui laisse jetter ses ancres ; mais en même temps donne l'ordre à toutes ses batteries de tirer dessus : le feu prend bientôt à la frégate. Malgré les secours de vingt vaisseaux, elle brûle pendant douze heures, puis s'engloutit dans les flots. Lacombe semblait avoir fait passer son courage dans le cœur de ses soldats. Pendant plus de deux mois la garnison et les habitans supportèrent avec une résignation héroïque toutes les fatigues d'un siége poussé avec vigueur, jointes à toutes les horreurs de la famine. Enfin Bastia, à moitié réduit en cendres, et n'espérant plus de secours, capitula et se rendit aux Anglais le 20 juillet.

CHAPITRE VII.

SUITE DE L'ANNÉE 1794.

Prise d'Anvers, de Liége, de l'île de Catzand, de Fontarabie. — Combat de Saint-Martial. — Siége de Calvi. — Prise de Saint-Sébastien, de Toloza, de Trèves. — Combat de Saint-Laurent de la Mouga. — Reprise du Quesnoy. — Siége du fort l'Ecluse. — Reprise de Valenciennes, de Condé. — Combat de la Roulière, de Boxtel. — Reprise de Bellegarde. — Combat de Kayserslautern, de Cairo, d'Aldenhoven. — Prise de Bois-le-Duc, du fort de Crève-Cœur, etc.

Prise d'Anvers et de Liége[1]. — Nous avons dit que Pichegru, après l'occupation de Malines, s'était arrêté et avait pris position aux environs de cette ville. De leur côté, les alliés surent habilement tirer parti de cette inaction pour se soustraire au danger qui les menaçait. Les Hessois, réunis aux troupes de lord Moira, gardèrent le passage de la Nèthe, tandis que les Hollandais couvraient cette rivière vers Bevel, et que les Anglais se fortifiaient à Conticq. C'est alors que Pichegru eût pu les attaquer, avec la presque certitude de remporter l'avantage; car la ligne occupée par les différens corps de l'armée alliée, était trop étendue pour qu'ils pussent se prêter un secours assez prompt en cas d'attaque, et opposer une résistance avantageuse.

1794 — an II.
27 juillet.
(9 thermidor)
Belgique.

Cependant, le 16 et le 17 juillet, l'armée du Nord avait

[1] Journaux du temps, — Dictionnaire des siéges et batailles; — Tableau historique; — Galerie militaire, — Histoire de Pichegru, — Relations et Mémoires communiqués, etc.

paru tenter le passage de la Nèthe; mais elle commit la faute d'effectuer cette tentative vers Waelhem et Rosendaël. Un coup d'œil jeté sur la carte, suffit pour démontrer que l'occupation de Malines par les Français rendait la position du duc d'Yorck extrêmement critique, et que Pichegru, en marchant vers Waelhem et Rosendaël, faisait une manœuvre fausse et mal combinée. Au lieu qu'en se portant dans la nuit même qui suivit la prise de Malines contre la ville de Lier, il eût pu y attaquer les Anglais le 16 au matin, culbuter la gauche du duc d'Yorck avec ses forces réunies, et se former, la droite à Montril, la gauche à Lier. L'effet de ce mouvement eût été prompt; le général français enfermait l'armée anglaise entière entre la masse de ses forces et l'Escaut, sans qu'il existât pour elle un seul moyen de salut. En supposant même que la moitié du corps du duc d'Yorck, campé à Conticq, eût pu se sauver à Anvers, il était impossible que Moira et Dalwig, qui commandaient les Hessois, pussent parvenir à s'échapper. Quels vastes avantages n'eût pas promis à Pichegru la destruction d'une partie aussi considérable de l'armée qui couvrait le pays! Le duc d'Yorck, obligé de fuir à la hâte, n'aurait eu d'autre ressource que de se rembarquer pour l'Angleterre, où il eût répandu la terreur, en portant lui-même la nouvelle des succès rapides obtenus par les armées de la république.

La faute commise par Pichegru dans cette occasion, devint bien plus étonnante encore et plus fâcheuse par la retraite inattendue que le corps hollandais, aux ordres du général Dalwig, fit une seconde fois. Ce corps partit inopinément, le 17 juillet, de sa position de Nylen, et se retira, sans même être inquiété, sur la petite Nèthe. Dalwig abandonna ensuite cette nouvelle position pour opérer sa retraite jusqu'à Osterhout sous Bréda; il laissait, par ce faux mouvement, les Anglais isolés vers Conticq, Waerlos et Duffel.

Si Pichegru, renonçant à son projet d'inaction, se fût mis à la poursuite des Hollandais, il eût sans doute coupé et accablé les Anglais : il suffisait, pour y réussir, d'exécuter cette manœuvre le 18. Mais, ainsi que nous venons de l'indiquer plus haut, Pichegru ne commença à mettre son armée en mouvement que le 21. Il campa ce jour-là entre Lier et Heyst-op-den-Berg, quand déjà le duc d'Yorck était parti la veille pour se retirer par Anvers sur Bréda.

Quoi qu'il en soit, l'armée du Nord, qui avait ainsi suivi tardivement la marche du prince anglais, se présenta le 27 devant la ville d'Anvers; trois mille hommes de troupes ennemies occupaient encore le fort Lillo, et Pichegru, dans son rapport, assure qu'il s'attendait à une vigoureuse résistance de leur part. Mais à peine eut-il fait filer son avant-garde sous les murs de la place, et sommé le commandant de la garnison d'évacuer le fort, que les Anglais commencèrent à opérer leur retraite, et au point du jour la ville d'Anvers était entièrement libre. Les ennemis, en se retirant, avaient rompu l'une des digues de l'Escaut, et cette rupture avait suffi pour inonder une espace de terrain de plus de trois lieues de circonférence. Mais cet obstacle fut bientôt franchi par les Français, qui entrèrent aussitôt dans la place, en prirent possession, et s'emparèrent de trente pièces d'artillerie, de soixante mille sacs d'avoine, et d'une grande quantité de vivres et de munitions que les Anglais n'avaient pas eu le temps d'emporter.

Cependant, au moment où Pichegru opérait avec une nonchalance si fâcheuse, le général Jourdan poursuivait avec activité ses avantages. Le même jour que le premier s'était emparé de Malines, Jourdan, à la tête du centre de l'armée de Sambre-et-Meuse, s'était rapidement porté sur Jidoigne, et avait favorisé, par cette marche, les tentatives de sa droite et de sa gauche. Kléber, à la tête de celle-ci, avait, comme on l'a vu, réussi à s'emparer de Louvain ; et l'aile droite s'était rendue maîtresse de Namur, que Beaulieu avait vainement cherché à défendre.

Ces deux conquêtes compromettaient singulièrement l'armée du prince de Cobourg. Menacé par la droite de Jourdan, qui de Namur pouvait le prévenir à Liége, il se décida à se séparer de l'armée combinée des Anglais et des Hollandais, et prit le parti de repasser la Meuse à Maëstricht, Reckem et Stockem. Le corps du général Latour, détaché de l'armée de Beaulieu, couvrit ce mouvement, et passa la Meuse à Liége et à Visé.

Jourdan se mit, sans perdre de temps, à la poursuite du prince de Cobourg. Le 24 il prend position sur la rivière de Jaar, et appuie son aile gauche à Woulrenge, et sa droite à Saint-Nicolas. Une forte division de l'armée autrichienne occupait encore les approches de la ville, et paraissait décidée à disputer le terrain. Le 27, Jourdan donne en conséquence l'ordre d'attaquer l'ennemi : celui-ci oppose en effet, aux efforts des Français, une vigoureuse résistance, qui fit d'abord croire à Jourdan que l'engagement deviendrait général. Son avant-garde seule avait encore combattu, et deux fois elle avait été repoussée avec perte. Le général français fait alors marcher une partie de son aile droite : ce mouvement produisit tout l'effet qu'il en attendait. Les Autrichiens, qui n'avaient opposé une forte résistance que pour donner au prince de Cobourg le temps d'opérer sa retraite, cédèrent le terrain et se retirèrent dans la ville de Liége, quand ils virent Jourdan employer contre eux des forces supérieures. Décidés à abandonner la place, ils la traversèrent en hâte, et ne prirent position que sur les hauteurs de la Chartreuse. Jourdan, qui les suivait de près, fit, à la tête de ses troupes, son entrée dans Liége.

Cette ville qui venait naguère encore de s'insurger et de prendre les armes contre les Autrichiens, s'était toujours montrée favorable aux Français, et ils y furent reçus par les habitans avec le plus vif empressement. Cependant les Autrichiens se retranchaient sur les hauteurs de la Chartreuse. Ils y avaient même établi des batteries qui dirigeaient un feu violent sur la ville. Jourdan fit mettre aussitôt en état les canons de la citadelle, qui, dominant la position des Autrichiens, les força promptement de cesser leur feu. La soirée et la nuit se passèrent en manœuvres respectives. Mais le lendemain matin, les Autrichiens, craignant d'être attaqués, décampèrent, et laissèrent libres les environs de Liége. Cette retraite donnait aux Français la facilité de se rendre maîtres de Tongres: Jourdan fit prendre position à une partie de ses troupes.

La prise des deux villes de Liége et d'Anvers, arrivée à Paris le même jour où la faction de Robespierre fut renversée, devint, par les rapprochemens auxquels elle donna lieu, une cause de grandes réjouissances pour le parti triomphant. Barrère, dans son rapport sur ces derniers événemens militaires, profita de la circonstance pour établir le prétendu rapport augural qu'il croyait voir entre eux et la chute du tyran.

Combats de la vallée de Bastan[1]. — Depuis le combat d'Arquinzun, les Français et les Espagnols avaient repris leurs positions, et, comme d'un commun accord, étaient restés dans l'inaction, ces derniers pour mieux organiser leurs moyens de défense, les autres pour mieux assurer le succès de leur agression. Enfin, le 26 juillet, Muller, général en chef de l'armée des Pyrénées-Occidentales, donne l'ordre de faire une attaque générale sur la vallée de Bastan, afin de se

[1] Moniteur, — de Marcillac, — Mémoires de B***, etc.

rendre maître de tous les postes qui la défendaient encore. Moncey, à la tête de l'aile gauche de l'armée, forte de sept ou huit mille hommes, part d'Ispeguy, et commence l'attaque. Après avoir résisté faiblement, les Espagnols abandonnent une redoute qui fermait le chemin du col d'Ispeguy à Eratzu, et se retirent sur ce village, dont les maisons avaient été crénelées. Ils paraissaient décidés à faire, dans cette position, une vigoureuse résistance ; mais les Français, à force de bras et de courage, étaient parvenus à conduire avec eux des pièces de canon. Ils foudroient Erratsou, et les Espagnols, surpris de se voir attaqués sur ces hauteurs avec de l'artillerie, s'épouvantent, et bientôt ils prennent la fuite, en abandonnant successivement les postes d'Ariscun et d'Elissondo. Ralliés à quelque distance de ce poste, sur une hauteur qui défend une gorge profonde à la sortie de ce village, ils repoussent d'abord les Français qui les avaient suivis ; mais ceux-ci reviennent à la charge, et les Espagnols sont encore obligés de fuir devant eux.

En même temps, la division du général de Laborde, après s'être emparée du col de Maya, venait d'occuper les hauteurs d'Etchalar, que traverse le chemin qui conduit de la vallée de Bastan à Berra. La division Moncey fait sa jonction avec la division Laborde. Alors la retraite se trouvait coupée pour les Espagnols. Attaqués vigoureusement par les Français, ils se défendent de même. Enfin, ils réussissent à faire une trouée, et se jettent sur Saint-Estevan pour y passer la Bidassoa, et pouvoir se rallier à Oyarzun, en faisant un circuit par la vallée de Lerin. Poursuivis par les Français, les Espagnols eurent une peine infinie à exécuter ce mouvement. La légion royale des Pyrénées se fit hacher près du pont de la Bidassoa, et ne le traversa elle-même que lorsque toute l'artillerie et les bagages de l'armée eurent été en sûreté de l'autre côté de la rivière.

Dès que la division du centre de l'armée française, commandée par le général Dessein, eut appris l'entrée de Moncey dans la vallée de Bastan, elle effectua son attaque sur Berra et sur le roc Commissari. Ce roc présente deux mamelons élevés et d'un accès très-difficile, surtout du côté de la France; ils dominent la cordilière au centre de laquelle ils sont placés. Deux redoutes couronnaient ces mamelons; une d'elles était étoilée, entourée d'un fossé profond, dont l'approche était défendue par des pas de loup et des chevaux de frise dans tout son pourtour extérieur. Cagigal, avec un bataillon du régiment espagnol de Zamora, défendait cette redoute. L'autre, moins fortifiée, n'avait à son entrée qu'une traverse; mais elle était à portée de mousqueterie de la redoute étoilée, et liée à elle par un parapet à redans, sans fossé. Sur les flancs de ces retranchemens, était une batterie placée sur la hauteur de Sainte-Barbe, et qui fermait le chemin de Sarre. Une troisième redoute, nommée Marie-Louise, battait la gorge d'Olette.

Le 27 juillet, les Français, divisés en trois colonnes, se présentèrent pour attaquer ces forts retranchemens. La colonne de droite, venant par la montagne de Mandale, attaque en front les deux redoutes de Commissari, devant le parapet à banquette qui les liait. Les batteries commencent alors un feu meurtrier. Leurs décharges criblent les rangs des Français, qui cherchent à se mettre à couvert dans un des angles rentrans du parapet. Voyant la mort dans l'attaque comme dans la retraite, deux fois ils se précipitent sur les retranchemens des Espagnols, avec cet acharnement qui tient autant du désespoir que du courage; deux fois ils sont repoussés par le canon à mitraille et la mousqueterie. Un adjudant-général est tué; les Français périssent sans pouvoir se défendre. Tant d'obstacles les étonnent; ils hésitent; ils sont sur le point de faire un mouvement rétrograde, lorsque Dessein les anime par son exemple. Il s'entoure des plus braves, et marche à leur tête contre les Espagnols. La division toute entière les suit. Ils se précipitent tête baissée sur les Espagnols. La baïonnette est entre leurs mains une arme irrésistible. L'ennemi s'effraie à son tour de tant de résolution. En vain il se sert de tous ses moyens de défense ; le général Dessein parvient à faire franchir le retranchement qui lie les deux redoutes. Il s'aperçoit que celle de droite n'est défendue que par une traverse; il s'y jette et s'en rend maître. L'artillerie de cette redoute est aussitôt pointée contre la redoute étoilée qui déjà était elle-même attaquée par la seconde colonne française parvenue jusque là en tournant la gorge d'Olette, et en évitant la redoute de Marie-Louise. Cagigal se défend avec intrépidité. Ayant à faire face de tous les côtés, de tous côtés il oppose une résistance opiniâtre à l'impétuosité des assaillans. Les Français se disposent à emporter d'assaut la redoute ; Cagigal, au milieu des cadavres des siens, osait encore se défendre : mais ses munitions étaient achevées, il n'avait plus que quelques gargousses, et seulement quelques soldats qui pussent encore se servir de la baïonnette. Il veut du moins sauver la vie de ses braves compagnons d'armes, et se rend aux Français au moment où déjà ceux-ci atteignaient le haut des parapets.

Ce brave commandant allait être la victime de la fureur de quelques forcenés qui, voyant dans Cagigal un jeune homme à cheveux blonds et d'une physionomie douce, le prenaient pour un émigré. Il eût péri, si Dessein, témoin et admirateur de la bravoure de l'officier espagnol, ne l'eût couvert de son corps, et, l'arrachant d'entre les mains de ces barbares, n'eût prouvé, par ce trait de générosité, que, chez le Français surtout, le courage a des droits qui sont au-dessus de l'intolérance des opinions.

Les redoutes de Marie-Louise et de Sainte-Barbe, attaquées avec vigueur par la troisième colonne de la division du général Dessein, furent défendues avec une intrépidité presque égale. Mais, malgré leurs efforts, les Espagnols furent encore obligés de les abandonner. Les Français, de cette manière, se trouvaient maîtres de toute la vallée de Bastan; et désormais ils étaient en mesure pour attaquer les Espagnols, et les chasser des lignes qu'ils occupaient en avant d'Irun.

Prise de l'île de Catzand ou Cassandria[1]. — Moreau, maître de Nieuport, avait reçu des conventionnels Lacoste et Richard, l'ordre de former le siège du fort l'Ecluse. Pour réussir dans cette entreprise, et compléter l'investissement de ce fort, il était nécessaire de faire passer des troupes dans l'île de Catzand, et cette opération indispensable offrait des obstacles dont les Français seuls pouvaient ne pas s'effrayer. Le seul point de communication qui existât entre cette île et le continent, était une digue étroite inondée de tous les côtés, et défendue par une batterie de quatorze pièces de canon : on ne pouvait donc pénétrer dans l'île qu'en suivant cette digue; pour la suivre, il fallait culbuter les Hollandais qui s'y étaient fortement retranchés, et s'emparer de la batterie. Moreau n'hésite pas à tenter cette entreprise périlleuse, et ose se flatter d'un prompt succès.

Le 23 juillet il fit marcher la division sous ses ordres, et la fit s'approcher de l'île et du fort de l'Ecluse. La brigade du général Laurent se porta sur West-Capelle, Lanscheure, Middelburg et Ardenbourg, pour intercepter tous les passages depuis la mer, au Polder de Hasegars, jusqu'au canal d'Ardenbourg; et la brigade du général Vandamme prit poste en avant de Maldegem, en deçà de la Live, dans l'intention de tromper l'ennemi sur l'entreprise contre l'île de Cassandria.

Le lendemain un détachement de chasseurs, entraîné par

[1] Moniteur. — Tabl. histor., — Siéges et batailles, — Jomini, — David, — Histoire de Moreau, — Galerie militaire, — Relation des siéges.

une ardeur bouillante et irréfléchie, se jeta tout entier à la nage dans le canal ou crick d'Ardenbourg, au pont tournant, attaqua l'ennemi et le chassa, malgré sa vive résistance, d'une redoute située sur la rive gauche de ce canal, à environ sept cents toises de l'Ecluse. La possession de cette redoute pouvait devenir très-avantageuse; mais les chasseurs l'ayant attaquée sans en avoir reçu l'ordre, ils l'abandonnèrent de même, parce que leur position, dans ce lieu, leur parut trop hasardée. L'ennemi les poursuivit dans leur retraite, et incendia le pont tournant, à l'effet d'ôter aux Français cette communication, la seule par où ils pussent arriver à la redoute.

Cependant Moreau, impatient de se voir maître de l'île, avait donné, au commandant du génie Dejean, l'ordre de faire promptement tous les préparatifs nécessaires pour le passage du canal de Coxysche, et l'attaque de la digue. Dejean n'avait à sa disposition qu'un petit nombre de batelets insuffisans pour construire un pont propre à faire passer une armée. Afin d'en faciliter l'établissement, il fit conduire sur le lieu désigné pour le passage, un grand nombre de grosses pièces de bois et autres matériaux de ce genre. Il espérait par là se mettre à même d'effectuer son pont; mais la bravoure et l'intrépidité française rendirent pour ainsi dire inutiles tous ces préparatifs, et suppléèrent au manque de moyens naturels.

Pendant que Dejean était ainsi occupé à exécuter les ordres de Moreau, les brigades des généraux Vandamme et Daendels se rendaient vers le lieu destiné au passage, en face à-peu-près du village de Klinkerke; et pour tromper l'ennemi, elles s'occupèrent à rassembler ostensiblement, en face du camp des Hollandais, sous Klinkerke, une partie des bateaux et autres matériaux nécessaires à la construction du pont. On avait préalablement placé, en face du camp, trois pièces de 8 de position, pour concourir au même objet. L'ennemi, donnant dans le piége qu'on lui tendait, porta de ce côté toute son attention.

En même temps la brigade du général Laurent devait simuler une fausse attaque contre le retranchement de Baefs-Polder, à gauche de l'attaque principale. Ce retranchement, élevé en 1787, défend l'entrée de l'île de Catzand, du côté de la digue construite à-peu-près à la même époque, pour enlever à la mer les cricks et terrains inondés au-dessus des polders de Sainte-Croix, Sainte-Marguerite et Oudeman. Laurent devait inquiéter les Hollandais, les tenir en échec, et tenter lui-même l'attaque de la digue qui s'étend à-peu-près dans la direction d'Ardenbourg à Oostbourg, un peu sur la droite.

Sur les cinq heures du soir (le 28 juillet) les différentes colonnes employées à ces deux attaques étaient rassemblées, les unes à Klinkerke, et les autres à Baefs-Polder. A la vue des ouvriers du génie travaillant avec lenteur à la construction du pont, l'impatience de ces braves soldats devient extrême : n'écoutant bientôt plus que leur courage, ils veulent parvenir à l'autre côté du canal sans le secours du pont de bateaux. Excités eux-mêmes par l'enthousiasme dont ils sont témoins, les généraux cèdent aux désirs des soldats, manifestés aux cris redoublés de *vive la nation! vive la république!* Aussitôt, sous le feu même des batteries ennemies, au milieu d'une grêle de balles et de boulets, les grenadiers et chasseurs s'élancent dans les premiers batelets qu'ils trouvent sous leur main, les assujétissent les uns aux autres, en les liant avec leurs cravattes et leurs mouchoirs, et vont ainsi affronter l'artillerie des Hollandais, retranchés dans l'île ; tandis que d'autres Français, plus audacieux encore, se précipitent à la nage au milieu d'un courant extrêmement rapide. Stupéfaits et épouvantés à la vue

1794—an II.
Hollande.

d'une intrépidité qu'ils ne peuvent concevoir, les Hollandais s'étonnent; cependant, ils redoublent le feu de leur mousqueterie, et mettent à profit leur position et leurs batteries pour se défendre. Mais les Français bravent avec un égal courage, et le feu de la mousqueterie et celui de la mitraille. Ils abordent, malgré tous les efforts des Hollandais pour les repousser. Pouvant enfin combattre de pied ferme, ils s'élancent sur l'ennemi : les canonniers français, qui n'avaient pu transporter leurs pièces, se jettent sur les canonniers hollandais; les massacrent et s'emparent de deux bouches à feu, qui sont bientôt tournées contre leurs adversaires. Les Hollandais, mis en déroute, fuient avec rapidité et se rembarquent à la hâte pour éviter la poursuite des vainqueurs.

Ce premier passage, où brillèrent d'un éclat extraordinaire la bravoure et l'intrépidité française, avait été vigoureusement appuyé par le feu de deux pièces de 4 établies sur les bords du canal. Jalouses elles-mêmes d'une valeur dont elles n'étaient que les témoins, les troupes françaises restées au camp, voulurent aussi contribuer au succès obtenu par leurs compagnons d'armes : oubliant qu'elles étaient séparées de l'ennemi par un canal d'environ cent pieds de largeur, elles quittèrent la digue qui les couvrait, et, s'avançant au pas de charge, elles se portèrent à découvert sur le bord du canal. Le feu vif de leur mousqueterie en imposa aux Hollandais, et contribua à leur déroute.

Deux ou trois batelets avaient malheureusement chaviré dans le passage; un capitaine et quelques volontaires furent noyés, quelques soins que l'on eût pris pour les sauver.

Après la fuite des Hollandais, les officiers du génie réunirent, à droite de Klinkerke, les bateaux et autres matériaux destinés à construire le pont, et s'occupèrent de suite à le confectionner. Excités par tout ce qu'ils avaient vu dans cette journée mémorable, ils mirent dans leurs travaux une telle célérité, qu'à neuf heures le pont se trouva entièrement terminé, sous l'active direction des capitaines du génie Casimir et Victor Poitevin[1], de l'adjoint Lafarelle, des deux sergens Castel et Parisot, et par le dévouement et la bonne volonté des sapeurs et soldats employés à ce travail. A l'aide de ce pont, l'infanterie et la cavalerie étaient dans l'île de Cassandria avant minuit.

A la fausse attaque de Baefs-Polder, le général Laurent avait au premier moment éprouvé une vigoureuse résistance. L'artillerie ennemie avait long-temps fait sur les Français un feu meurtrier, qui avait empêché d'abord leur mouvement. Mais enfin, instruit de la défaite des Hollandais au camp de Klinkerque, l'ennemi avait peu-à-peu diminué ses décharges, et avait fini par ne plus tirer que les pièces placées sur la digue, à la gauche des Français. Le général Laurent, qui ignorait les succès de la principale attaque, profita cependant habilement de cette interruption pour faire filer des tirailleurs sur la digue, afin de s'assurer de l'état des choses. Ces tirailleurs arrivèrent jusqu'auprès du pont sans avoir éprouvé de résistance; à leur aspect les Hollandais, qui déjà se préparaient à suivre dans leur retraite les troupes du grand camp, s'épouvantèrent et prirent aussitôt la fuite, abandonnant le pont qu'ils étaient occupés à démonter. Bientôt le général Laurent arriva lui-même à la tête de quatre compagnies de grenadiers et de chasseurs, et d'un détachement de chasseurs à cheval; il fit de suite réparer le pont, et s'empara de ce retranchement. Cependant il ignorait toujours la réussite de l'autre attaque. L'obscurité de la nuit, et le temps affreux qui la rendait plus ténébreuse encore, empêchèrent les deux troupes d'opérer

---

[1] Le premier de ces officiers (Casimir Poitevin) est aujourd'hui lieutenant-général, membre du comité des fortifications, baron de Maureillan, et l'un des officiers-généraux les plus distingués dans son arme.

leur jonction: elles bivouaquèrent toutes les deux dans leurs positions respectives.

Le lendemain, le général Laurent se réunit au gros de l'armée, qui déjà faisait ses dispositions pour le siége de l'Ecluse. Les Français s'emparèrent encore, dans cette journée, de Breskens, seul lieu d'embarcation de l'île pour Flessingue et l'île de Walcheren ; ils prirent aussi Biervliet, poste important, dont la reddition complétait entièrement la conquête de l'île de Cassandria. On y établit aussitôt des batteries dirigées sur le passage de l'Escaut, pour arrêter les vaisseaux qui voudraient le tenter.

La possession de l'île de Cassandria était de la plus haute importance pour les Français; elle donnait la facilité de former l'investissement de l'Ecluse, coupait toute retraite à la garnison de ce fort, interceptait la navigation de l'Escaut, et menaçait la Zélande d'une prochaine invasion. Elle valait en outre aux vainqueurs plus de quatre-vingt-dix pièces de canon, dont les quatre cinquièmes en bronze; plus de douze petits mortiers à grenades; des fusils en grand nombre, des munitions de guerre de toute espèce, des tentes pour plus de six cents hommes, des outils à pionniers, beaucoup de caissons, des chevaux, un vaisseau armé de dix canons, une belandre [1] chargée d'environ soixante milliers de poudre, dont les deux tiers en état de servir; enfin, plus de deux cents prisonniers.

---

[1] La hardiesse et l'intrépidité caractérisent l'enlèvement de ce bateau. Deux volontaires du bataillon de la Marne, MM. Lebeau et Bralet, se rendirent, pendant la nuit, à la nage, sur cette belandre, qui se trouvait ensablée très-près de la redoute du canal d'Ardenbourg. Le flux de la mer l'ayant mise à flot, ils profitèrent de la marée montante pour la diriger vers la rive gauche, à l'emplacement du camp. Le comité de salut public, instruit de la conduite courageuse de ces deux volontaires, et de l'heureux résultat qui en fut la suite, les nomma tous les deux sous-lieutenans.

La conquête de l'île de Cassandria est certainement un des faits d'armes les plus hardis de la campagne. Une foule de traits particuliers, de courage et d'intrépidité, ont été recueillis, et prouvent de quelle généreuse ardeur étaient animés les défenseurs de la patrie à cette époque : outre celui que nous avons déjà cité au sujet de la prise de la belandre chargée de poudre, nous nous empressons de signaler encore les suivans :

1794—an III. Hollande.

Au passage du canal, Ventre, sergent-major ; Debeugny, sergent ; et Bouvard, caporal, tous trois du bataillon des chasseurs du Mont-Cassel, traînèrent à la nage sur l'autre rive, au moyen d'une corde attachée à leur cou, des bateaux chargés de leurs camarades, et malgré le danger imminent auquel ils s'exposaient, ils répétèrent audacieusement neuf ou dix fois cette manœuvre.

Lalis, capitaine des grenadiers du seizième régiment, se jeta le premier dans un bateau, sous le feu de l'ennemi, pour donner l'exemple à ses soldats, et les encourager à le suivre. Tous se précipitèrent sur ses traces ; les uns dans le bateau, et les autres à la nage.

Bouillet, capitaine des carabiniers au quatorzième régiment de chasseurs, montra pendant toute l'attaque un courage et un sang-froid imperturbables. Le premier, il se porta à découvert sur le bord du canal, armé d'une carabine, vis-à-vis une batterie, dont il incommodait les canonniers par un feu continuel. Il avait déjà passé un des premiers le canal.

Baudot, capitaine au premier bataillon d'Ille-et-Vilaine, et aide-de-camp du général Moreau, se jeta le premier à la nage, pour conduire sur l'autre rive le premier bateau de grenadiers.

Castel et Parisot, déjà cités, tous les deux sergens au premier bataillon des Bouches-du-Rhône, traînèrent aussi à la nage, sur l'autre rive, des bateaux chargés de leurs cama-

1794—an II.
Hollande.

rades, et, de même que Ventre, Debeugny et Bouvard, ils répétèrent neuf ou dix fois cette action sublime de dévouement.

Enfin Moreau lui-même avait donné l'exemple de la valeur et de l'intrépidité à ses soldats. Au moment où ceux-ci s'embarquaient dans les batelets, le général en aperçoit un emporté par le courant, et déjà presque submergé; aussitôt, n'écoutant que le cri de l'humanité qui parle à son cœur, il se jette à la nage, s'élance vers le batelet, le saisit d'une main vigoureuse, le ramène sur la rive, et sauve ainsi un capitaine de canonniers et plusieurs soldats [1].

Au récit de l'audacieuse expédition de l'île de Cassandria, la Convention nationale fut saisie d'admiration, et décréta à l'unanimité, et par acclamations, qu'il serait fait mention honorable, dans son procès-verbal, de la conduite courageuse des troupes employées à cette conquête, ainsi que de la valeur des militaires qui s'étaient le plus distingués dans cette honorable circonstance. Le décret signalait les noms des braves que nous venons de citer.

1ᵉʳ août.
(14 thermid.)
Espagne.

Combat de Saint-Martial, et prise de Fontarabie [2]. — Maîtres de tous les postes de la vallée de Bastan, les Français

[1] Par une fatalité bien cruelle, le même jour où Moreau se couvrait ainsi de gloire dans l'île de Cassandria, son père, vieillard aussi vénérable par son âge que recommandable par son patriotisme éclairé, portait, à Rennes sa patrie, sa tête sur l'échafaud. Il avait été condamné à mort par le tribunal révolutionnaire, parce qu'on l'accusait de conserver, en sa qualité d'avocat, des relations avec des hommes de l'ancienne caste nobiliaire. Moreau, comme tous les cœurs généreux, avait pour son père une extrême tendresse. L'affreuse nouvelle de la perte qu'il venait de faire, parvint trop vite aux oreilles du héros français. Elle étendit un voile funèbre sur les lauriers qu'il venait de cueillir, et le jeta dans le désespoir. Entraîné tour à tour par l'amour de la gloire et le désir de la vengeance, il hésita s'il ne quitterait point le service d'une ingrate patrie, qui récompensait si mal son dévouement. Mais les conseils de ses amis l'emportèrent enfin sur sa douleur, et il continua de rester à l'armée, où bientôt il devait trouver une nouvelle illustration.

[2] Moniteur, — Dictionnaire des sièges et batailles, — de Marcillac.

PARTIE OCCIDENTALE DES PYRÉNÉES. *T. 3. Page 116.*

se préparèrent à attaquer vigoureusement les Espagnols sur leur territoire. Après avoir rassemblé ses divisions, le général Muller fait toutes ses dispositions pour marcher sur l'ennemi. Les Espagnols, menacés d'être tournés par les Français, venaient d'abandonner leur camp d'Irun, et s'étaient retirés, une partie sur la montagne d'Haya, derrière cette ville, et l'autre dans le camp fortifié de Saint-Martial, où déjà se trouvait leur seconde ligne. La division du général Moncey, réunie à Lesaca, à celle du général Laborde, se met en marche le 1ᵉʳ août, pour attaquer la montagne d'Haya. Les Espagnols étaient en nombre suffisant pour se défendre, et la superbe position qu'ils occupaient les mettait encore mieux à même de le faire avec avantage ; mais, abattus par leurs derniers revers, ils n'opposèrent à l'impétuosité française qu'une molle et faible résistance. Le poste fut emporté, après un combat qui à peine avait duré une heure, par huit compagnies de grenadiers conduites par Grangé. Ce brave militaire, qui ignorait même s'il était soutenu, gravit la montagne en suivant des chemins impraticables, attaqua l'ennemi avec intrépidité, et le mit en fuite au moment où la division toute entière s'ébranlait pour seconder son audace. Pendant ce temps, la division du général Dessein attaquait le pas de Beobie, défendu par six batteries en amphithéâtre, dominées par la grande batterie et le camp de Saint-Martial, qui couronnaient la cime de la montagne du même nom. Il s'empara du bac établi sur la Bidassoa, franchit, par ce moyen, la rivière, et vint attaquer de front le grand camp, tandis que Muller lui-même passait la Bidassoa à gué, près le pont de Boga, avec une partie des troupes qu'il avait conservées sous son commandement spécial. Muller prend en flanc les Espagnols déjà aux prises avec Dessein. Il s'empare de deux batteries, qui sont à l'instant tournées contre l'ennemi, que cette double attaque déconcerte. Le plus affreux désordre se met dans le camp ; les

Espagnols se précipitent de toutes parts pour échapper par la fuite aux dangers dont ils se croient entourés. Le camp de Saint-Martial, les batteries, les munitions, tout reste au pouvoir des Français, qui se mettent aussitôt à la poursuite des fuyards, et les conduisent l'épée dans les reins jusqu'à Oyarzun.

Cependant, les divisions Moncey et Laborde, s'apercevant de la déroute de l'ennemi, se portent aussitôt avec vivacité de la montagne d'Haya sur Oyarzun. C'en était fait de l'armée espagnole; elle eût été totalement anéantie, si les régimens d'Ultonia, de Réding, deux bataillons des gardes wallonnes et le régiment provincial de Thuy, n'eussent protégé la retraite, en se dévouant pour arrêter les vainqueurs. Le général espagnol, comte de Colomera, avait ordonné qu'en se retirant on mît le feu au magasin à poudre; les personnes chargées de cet ordre l'exécutèrent si intempestivement, que les troupes généreuses, qui rétrogradaient en protégeant la retraite, passèrent vis-à-vis du magasin au moment de son explosion. L'effet en fut terrible. Plus de la moitié des Espagnols furent victimes de cette imprudence. Mais ce qui mérite des éloges, c'est que cet événement affreux ne déconcerta point ces braves troupes, qui continuèrent leur retraite toujours en bon ordre, et empêchèrent les Français de dépasser Oyarzun, et même d'attaquer leur arrière-garde. Le roi d'Espagne fut tellement satisfait de la conduite héroïque des régimens dans cette occasion, qu'il leur accorda l'écusson d'honneur, et ordonna que cette action serait consignée sur leurs drapeaux; tandis qu'il décernait des punitions à ceux qui, dans cette journée, avaient lâchement abandonné leurs drapeaux.

Au moment où les Français avaient passé la Bidassoa, malgré les feux croisés des batteries de Saint-Martial, le général Frégeville, accompagné du représentant du peuple Garrau, s'était détaché avec trois cents hommes d'élite, et avait marché rapidement sur Fontarabie. Il s'avança jusqu'à la porte de la ville. Une décharge à mitraille le contraignit à se retirer au moment où il allait la forcer. Trois hommes furent tués à ses côtés. Mais loin de renoncer à son entreprise, il redoubla d'efforts, parvint à s'emparer de la redoute des Capucins, et prit position sur une hauteur qui dominait la ville. Voulant en même temps mettre à profit son audace et la défaite des Espagnols, il envoya dans la place, en parlementaire, Nollet, capitaine au premier régiment de hussards, et Lamarque [1], adjoint à l'état-major et capitaine de grenadiers. Ces officiers annoncent au commandant de Fontarabie que les Espagnols sont battus sur tous les points, et le somment de se rendre. Le commandant demande vingt-quatre heures pour se consulter; Garrau ne lui accorde que six minutes, en le prévenant que, ce délai expiré, la garnison et lui seraient passés au fil de l'épée. Le commandant, effrayé, se hâta de capituler, et à six heures du soir, il sortit de la place avec sa garnison, qui, forte de huit cents hommes, déposa ses armes sur le glacis, et resta prisonnière de guerre.

Jusque-là, Fontarabie n'avait jamais été prise, et se glorifiait du surnom de *la Pucelle*, que lui donnaient les Espagnols. La conquête de cette place, et l'occupation des positions d'Haya et de Saint-Martial, étaient extrêmement avantageuses aux Français. Ils y gagnèrent deux cents bouches à feu, quinze à seize cents tentes, deux mille prisonniers, dont deux régimens entiers, des munitions de guerre en abondance, quatre mille bombes et obus, dix à douze mille fusils, des magasins considérables en subsistances et en effets militaires, et six drapeaux, qui furent portés, avec un grand appareil, à la Convention, par le capitaine Lamarque. L'assemblée dé-

---

[1] Aujourd'hui lieutenant-général.

1794—an II. créta, à l'unanimité, que l'armée des Pyrénées-Occidentales
Espagne. avait bien mérité de la patrie.

 Les Français avaient montré la plus vive ardeur dans cette journée mémorable; en gravissant la montagne de Saint-Martial, les soldats, pleins d'enthousiasme, s'écriaient : « Pour cette fois, on parlera de nous à la Convention nationale, et on lui fera un rapport de notre conduite. » Pendant l'action, un obus espagnol tombe entre un caisson français et une pièce de 8; deux soldats du premier régiment d'artillerie, ci-devant de Lafère, se précipitent sur l'obus, dont la fusée brûlait encore; le premier la coupe avec son sabre, tandis que l'autre couvre de terre la mèche et l'obus. Ce trait hardi sauva le détachement d'artillerie, que l'explosion du caisson pouvait abîmer.

1 août. *Siége de Calvi*[1]. — Nous avons vu comment les Anglais,
(14 thermid.) appelés par Paoli pour soutenir le parti qu'il s'était créé dans
France. l'île de Corse, s'étaient emparés de la ville de Bastia. Une fois
(Corse). admis dans l'île, ils prétendirent y agir en maîtres. Cette conduite, assez ordinaire à ce peuple insulaire, qui, dans les secours qu'il prête à ses alliés, ne semble jamais consulter que ses propres intérêts, avait refroidi un grand nombre des partisans de Paoli, et réchauffé le zèle des Corses restés fidèles à la cause de la France, mais trop faibles pour entreprendre de secouer le joug des Anglais. Les amis de la France se voyaient menacés d'un prochain asservissement, et l'armée d'occupation travaillait avec activité à soumettre toute l'île. Calvi était connu principalement par son grand attachement à la république; les Anglais formèrent aussitôt le dessein d'en faire le siége. Leur flotte s'en approcha, en même temps que l'armée de terre la cernait. Cette ville, qui ne renfermait qu'une très-faible garnison, opposa cependant aux

---

[1] Moniteur. — Dictionn. des siéges et batailles. — Mémoires de Rochambeau.

efforts des assiégeans une vigoureuse résistance, et se signala par son courage et son dévouement. Tous les citoyens s'empressèrent de seconder la garnison dans sa défense; les femmes elles-mêmes donnèrent l'exemple de ce patriotisme qui enfante les grandes actions; elles oublièrent la faiblesse de leur sexe, et pendant qu'un feu très-vif faisait pleuvoir sur leur ville une grêle de bombes et de boulets, elles apportaient, jour et nuit, de la terre sur les bastions, pour amortir l'effet des projectiles.

Au bout de quinze jours Calvi fut presque en entier renversé par trois mille bombes que les Anglais y lancèrent; presque toutes les maisons furent endommagées. Pressée par mer et par terre, la ville fut bientôt réduite à la plus extrême famine. Habitans et soldats ne se nourrissaient plus que de chair de cheval, d'âne, de mulet et des animaux les plus immondes. Bientôt la disette fut telle, qu'un œuf valut trente sous en numéraire.

Un jeune homme âgé de quinze ans, blessé par l'éclat d'une bombe, était près d'expirer; il voit sa mère verser des larmes: « Ma mère, ne pleure pas, lui dit-il; je meurs pour la patrie. »

Depuis deux mois, la ville était continuellement battue par trente-sept pièces de gros calibre. Ses maisons étaient presque toutes détruites; ses fortifications offraient de toutes parts des brèches effrayantes; toutes ses batteries étaient démontées; la garnison, réduite à deux cent soixante hommes, travaillée par la dysenterie, accablée de veilles et de fatigues, était incapable de continuer son service, et de garder une place ouverte de toutes parts. La cruelle nécessité décida enfin ces malheureux à demander une capitulation, qui fut conclue le 1er août. Elle sortit avec les honneurs de la guerre, et s'embarqua pour Toulon, suivie de la plupart des habitans, qui aimèrent mieux abandonner aux Anglais les débris

1794—an 11. fumans de leur cité, que de les conserver en restant avec des
France. ennemis.

4 août. *Prise de Saint-Sébastien*[1]. — Après leur défaite au camp
(17 thermid.) de Saint-Martial, les Espagnols s'étaient retirés dans une forte
Espagne. position, que le général Ventura Caro, avant son rappel, avait
déjà fait reconnaître auprès de la petite ville d'Hernany, et
qu'il avait désignée comme un point essentiel, en cas de mal-
heur. Une partie de cette armée occupa aussi le poste du
Port-du-Passage, tandis que quelques détachemens allaient
renforcer la garnison de la ville de Saint-Sébastien. Mais le
général Muller ne leur donna point le temps de se fortifier
dans ces différentes positions. Dès le 2 août, Moncey, à la
tête de sa division, vint attaquer l'ennemi au poste du Passage. Après une légère résistance, il s'en empara, et profita
de cet avantage pour se porter sans délai sur Saint-Sébastien.
Le même jour, les généraux de division Laborde et Frégeville marchaient à la tête de leurs colonnes, pour attaquer
Hernany. Cette position, redoutable par sa situation locale,
était, pour les Français et pour les Espagnols, de la plus
grande importance. Placée à l'embranchement des routes de
Madrid et de Saint-Sébastien, elle pouvait également favoriser ou empêcher la prise de cette dernière ville. Il était donc
très-intéressant pour les Espagnols de la conserver. Mais le
général Colomera, qui commandait une armée découragée, et
auquel son grand âge était loin d'inspirer l'énergie nécessaire
dans la circonstance critique où il se trouvait, ne se crut pas
assez fort pour tenir tête aux Français victorieux. Cependant,
à leur approche, il fit ranger ses troupes en bataille. C'était
un moyen qu'il employait pour ôter à l'ennemi l'idée de le
poursuivre. A peine la cavalerie française se fut-elle déployée,
à peine l'artillerie légère, que Laborde avait fait porter à l'a-

---

[1] Moniteur, — Tableau historique, — de Marcillac, — Mémoires de B***.

vant-garde, eut-elle envoyé quelques bordées, que Colomera fit battre la retraite, abandonna ses positions, et s'enfuit avec précipitation vers Toloza. Les Français s'attachèrent à sa poursuite, tandis qu'une partie des troupes allait renforcer Moncey, occupé devant la place de Saint-Sébastien.

Ce général s'était emparé, à son arrivée, des hauteurs qui dominent la ville, et qui sont de niveau avec les batteries de la citadelle. Saint-Sébastien renfermait une garnison de deux mille hommes; ses remparts étaient garnis d'une artillerie considérable; et Moncey n'avait point avec lui de pièces de siége; mais se doutant que la retraite de l'armée espagnole devait déjà avoir répandu la terreur dans la ville, il essaya de l'augmenter encore par ses menaces. Latour d'Auvergne fut envoyé par lui dans la ville, où l'opinion divisait les troupes et les habitants. Ce brave et savant capitaine, à qui on doit des ouvrages pleins d'érudition, joignait à l'usage de la langue espagnole une éloquence militaire persuasive. Il harangue le peuple, confère avec l'alcade Michelena, épouvante le gouverneur de l'appareil des forces que les Français ont déjà conduites autour de la ville, et le menace de toute leur artillerie, prête à la réduire en cendres. Cependant la garnison, forte de son nombre, voulait absolument se défendre; mais Michelena, soit par enthousiasme pour le système républicain, soit par la crainte de voir en effet la ville en proie aux horreurs d'un siége, favorise lui-même les efforts de Latour-d'Auvergne, et engage le gouverneur à capituler. A demi persuadé, ce commandant dit au parlementaire français : « Mais, capitaine, vous n'avez pas tiré un seul coup de canon sur ma citadelle; faites-moi du moins l'honneur de la saluer; sans cela, vous sentez bien que je ne puis vous la rendre. » Latour-d'Auvergne revient au camp, et fait jouer la seule pièce de 8 que possédaient encore les Français; les batteries des forts y répondent par une grêle de boulets. L'intrépide capi-

1794 — an II. taine retourne dans la place, et détermine le gouverneur à
Espagne. lui en remettre les clefs.

La capitulation de Saint-Sébastien fut signée le 4 août. La garnison sortit avec tous les honneurs de la guerre, mais resta prisonnière. Les habitants reçurent les Français avec les démonstrations de la joie la plus vive, tandis que la garnison, mécontente de s'être rendue sans se défendre, partait, consternée, pour Oyarzun.

Les Espagnols avaient accumulé des magasins immenses dans Saint-Sébastien et les autres places que les Français venaient de conquérir. Le Port-du-Passage, Hernany et Saint-Sébastien fournirent à l'armée soixante-dix mille quintaux de froment, vingt mille quintaux de riz, et une quantité prodigieuse d'autres comestibles. La marine trouva en outre, dans les magasins de Saint-Sébastien, de puissans secours en toiles, chanvre, cuivre et fer. L'artillerie acquit quatre cent milliers de poudre, deux cent cinquante milliers de plomb, douze cent milliers de fer, quarante-neuf canons en bronze et quatre-vingt-dix pièces en fer. Ces différens succès rendirent les Français maîtres d'une partie de la province de Guipuscoa.

5 août. *Combat et prise de Toloza* [1]. — La division française
(18 thermid.) qui venait de s'emparer de Fontarabie et de Saint-Sébastien, s'était remise en ligne avec les troupes campées à Hernany. Les Espagnols, stupéfaits de leur défaite de Saint-Martial, perdaient le temps à tenir des conseils de guerre, et ne paraissaient devoir opposer qu'une faible résistance aux progrès de leurs ennemis. En conséquence, le général Frégeville forma le dessein de s'emparer de Tolosa. Cette capitale de la Guipuscoa, était une ville ouverte; mais plusieurs régimens espagnols, commis à sa garde, étaient campés en avant de ses murs. Frégeville envoya contre eux une partie des troupes de sa division.

[1] Moniteur, — Tableau historique, — de Marcillac, — Mémoires de B***.

Attaqués vivement, les Espagnols se défendirent de même. Pendant deux heures, le feu se soutint sur leur front avec un succès égal ; mais les troupes légères des Français s'étant étendues sur leur droite, débordèrent tout-à-coup la gauche, la mirent en déroute, et poursuivirent les Espagnols avec tant d'impétuosité, qu'ils entrèrent avec eux dans Toloza, et les poursuivirent au-delà de cette ville. Cette ardeur faillit leur devenir fatale. Le régiment de cavalerie espagnole Farnese, qui formait l'arrière-garde des fuyards, s'apercevant que les Français n'étaient plus aussi nombreux et se trouvaient éparpillés dans la campagne, fait tout-à-coup volte-face, tombe sur eux, et les charge avec tant de furie, qu'il les force de se réfugier à leur tour dans Toloza. Cette ville devint ainsi une seconde fois, dans la même journée, un théâtre de carnage. Les deux partis se battaient avec acharnement dans les rues, et peut-être les Français auraient-ils été obligés de les évacuer, si Frégeville, averti du danger, ne se fût hâté d'envoyer à leur secours un régiment de hussards. L'aspect de ce renfort suffit pour faire retirer les cavaliers espagnols ; mais ils firent leur retraite en bon ordre, et sans être poursuivis.

Occupation de Trèves [1]. — Après les combats de Tripstadt et de Neustadt, l'armée de la Moselle, qui avait aidé l'armée du Rhin dans son mouvement général pour isoler les deux armées prussienne et autrichienne ; l'armée de la Moselle, disons-nous, était restée pendant le mois de juillet dans l'inaction, attendant les renforts qu'on lui promettait de l'intérieur. Ces renforts étant arrivés dans les premiers jours d'août, le général en chef Moreaux [2] fit attaquer, le 7 de ce mois, les positions de Pellingen et de Contz, qui furent em-

---

[1] Journaux du temps, — Tabl. hist., — Siéges et batailles, — Jomini, etc.
[2] Nous avons déjà dit qu'il ne fallait pas confondre ce général avec celui du même nom, qui servait alors à l'armée du Nord.

1794—an II.
Allemagne.

portées. Ces deux postes, situés en avant de Trèves, n'étaient occupés que par six bataillons prussiens. La division du général Ambert marcha sur le pont de Waserbilich, et s'en empara. Les Prussiens perdirent quelques centaines d'hommes dans ces différentes attaques. Trèves fut évacué par les Prussiens, et par quelques émigrés qui y avaient cherché un asile. Cette dernière circonstance servit de prétexte aux commissaires conventionnels, lorsque les Français entrèrent dans la ville, pour y frapper une contribution de quatre millions en numéraire : « Les émigrés ayant porté dans Trèves une grande partie de l'argent de France, il était juste, disaient les proconsuls, que les républicains le reprissent là où ils le trouvaient. »

13 août
(26 thermid.)
France.

Combat de Saint-Laurent de la Mouga [1]. — Depuis la prise de Collioure, un corps de quinze à vingt mille hommes de l'armée des Pyrénées-Orientales, était employé à faire le siége de Bellegarde. Dugommier, voulant éviter à cette place française les suites d'un siége meurtrier et opiniâtre, s'était contenté de la faire bloquer étroitement, afin de forcer les Espagnols à la rendre par famine.

On a vu à la fin du second volume, qu'au mépris de la capitulation de Collioure, le général en chef espagnol, comte de la Union, avait refusé de rendre un nombre de prisonniers français pareil à celui des trois places reprises dans le mois de mai dernier; non content de cette première violation d'un engagement solennel et sacré, le déloyal Espagnol avait de suite incorporé dans son armée les sept mille hommes qui avaient déposé leurs armes dans le village de Banyulz-la-Maizo [2].

[1] Journaux du temps, — Tabl. histor., — Siéges et batailles, — de Marcillac, — Mémoires manuscrits, etc.

[2] La Convention, indignée de la conduite du comte de la Union, en prit l'occasion de comprendre les Espagnols dans le décret d'extermination porté contre

Ce renfort porta l'armée espagnole à quarante-cinq mille combattans, et le comte de la Union se crut en mesure de hasarder une bataille pour dégager la place assiégée.

Le 13 août, un corps de vingt mille hommes se dirigea sur Saint-Laurent de la Mouga, qui parut au général espagnol le point le plus favorable à son entreprise. D'autres colonnes furent dirigées sur les autres points de la ligne occupée par les Français, depuis Campredon jusqu'à la mer. La division du général Courten, par une marche forcée et secrète, arriva à trois heures du matin, sans être aperçue par les postes français, au pied de la montagne de Terradas, en avant de Saint-Laurent de la Mouga. Cette montagne fut gravie avec rapidité par les Espagnols, et ceux-ci attaquèrent de suite la brigade du général Lemoine, laquelle, renforcée par deux bataillons de chasseurs, défendait la rive droite de la Mouga. La brusquerie de cette attaque étonna d'abord les Français, qui se mirent cependant en défense. Les Espagnols furent repoussés à deux reprises différentes ; mais le général Courten parvint, par une troisième attaque, à s'établir dans la position occupée par les troupes françaises.

Cependant le général Augereau, averti par le bruit du canon, avait fait prendre les armes à sa division, et lui-même se trouva bientôt aux prises avec les brigades espagnoles de Perlasco et de Cagigal. Après un combat très-vif, Augereau parvint à culbuter les troupes qu'il avait devant lui, et se porta au secours du général de division Sauret, qui, avec la seconde brigade, s'était avancé pour soutenir les troupes du général Lemoine. L'action s'engagea vigoureusement avec la

les troupes anglaises, et défendit aux troupes des deux armées françaises dans les Pyrénées de faire aucun prisonnier espagnol. Mais cette mesure, encore plus injuste que le refus du général espagnol, ne reçut point son exécution : les soldats français ne voulurent point se rendre les complices d'une résolution aussi barbare.

division du général Courten. Les troupes des deux partis étaient si rapprochées, qu'elles se battirent à la baïonnette avec un acharnement extraordinaire. Le combat dura jusqu'à midi, sans un avantage bien marqué d'aucun côté; mais dans ce moment, Augereau, s'apercevant que la brigade du général Isquierdo commençait à plier, donna l'ordre au général Mirabel, dont il connaissait la bravoure et l'habileté, de se porter promptement sur la hauteur de la fonderie de Terradas, afin d'attaquer le flanc de la brigade espagnole déjà ébranlée, et de lui couper la retraite. Le général Mirabel ayant réuni à ses troupes trois bataillons de la brigade Lemoine, se met en mouvement par la gorge qui sépare la Mouga du village de Terradas. Cette marche s'exécute avec précision. Les soldats français se précipitent avec impétuosité, et poussent des cris menaçans; mais au moment même où le succès couronnait les efforts du brave Mirabel, ce général tombe frappé d'une balle à la tête: A ce spectacle, les soldats redoublent d'ardeur, et se battent avec le courage du désespoir. Le général Lemoine, quoique affaibli depuis trois semaines par une fièvre assez violente, avait voulu prendre part à cette action brillante. Il soutient l'élan des soldats du général Mirabel, et son chapeau est emporté par un boulet qui lui effleure la tête. Cependant les Espagnols, enfoncés, fuient de toutes parts. Le général Augereau obtenait le même avantage sur les troupes qui lui étaient opposées. Pris en flanc et en tête, et presque cerné par les troupes d'Augereau, le général Courten, près de tomber dans les mains des Français, réunit quelques compagnies de grenadiers, et parvient à s'ouvrir un passage les armes à la main. Poursuivi la baïonnette dans les reins, ce n'est qu'avec la plus grande difficulté que ce général réussit à regagner les lignes de Figuières. On compta, sur le champ de bataille, deux cent cinquante Espagnols morts, parmi lesquels un maréchal-de-camp et plusieurs officiers supérieurs.

Les Français ne furent pas moins heureux sur leur gauche, vers la mer. Six mille Espagnols attaquèrent de front le camp de Canteloup, tandis que deux colonnes, commandées par le vicomte de Gand (Français émigré) et le brigadier Tarranco, menaçaient la droite de ce camp; et que l'amiral Gravina, qui avait appareillé du port de Roses avec deux vaisseaux, une frégate et trois chaloupes canonnières, inquiétait la côte pendant le combat; mais, repoussés sur tous les points de cette attaque, les Espagnols furent contraints de se retirer dans leurs retranchemens.

Le col des Frères fut également attaqué par les Espagnols: Défendue par le premier bataillon du Tarn et les grenadiers des Bouches-du-Rhône, cette position resta au pouvoir des Français. Ces derniers, déjà menacés sur leur front par des forces supérieures, eurent assez de sang-froid pour s'opposer à un débarquement tenté sur leurs derrières, et protégé par les chaloupes canonnières de l'amiral Gravina. Le chef de bataillon qui commandait sur ce point, fit preuve d'une intelligence et d'une bravoure admirables.

Ces différens engagemens, dans lesquels on s'était battu avec un acharnement mutuel, coûtèrent aussi beaucoup de soldats à l'armée française. Les généraux de division Sauret et Augereau, l'adjudant-général Bayraud, le capitaine du génie Samson [1], et plusieurs autres officiers supérieurs, furent assez grièvement blessés. Le général Augereau avait été atteint de deux balles presque dans le même moment. Sur le rapport qui lui fut fait de ces combats, la Convention décréta que l'armée des Pyrénées-Orientales ne cessait de bien mériter de la patrie, et que le nom du général Mirabel serait inscrit sur la colonne du Panthéon.

---

[1] Aujourd'hui lieutenant-général et ancien directeur du dépôt de la guerre.

Reprise du Quesnoy sur les alliés[1]. — Le général en chef Jourdan, après avoir reçu l'avis de la reddition de la place de Landrecies, avait donné l'ordre au général Schérer de commencer de suite le siége du Quesnoy, et de le pousser avec la plus grande activité. Cette place fut investie dès le 19 juillet; cependant cet investissement ne fût pas aussi complet qu'il aurait dû l'être, car le lendemain 20, les principaux officiers du génie, qui faisaient la reconnaissance de la place, faillirent d'être enlevés par un parti de cavalerie ennemie sorti du chemin couvert, et qui avait dépassé la ligne des premiers postes dans un point dégarni.

Les Autrichiens avaient réparé les fortifications du Quesnoy avec un soin extrême qui n'annonçait pas l'intention de rendre promptement cette place. La garnison était de trois mille hommes autrichiens, wallons et croates.

On devait donc s'attendre à une résistance plus opiniâtre qu'à Landrecies, et il fallait par conséquent l'emploi de moyens plus considérables. Le général Schérer prit des mesures pour renforcer l'armée de siége, augmenter le nombre des bouches à feu et des approvisionnemens de tout genre.

Les talens que le commandant Marescot avait déployés aux siéges de Toulon, de Charleroy et de Landrecies, lui avaient mérité le grade de colonel dans son arme. C'est en cette qualité qu'il commanda le génie devant le Quesnoy. Il choisit pour point d'attaque le front des fortifications où se trouve la porte dite de Valenciennes, parce qu'il se crut favorisé par le vallon dans lequel coule le ruisseau de la Ronelle, pour la facilité des approches. Ce front n'avait point d'ailleurs autant d'ouvrages extérieurs, pour le couvrir, que les autres, et sa

---

[1] Journaux du temps, — Tabl. hist., — Siéges et batailles, — Jomini, — Mémoires et relations, etc.

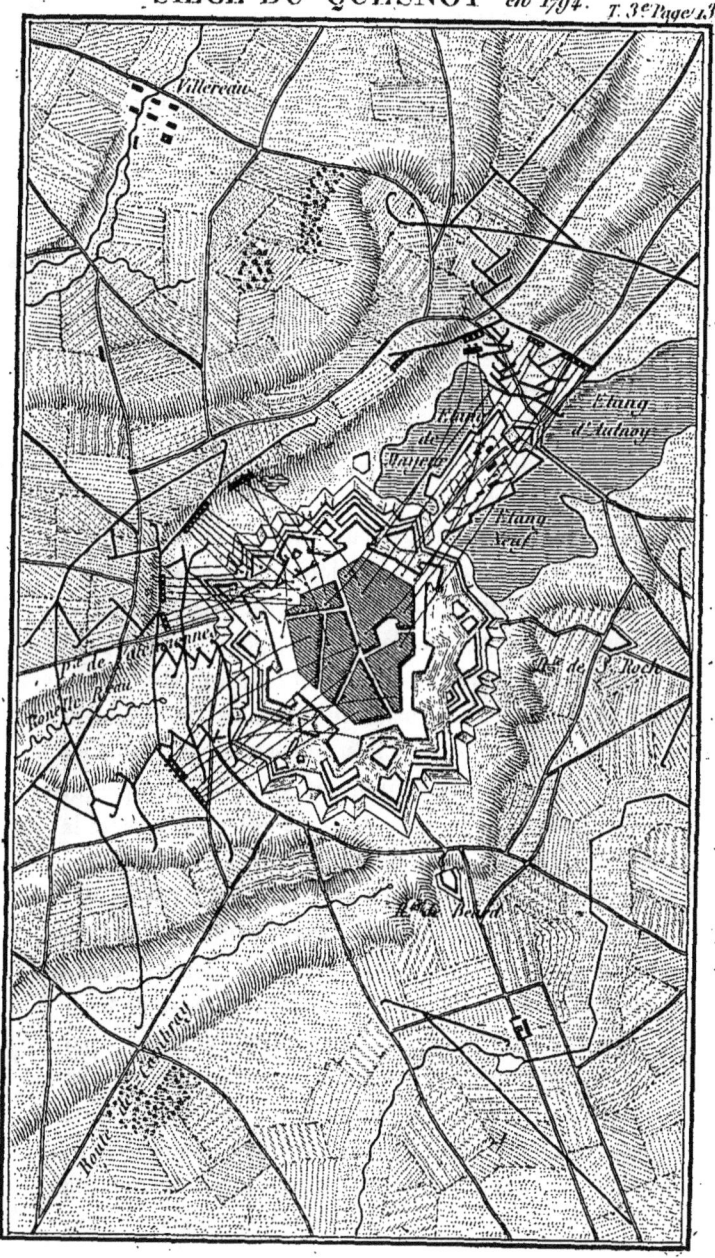

SIEGE DU QUESNOY en 1794.

position basse et voisine des eaux fit juger à l'habile ingénieur qu'on y rencontrerait peu ou point de rameaux de contre-mine. Enfin il était plus facile de faire évacuer l'eau des fossés, dans le cas où les troupes de tranchée viendraient à se loger dans le chemin couvert.

Ce côté des fortifications du Quesnoy était aussi celui par lequel les alliés avaient attaqué la place l'année précédente, et quoiqu'il eût été réparé avec le plus grand soin, Marescot le considérait toujours comme le plus faible. L'ennemi avait cependant garni cette partie des remparts d'une artillerie plus nombreuse que sur les autres points, et elle était devenue l'objet de sa surveillance particulière.

Le colonel Marescot sentit bien qu'il fallait d'abord donner le change à l'ennemi, et, deux jours avant l'ouverture de la tranchée, il fit ouvrir, devant les redoutes avancées de Béard et de Saint-Roch, deux parties de parallèles avec leurs communications. Cette diversion de travaux, pour tromper l'ennemi, avait d'ailleurs son but particulier d'utilité. Ces parties de parallèles resserraient la place de plus près, et arrêtaient les sorties dans cette position du terrain extérieur. L'ennemi donna dans le piège qui lui était dressé, et dès qu'il s'aperçut du nouveau travail, il se hâta de transporter de ce côté la plus grande partie de l'artillerie du front menacé, et dirigea sur les fausses parallèles un feu très-vif, jusqu'à l'ouverture de la tranchée véritable, qui eut lieu le 25 juillet. Elle s'effectua, ainsi qu'on l'avait prévu, sans nul obstacle et sans perdre un seul homme. Deux mille cinq cents toises de tranchée, y compris les communications, furent déployées par cinq mille deux cents travailleurs. Si les assiégeans eussent été plus nombreux, il eût été possible d'embrasser de suite tout le front d'attaque. Les travaux avaient commencé pendant la nuit; au jour on se trouvait partout à couvert, et l'on perfectionna ce qu'on venait de faire dans les ténèbres. Nous avons dit que l'ennemi avait dégarni, les jours précédens, le front qu'on attaquait; quand il aperçut la nouvelle tranchée, il ne put y diriger qu'un feu très-faible.

Les deux commandans du génie et de l'artillerie arrêtèrent l'établissement de huit batteries, dont six de canons et d'obusiers sur le prolongement des faces des ouvrages, et deux de mortiers seulement, placées vers le centre, afin de pouvoir distribuer commodément leur feu sur toutes les parties du front attaqué.

Ces batteries de la grande attaque renfermaient, en total, trente-sept bouches à feu.

Les travaux furent poussés avec une grande célérité, malgré le peu de travailleurs que fournissait un corps d'armée déjà trop faible pour garnir tous les postes autour de la place.

Le 28 juillet, la garnison fit une sortie avec deux petites pièces de campagne, et força d'abandonner momentanément l'extrémité gauche de la parallèle. On fit avancer quelque infanterie, qui contraignit l'ennemi à rentrer dans la place. Le colonel Marescot fit établir de petites plates-formes, afin de donner à des pièces de campagne la facilité de tirer à barbette au moment où les assiégés se présenteraient pour inquiéter les travailleurs. Ces pièces, cachées dans la tranchée, ne paraissaient sur les plates-formes qu'en temps utile, à l'aide de rampes scellées contre le parapet de la tranchée. Elles firent beaucoup de mal aux assiégés, et rendirent leurs sorties moins fréquentes.

L'abondance des pluies qui tombèrent dans les premiers jours d'août, inonda la campagne, et mit de grands obstacles au perfectionnement des ouvrages. Ce temps d'orages presque continuels ralentit beaucoup l'activité du siége, et empêcha même l'effet des batteries déjà mises en jeu contre la place; cependant, le 3 août, les travaux se trouvant fort avancés, le général Schérer, craignant de voir le découragement s'introduire dans son armée, envoya sommer le gouverneur du Quesnoy, et lui fit signifier le décret de la Convention, qui ordonnait aux garnisons des quatre places du Nord occupées par l'ennemi, de les évacuer dans les vingt-quatre heures qui suivraient la signification, sous peine d'être passées au fil de l'épée.

1794—an II. France.

Le gouverneur du Quesnoy, moins intimidé que celui de Landrecies, fit la réponse suivante à la sommation du général Schérer : « Une nation n'a pas le droit de décréter le déshonneur d'une autre. Quels que soient les succès des armées françaises, mon intention est de défendre mon poste de manière à mériter l'estime de celui qui me l'a confié, et même celle de la nation française. »

Cette noble réponse, qui annonçait la résolution de défendre la place jusqu'à la dernière extrémité, donna au siége du Quesnoy un caractère encore plus sérieux. Le général Schérer demanda un plus grand nombre d'officiers de génie et de mineurs, afin de pourvoir d'avance au remplacement de ceux qui pourraient succomber par les chances de la guerre.

Les travaux pour la seconde et la troisième parallèle furent repris avec une nouvelle vigueur. De son côté, l'ennemi, ayant réparé le dommage fait à son artillerie, fit, le 5 août, dès la pointe du jour, un feu si vif et si bien soutenu pendant le reste de la journée, qu'il démonta plusieurs pièces des batteries, et tua une quinzaine de canonniers. Le capitaine du génie Geoffroy fut blessé à la jambe, et se retira de l'armée.

Deux jours après, les canonniers français prirent leur revanche, et firent, dans la nuit du 7 au 8, un feu si violent contre la place, que plusieurs incendies se manifestèrent dans la ville. Le feu prit à la fois au grand clocher, au beffroy et à plusieurs maisons voisines. L'intention du général Schérer avait été de ne tirer d'abord que contre les remparts, afin d'éviter aux malheureux habitans du Quesnoy les désastres d'un bombardement; mais le refus du gouverneur, de rendre cette place, avait allumé la colère du conventionnel Duquesnoy, qui donna l'ordre de considérer la ville comme étrangère, et de la traiter comme telle.

Les ravages que cette mesure occasionait dans la place assiégée, réduisaient au désespoir ses malheureux habitans. Chaque jour, ils faisaient des démarches auprès du commandant autrichien, pour l'engager, en se rendant, à les soustraire à toute l'horreur de leur situation. Une partie des troupes de la garnison, les grenadiers wallons, favorisaient ce mouvement des habitans, et annonçaient hautement le désir qu'ils avaient d'une capitulation; et cependant le gouverneur avait tenu secrète jusqu'alors la mesure prise par la Convention, pour ne point augmenter le découragement de sa garnison.

Le 11 août, ce gouverneur se décida à envoyer deux parlementaires au quartier-général de Schérer. Le commissaire conventionnel Duquesnoy fit renvoyer ces parlementaires, sans vouloir souffrir qu'on décachetât leur paquet, et donna l'ordre de redoubler le feu de toutes les batteries.

Le 12, le commandant autrichien renouvela sa démarche. Deux officiers, l'un lieutenant-colonel de grenadiers, l'autre commandant l'artillerie de la place, se présentèrent au quartier-général, et déclarèrent que le commandant de la place n'avait pu regarder comme un acte sérieux la sommation qui lui avait été faite le 3, non plus que le décret de la Convention qu'on lui avait signifié; et qu'il avait cru jusqu'alors que les succès de l'armée française étaient exagérés. Les parlementaires ajoutèrent qu'ils étaient prêts à traiter de la remise de la place, et de la reddition à discrétion de la garnison, et qu'étant eux-mêmes les principaux auteurs de la résistance que la garnison avait faite, ils offraient leur tête pour son salut.

Vivement touché de cette offre généreuse, le général Schérer dépêcha sur-le-champ en poste, pour Paris, l'adjudant-général Ferrand, pour savoir du gouvernement la conduite à tenir dans cette circonstance délicate. Cependant, Duquesnoy fit signifier à ces officiers, au moment de leur départ, que les travaux du siége et les hostilités continueraient comme par le passé jusqu'au retour du courrier.

Les travaux de mine commencés furent achevés; la quatrième parallèle fut poussée sur le saillant de la demi-lune; les travaux de la fausse attaque furent également continués, et éprouvèrent peu de contrariétés de la part des assiégés; mais pendant ces opérations, le général Schérer avait fait diminuer le feu dirigé contre la ville : il s'établit même une sorte de suspension tacite d'hostilités entre les assiégeans et les assiégés. Les deux partis étaient également dans l'attente de la décision qu'allait prendre le gouvernement républicain.

Enfin, dans la soirée du 15 août, l'adjudant-général Ferrand arriva au quartier-général, apportant la réponse tant désirée de la Convention. Le comité de salut public, interprète de cette assemblée, jugeant que l'esprit de la loi ne pouvait être de frapper des individus qui n'en avaient pas eu connaissance, donnait ordre au général Schérer de recevoir la garnison à discrétion; mais il lui enjoignait en même temps de faire arrêter les chefs qui l'avaient ainsi laissée dans l'ignorance. En conséquence de cette détermination, le brave commandant autrichien et ses dignes officiers furent arrêtés, et conduits à Paris. On ignore quel sort leur fut réservé; mais leurs noms n'ayant paru sur aucune des fatales listes de cette époque, et la marche du gouvernement révolutionnaire ayant été un peu adoucie par la chute de Robespierre et de ses sanguinaires complices, il est à présumer qu'ils auront été traités comme prisonniers de guerre, et qu'ils auront pu faire partie de quelque cartel d'échange.

1794—an II.
France.

Quoi qu'il en soit, le général Schérer consigna, dans un des articles de la capitulation, l'héroïque dévouement de ces braves officiers. Cet article portait que la garnison du Quesnoy n'avait obtenu grâce de la vie que parce que ses chefs avaient offert de payer de leur tête la résistance qu'ils avaient opposée aux ordres de la Convention.

La garnison, qui resta prisonnière de guerre, était forte encore de deux mille huit cents hommes. On trouva dans la place cent vingt bouches à feu, dont quelques-unes démontées ; trente-cinq milliers de poudre, et une certaine quantité de fer coulé.

Toutes les troupes employées au siége rivalisèrent de zèle et de dévouement. Généraux, officiers et soldats, méritèrent les éloges du général commandant en chef. Parmi les traits particuliers de courage et de fermeté, nous citerons celui de Duquesne, soldat du cinquième régiment de ligne. Il eut la jambe fracassée par un boulet parti des remparts dans les premiers jours du siége. Il était dans la tranchée, et ses camarades, interrompant leur travail, s'empressaient autour de lui pour le secourir ; il ne voulut accepter le bras d'aucun, et les renvoya tous à leur poste ; se traînant ensuite péniblement jusqu'à l'ambulance, il souffrit avec le sang-froid le plus héroïque l'amputation qu'on lui fit. « Ce n'est pas ma jambe que je regrette, dit-il au chirurgien chargé de l'opération ; ce qui m'afflige davantage, c'est de me trouver dans l'impuissance de concourir désormais, avec mes braves camarades, à la reprise de Valenciennes, quand le Quesnoy sera tombé en notre pouvoir. »

C'est au siége du Quesnoy que l'on fit le premier essai des lignes télégraphiques pour la correspondance des armées. Ce moyen ingénieux de transmettre la volonté à de grandes distances, et pour ainsi dire avec la rapidité de la parole, inventé d'abord par le physicien Amontons, vers le milieu du siècle

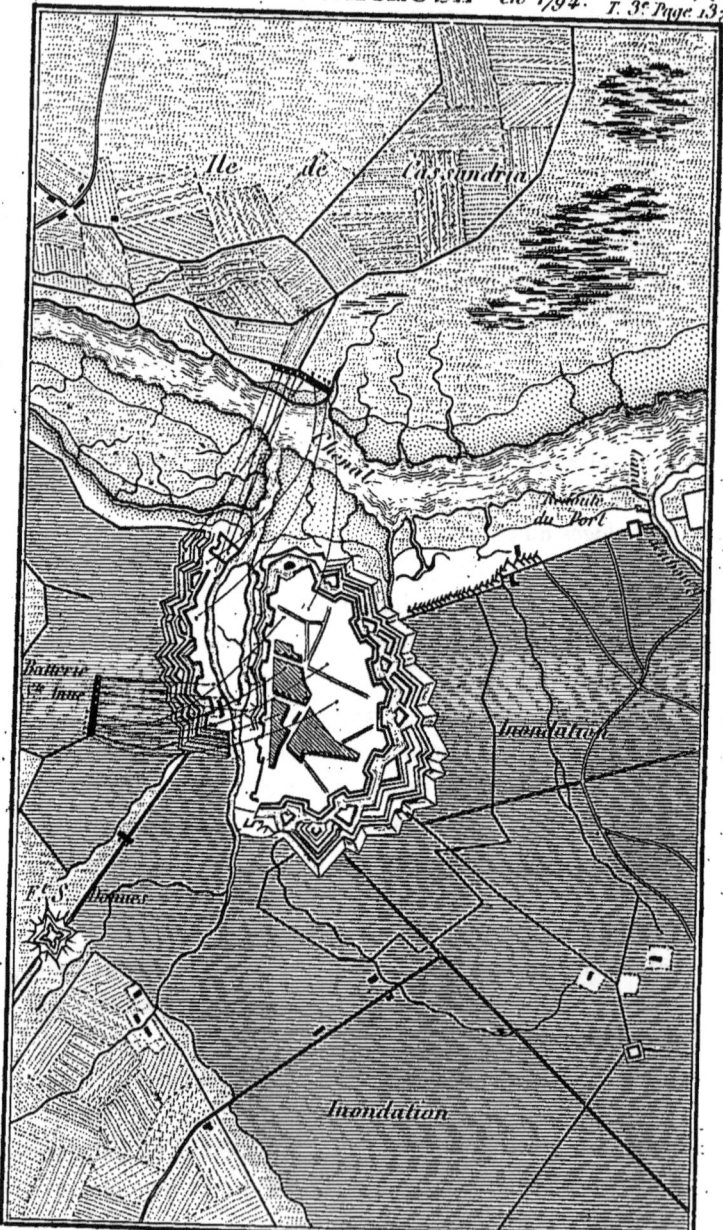

dernier, et tombé bientôt dans l'oubli, fut renouvelé et perfectionné en 1793, par l'ingénieur Chappe. Ce savant mit une année entière à établir sa ligne depuis Paris jusqu'à Lille. L'entrée des troupes françaises dans la place du Quesnoy fut annoncée à Paris, par le télégraphe, une heure après la reddition de cette ville.

1794—an II.
France.

Siége et prise du fort de l'Ecluse [1]. — Nous avons dit plus haut que l'occupation de l'île de Catzand ou Cassandria était une opération nécessaire à la réussite du siége du fort l'Ecluse, puisqu'elle en assurait l'investissement.

25 août.
(10 fructidor)
Belgique.

Le fort de l'Ecluse, situé à deux lieues de la mer, qui y communique par un large canal, était d'un abord non moins difficile que l'île de Cassandria : on ne pouvait y parvenir que par une seule digue ou chaussée, que la haute marée inonde deux fois par jour, et que défendaient en outre de fortes batteries hollandaises. Aussi le premier soin de Moreau, qui n'ignorait aucune des difficultés de son entreprise, fut-il de faire faire une exacte reconnaissance de tous les dehors de la place. Cette reconnaissance, faite avec les plus grandes précautions par le commandant du génie Dejean, mit à même cet habile ingénieur de décider de quel côté il serait plus avantageux d'attaquer l'Ecluse. Il arrêta que cette attaque principale aurait lieu sur une langue de terre qui se trouvait entre la digue et le canal d'Ardenbourg : ce cheminement avait paru le seul praticable, et c'était le même qui avait été suivi au mois d'avril 1747. L'emplacement des batteries fut fixé, d'un côté, en avant du village de Sainte-Anne, et d'un autre, dans l'île de Cassandria même, à l'angle de la digue qui se trouve en face du fort de l'Ecluse. Plusieurs autres batteries furent établies dans d'autres endroits pendant

---

[1] Journaux du temps, — Tabl. histor., — Dictionnaire des siéges et batailles, — Jomini, — Hist. de Moreau, — Relations des siéges, — Mémoires man., etc.

la durée du siége; mais celles-là devaient être les principales. Le capitaine du génie Lavit, le lieutenant Vinache et l'adjoint Tampier furent chargés des ouvrages à faire en avant de Sainte-Anne; le capitaine d'artillerie Santonnard, et les adjoints Descroix et Casals durent faire exécuter ceux qui avaient été projetés dans l'île de Cassandria.

Ces différens travaux furent commencés le 30 juillet, et, malgré toutes les difficultés que l'extrême humidité du terrain présentait à chaque pas, malgré le feu continuel que l'artillerie de la place dirigeait sur les travailleurs, ils furent poussés avec cette activité qui est l'un des traits caractéristiques des Français. Les sapeurs et les soldats s'excitaient entre eux par une mutuelle gaîté, que les balles ni les boulets ne pouvaient affaiblir. Le député conventionnel Lacombe-Saint-Michel étant venu visiter les ouvrages, et s'étant long-temps exposé avec le plus grand sang-froid au feu de l'ennemi, les canonniers et les volontaires qui l'observaient, lui dirent, avec cette familiarité républicaine qu'on trouvait alors dans les camps : « Représentant, nous sommes contens de toi ; nous avons regardé ton plumet, il n'a point remué. »

Dans la nuit du 3 au 4 août le capitaine du génie Casimir Poitevin et l'adjoint Lafarelle firent exécuter, de concert avec le capitaine d'artillerie Bicqueley, une batterie dans un nouvel emplacement, à environ deux cent quarante toises en avant du fort Saint-Donaes : pour celle-là comme pour toutes les autres, et toujours à cause du terrain trop voisin de l'eau, il était imposssible de communiquer à couvert; ou du moins, cette communication eût rendu nécessaires un nombre infini de fascines et un travail de plusieurs jours : on se décida à n'y communiquer que la nuit.

En même temps qu'on s'occupait des travaux du siége, on s'efforçait également de prolonger et de rendre facile le cheminement de la principale attaque au canal d'Ardenbourg.

Le commandant du génie Dejean fit en conséquence établir un nouveau pont à la place du pont tournant qui avait été brûlé lors de l'attaque et de la prise de l'île de Cassandria, et préparer un vaste dépôt de fascines au saillant même de la digue, pour en favoriser les approches. Les Hollandais possédaient encore une redoute sur la rive gauche de ce canal; il fut décidé qu'on s'en emparerait : deux compagnies de grenadiers, chargées de cette attaque, s'y portèrent avec impétuosité. Les Hollandais, paraissant mettre peu d'importance à garder les ouvrages qu'ils avaient encore en avant du fort, furent facilement chassés de cette redoute. Ils l'abandonnèrent après avoir vu la palissade qui la défendait rompue par les grenadiers français. Ils ne tinrent pas davantage dans une espèce de traverse ou retranchement commencé par eux à cent soixante-quinze toises de la redoute. L'ennemi, dans ces deux actions, avait fait si peu de résistance, qu'il ne perdit qu'un seul homme. Cette attaque avait été dirigée par le général Laurent, et conduite par Jourdan, adjoint de son état-major ; par le capitaine du génie Victor Poitevin, et par l'adjoint Prudhomme : ces derniers officiers profitèrent de la retraite des Hollandais pour tracer et établir, entre la sommité de la digue et le bord du canal, une petite parallèle distante de soixante-dix toises de la traverse, et quatre boyaux en zigzags, en arrière, pour y communiquer.

Le 4 août les batteries déjà établies étaient prêtes à faire feu, et le cheminement sur la digue était presque terminé. Le général Moreau, avant de faire jouer l'artillerie, voulut essayer si la terreur qu'avait dû produire la prise de l'île de Cassandria, n'aurait pas quelque effet sur le commandant du fort Van-der-Duyn : il l'envoya sommer de rendre l'Ecluse ; mais le gouverneur répondit, comme on devait s'y attendre, par la négative. Aussitôt le feu des batteries commença et dura pendant tout le jour et toute la nuit sans interruption ; Van-der-

Duyn y riposta de son côté par de vives et fréquentes décharges de toute son artillerie. Deux chasseurs et un officier qui accompagnaient les généraux dans leur tournée, furent blessés grièvement dans cette circonstance ; un boulet de canon effleura même l'habit du général Laurent.

Cependant, en même temps que les batteries déjà établies foudroyaient les murs de la place, les officiers de génie commandaient et exécutaient chaque jour de nouveaux travaux. Malheureusement les pluies abondantes qui ne cessaient de tomber, et surtout les hautes marées, qui, par l'effet des tempêtes, s'élevaient plus haut que de coutume, étaient autant de difficultés qui s'opposaient à leur prompt développement. De leur côté, les assiégés ne discontinuaient pas leur feu, et par intervalle ils faisaient un grand mal aux assiégeans. Le 8 août, le capitaine du génie Victor Poitevin, l'un des meilleurs officiers de l'armée, et celui dont le commandant Dejean tirait le plus de secours, fut blessé très-dangereusement d'un éclat de bombe à la tête, dont il mourut trois jours après.

Une nouvelle batterie de deux pièces de 24 et d'une de 16 fut établie dans l'île de Cassandria, à gauche de celle qu'on avait déjà placée : elle fut construite en avant de la digue, pour qu'elle pût battre plus facilement les ouvrages à droite du fort, et démonter les pièces des assiégés, qui chaque jour inquiétaient davantage les troupes de siége. On s'aperçut promptement que le but de cette dernière batterie était rempli. Les Hollandais se mirent à tirer sur elle si fréquemment, qu'il était facile de voir combien elle les incommodait. Mais la pluie et les hautes marées avaient tellement exhaussé le niveau de l'inondation, qu'on fut obligé de relever les plateformes de presque toutes les batteries, ce qui mit une interruption momentanée dans leur action contre la place. Heureusement que le déclin de la lune vint enfin diminuer la hausse de la marée ; il eût été impossible de continuer les travaux. On s'occupa sans relâche de vider les eaux qui remplissaient les ouvrages ; on les reprit avec une nouvelle ardeur, et vers le 20 août le feu des batteries françaises, long-temps ralenti par tous ces contre-temps, recommença avec une nouvelle intensité.

Celui de l'ennemi n'avait rien perdu de sa fréquence et de sa force. Aux bombes, boulets et obus qu'il avait jusqu'ici lancés sur les troupes de siége, il venait de joindre des grenades de trois et cinq pouces, qu'il jetait sur les assiégeans avec de petits mortiers à la hollandaise. Ces nouveaux projectiles, auxquels les Français n'étaient point accoutumés, causèrent de grands ravages parmi les travailleurs ; néanmoins leur courage et leur empressement n'en furent point diminués ; ils s'approchaient chaque jour davantage de la place. Dans la nuit du 22 au 23 ils avancèrent encore de cent toises, au moyen de dix traverses perpendiculaires à la digue, et de dix boyaux obliques pour communiquer de l'une à l'autre.

Plus les assiégans faisaient ainsi de progrès du côté de la place, et plus les assiégés redoublaient d'efforts pour détruire les ouvrages, démonter les pièces et troubler les travailleurs. Depuis la grande proximité des Français de la place, les Hollandais avaient eu recours aux pots à feu pour leur faire du mal ; ils en lançaient par jour une quantité énorme, et leur effet n'était pas toujours infructueux. Ils s'en servaient particulièrement pour pouvoir mieux diriger leur tir. L'émission de ces derniers projectiles donna lieu à un trait de bravoure française, que nous nous empressons de rapporter. Témoin de l'utilité dont les pots à feu étaient pour les assiégés, Bruiron, grenadier au premier bataillon de la Marne, s'était pour ainsi dire dévoué pour les éteindre : seul à la tête des tranchées, et à portée de pistolet de l'ennemi, il en éteignit quatre l'un après l'autre, au milieu d'une grêle de mi-

1794—an 11. traille et de mousqueterie, dans la nuit du 22 au 23. Ce
Belgique. brave grenadier finit par être victime de son dévouement :
atteint d'une balle à la tête, il en fut grièvement blessé.

Mais vainement les assiégés cherchaient ainsi à s'honorer par une longue résistance. Les Français n'étaient plus qu'à quelques toises des remparts. Dans la nuit du 23 au 24, ils poussèrent leur cheminement jusqu'au crick, et établirent au bord une petite parallèle de douze à treize toises de développement ; elle fut tracée convexe du côté de la place pour se couvrir des feux de l'ouvrage avancé sur la droite. La communication fut établie au moyen de deux boyaux et d'une traverse intermédiaire. Le cheminement direct fut d'environ seize toises. Ce travail, fait à la fascine, à la portée de l'ennemi, dont on n'était séparé que par le crick, était très-dangereux. Sur environ cent hommes qui y furent employés, on comptait, au point du jour, onze blessés et quatre tués, dont un officier au troisième bataillon du Lot.

Pendant ce temps les batteries continuaient de faire un feu ardent sur la place. Déjà l'on parlait de livrer un assaut général, et les troupes l'attendaient avec cette impatience qu'irritent les obstacles, lorsque le gouverneur, voyant enfin qu'il ne pouvait plus tenir dans une place démantelée, arbora le drapeau blanc, et envoya demander à se rendre. La capitulation fut signée le 25 au soir ; la garnison, qui montait à plus de deux mille hommes, sortit le lendemain, avec les honneurs de la guerre, par la chaussée qui conduit à Middelburg, déposa ses armes et huit drapeaux sur les glacis, et fut conduite en France pour y être prisonnière de guerre. Les assiégans trouvèrent dans le fort de l'Ecluse cent vingt-six bouches à feu, dont soixante en bronze ; environ trente petits mortiers à la hollandaise, propres à jeter des grenades de trois et cinq pouces ; plus de cent milliers de poudre, cinq mille fusils neufs, non compris ceux de la garnison ; plusieurs tas de boulets de différens calibres, une grande quantité de bombes, d'obus, de grenades de trois et cinq pouces, et de grenades à main ; beaucoup d'outils à pionniers et tranchans ; enfin plus de deux cents chevaux.

Les Français, en entrant dans la place, ne trouvèrent pas une seule maison intacte : leurs batteries avaient pour ainsi dire tout détruit ; mais les fortifications n'avaient pas souffert en proportion. Le général Moreau profita de la prise de l'Écluse pour y établir des batteries formidables, en face de Flessingue. Quoique la distance entre les deux places fût trop grande pour être traversée par un boulet, cependant ces batteries suffisaient pour empêcher le passage de toute espèce de bâtiment entre les deux rives.

Ce siége est surtout remarquable par la constance des troupes, pendant toute sa durée, à surmonter les obstacles que les élémens réunis leur opposaient. De tous ces élémens, comme l'a dit avec vérité le général Moreau, le moins dangereux était le feu. Pendant dix jours, les assiégés furent arrêtés dans leur marche par l'eau du ciel et celle de la mer, sans pouvoir faire un seul pas en avant. Cependant, malgré le feu meurtrier des assiégés, malgré cette contrariété du temps, la sappe y fut conduite avec de simples fascines jusqu'à la portée de pistolet du fort. Les soldats, au lieu d'aller aux batteries par les tranchées, n'y marchaient jamais qu'à découvert, avec une intrépidité sans exemple, qui étonnait leurs propres généraux. Souvent, dans l'eau et dans la boue jusqu'à la ceinture, ils s'encourageaient les uns les autres, en criant : « Vive la république ! nous n'en aurons point le démenti. » Accablés de maladies, tourmentés par des fièvres continues, causées par l'insalubrité de l'air, la mauvaise qualité de l'eau et le changement de climat, ils supportaient leurs maux avec une résignation héroïque, et ceux des soldats qui restaient bien portant s'offraient d'eux-mêmes pour faire le service des malades ou des valétudinaires.

Cependant, de même qu'à Cassandria, le général Moreau avait pris toutes les précautions possibles pour prévenir les maladies : il fit préparer d'avance une grande quantité de bière dans tous les villages, pour être distribuée à la troupe; il doubla la ration d'eau-de-vie; il ordonna une double distribution de vinaigre, destiné à être mêlé avec l'eau; et il fit fournir à chaque bataillon des voitures avec de grands tonneaux pour aller chercher l'eau nécessaire à sa consommation.

Tous ces moyens devaient sans doute contribuer à diminuer les maladies, mais furent malheureusement insuffisans pour les arrêter. On avait à combattre l'air, la terre et l'eau; et ces trois élémens, presque toujours viciés dans le voisinage de l'Ecluse, étaient, cette année, encore plus dangereux par les émanations putrides qui s'exhalaient sans cesse des terrains inondés par l'eau de la mer. Aussi l'on est effrayé quand on apprend que pendant la durée du siége on évacua plus de sept mille malades dans les hôpitaux. Le siége lui-même n'avait pas coûté plus de cent-vingt hommes tués ou blessés par les accidens ordinaires dans ce genre de guerre. M. Dejean met au nombre de ces causes délétères qui causèrent tant de maladies, l'usage des moules, et prétend qu'à certaines époques ce coquillage est un poison.

Reprise de Valenciennes sur les alliés [2]. — A l'époque où, voulant mettre à profit la célèbre victoire de Fleurus, le comité de salut public avait ordonné de s'occuper sur-le-champ des moyens de faire rentrer au pouvoir de la France

---

[1] *Voir le Plan*, tom. 1, page 212.
[2] Journaux du temps, — Tableau historique, — Dictionnaire des siéges et batailles, — Jomini, — Relations et Mémoires manuscrits, etc.

les quatre grandes places du Nord, dont l'ennemi s'était emparé en 1793, il avait été décidé qu'une forte division de l'armée du général Pichegru assiégerait Valenciennes et Condé, tandis que celle qui était sous les ordres du général Jourdan attaquerait Landrecies et le Quesnoy ; mais Pichegru s'était trouvé trop occupé dans son invasion de la Flandre maritime, et, ne pouvant distraire de son armée la quantité de troupes suffisantes pour former le siége de ces deux places, on avait postérieurement pris le parti d'en confier le soin au général Schérer. En conséquence, aussitôt après la prise du Quesnoy, ce général transporta son armée devant Valenciennes, et commença à l'investir le 18 août.

Valenciennes, que les Autrichiens avaient pour ainsi dire réduite en cendres avant de s'en rendre maîtres, et qui s'était signalée par sa longue et belle résistance, se trouvait maintenant avoir été réparée avec le plus grand soin par ses nouveaux possesseurs. Plus de trois millions avaient été employés à en relever les fortifications ; et au moment où les Français se présentèrent pour l'investir, elles étaient dans un état de défense bien plus formidable qu'auparavant. Ses remparts étaient couverts d'une artillerie nombreuse. Une garnison de quatre mille huit cents hommes, approvisionnée pour plus de dix mois, était renfermée dans ses murs. Dans toute autre circonstance il eût fallu cent mille hommes de bonnes troupes pour l'assiéger et se flatter de la prendre. Mais les alliés, repoussés de la frontière, ne pouvaient point la secourir ; et Schérer, avec une armée de moins de vingt-cinq mille hommes, osa entreprendre de la forcer.

Cependant le commissaire conventionnel Duquesnoy, qui accompagnait Schérer, fut tellement effrayé des obstacles à surmonter, qu'il écrivit au comité de salut public en ces termes : « Supposez avec moi que la garnison de Valenciennes s'obstine dans la résolution de braver la mort (il fait allusion au

1794—an 11.
France.

décret de la Convention), ce siége alors deviendrait terrible ; nous y perdrions beaucoup de monde ; notre artillerie s'y abîmerait, et nous serions obligés d'y consommer des munitions immenses. Dans ce cas, ne serait-il pas plus avantageux pour la république, de tenir cette forteresse étroitement bloquée, en se fortifiant vigoureusement autour d'elle. Cette mesure rendrait disponible notre armée, qui se porterait, suivant vos ordres, sur les points que vous lui indiqueriez. » Schérer, de son côté, demandait qu'on ne l'obligeât point à notifier le décret de la Convention à la garnison ennemie, avant d'avoir établi ses batteries et poussé ses travaux assez loin pour en imposer à la place, et l'obliger à se rendre à discrétion.

Mais, en attendant la réponse de la Convention, le général Schérer ne négligea aucun des moyens qui pouvaient le mettre à même de s'acquitter avec honneur de la nouvelle tâche qui lui était imposée. Il donna l'ordre de commencer aussitôt les travaux propres à forcer Valenciennes, si la garnison voulait se défendre. Marescot, nommé général de brigade depuis la prise du Quesnoy, et qui commandait encore le génie devant Valenciennes, résolut en conséquence de former trois attaques : la première et la principale, établie sur les hauteurs de Sainte-Sauve, devait être dirigée contre les ouvrages, le bastion et les demi-lunes collatérales situés vis-à-vis ; la seconde, formée sur la hauteur de Famars, avait pour but de descendre sur la porte de Cambray, sur l'ouvrage à cornes placé à côté, et de prêter un puissant secours à la première ; enfin, la troisième attaque devait être conduite sur l'ouvrage à couronne qui couvre la citadelle.

Les premiers préparatifs pour ouvrir la tranchée étaient à peine terminés, lorsque le courrier envoyé par Duquesnoy et Schérer à la Convention arriva au camp. Les propositions qu'il avait été chargé par eux de transmettre au Gouvernement, avaient été loin de satisfaire le comité de salut public et l'impatience de la Convention, qui aspirait au moment de pouvoir annoncer à la France que la totalité du territoire français était libre. Schérer et Duquesnoy reçurent l'ordre impératif de signifier sans délais et sans aucuns travaux préliminaires le décret fatal à la garnison de Valenciennes. Le comité de salut public recommandait en même temps de donner la plus grande publicité possible à cette notification, afin que les citoyens et la garnison ne pussent alléguer, comme au Quesnoy, leur ignorance de ce décret.

Schérer et le commissaire conventionnel avaient déjà pris leurs précautions à cet égard. Ils avaient eu soin d'amener du Quesnoy le lieutenant-colonel autrichien Rousseau, l'un de ceux qui avaient le plus contribué à la défense vigoureuse de cette place, et ils l'envoyèrent dans Valenciennes avec l'adjudant-général Barbou, afin qu'il instruisît le commandant de la véritable situation des choses, et qu'il expliquât d'une manière claire et précise, aux troupes composant la garnison, en quoi consistait la teneur littérale de la sommation. Moins brave que celui du Quesnoy, le commandant de Valenciennes fut ébranlé par les menaces du général Barbou. Il fit accompagner cet officier par un colonel et l'ingénieur en chef de la place, qui offrirent de sa part de remettre Valenciennes, à la condition que la garnison sortirait avec armes et bagages, et aurait la faculté de se retirer dans les états de l'empereur. Schérer ayant répondu par la négative, ces deux officiers se retirèrent comme pour rentrer dans la place; mais peu après ils revinrent sur leurs pas et firent en outre l'offre de s'engager de ne point servir pendant le reste de la campagne, et de laisser leurs armes au pouvoir des Français. Schérer et Duquesnoy n'osèrent prendre sur eux d'accéder à ces propositions avant d'avoir consulté derechef la Convention. Ils répondirent aux parlementaires autrichiens

1794—an II.
France.

qu'ils n'avaient pas le pouvoir d'accéder à leur demande, mais qu'ils allaient la communiquer à leur Gouvernement, et qu'en attendant la réponse, les travaux du siége et les hostilités seraient continués.

Un second courrier fut donc dépêché à Paris, et sur-le-champ le général Marescot s'occupa de terminer les préparatifs du siége. Les communications entre les différens quartiers de l'armée et les attaques furent établies, et dans la nuit du 25 au 26 août la tranchée fut ouverte, malgré les pluies continuelles qui tombaient par torrens, et inondaient les travaux à mesure qu'on les confectionnait : comme en outre il avait été reconnu que l'attaque projetée sur la citadelle ne pouvait s'effectuer sans resserrer les assiégés qui occupaient encore le village d'Anzain et quelques redoutes ou batteries avancées, le général Osten, détaché avec la brigade qu'il commandait, par le général Pichegru, pour renforcer l'armée de siége, fut chargé par Schérer d'attaquer ces avant-postes et de chercher à s'en emparer. Assaillis à la baïonnette, les Autrichiens opposèrent d'abord une résistance assez vive; mais, trop inférieurs en nombre pour se défendre long-temps avec avantage, ils furent chassés des redoutes et du village, et forcés de se retirer avec une perte bien plus considérable que celle des Français. Le capitaine du génie Dalguier fut blessé légèrement au visage dans cette attaque; l'adjoint du génie Barotteau y fut frappé beaucoup plus grièvement au pied, et le sous-officier Chabot, sergent au premier bataillon de la Meurthe, attaché au service du génie, y fut emporté d'un boulet de canon.

Au moment où ce combat finissait, le représentant du peuple Lacoste, envoyé par le comité de salut public, se présenta au camp, et fut reçu en grand appareil par toutes les autorités militaires. Il assembla aussitôt les généraux, les commandans du génie et de l'artillerie, et leur signifia son intention d'attaquer à la fois Valenciennes et Condé, et sa ferme résolution de pousser à outrance ces deux siéges, à la réussite desquels le gouvernement républicain mettait la plus haute importance. Les ordres les plus pressans furent incontinent expédiés par lui, pour faire arriver au camp devant Valenciennes, un grand supplément de troupes, d'officiers du génie et d'artillerie, de mineurs, de canons, de poudre et d'outils. En même temps tout fut disposé par le général Marescot, pour que la tranchée fût ouverte dans la nuit du 28 août, aux trois attaques à la fois.

Mais dans la soirée du 27, la réponse du comité de salut public fut apportée par le courrier que Schérer avait dépêché à Paris. La Convention, considérant qu'un refus de sa part pourrait réduire au désespoir une garnison qui avait pour elle des moyens nombreux de résistance, s'était un peu départie de sa morgue et de sa rigueur accoutumées. On fit donc savoir aux assiégés que les propositions faites par la garnison de Valenciennes étaient acceptées, pourvu qu'elle donnât sa parole de ne point servir contre la France pendant toute la guerre actuelle. Après quelques pourparlers entre les parlementaires nommés pour négocier cette espèce de capitulation, il fut convenu et arrêté de part et d'autre, « que la place de Valenciennes serait remise aux troupes de la république française; que la garnison serait prisonnière; que les honneurs de la guerre lui seraient accordés; qu'elle serait reconduite sur-le-champ sur les terres occupées par les armées coalisées, et qu'elle ne pourrait servir contre la France qu'au moment où elle aurait été échangée. »

Le lendemain 28 août, la garnison sortit de la place, et les Français en prirent possession. Ils trouvèrent dans Valenciennes deux cent vingt-six bouches à feu, dont les deux tiers étaient de fabrication française, près d'un million de poudre

1794—an II.
France.

de vastes magasins de vivres, et un immense approvisionnement de fer coulé.

29 août.
(13 fructidor)

Reprise de Condé[1]. — Ainsi, par l'effet de la terreur qu'inspirait le terrible décret de la Convention nationale, bien plus encore que par la force des armes, il ne restait plus à prendre que Condé, pour que la France eût recouvré les quatre places fortes restées au pouvoir de l'ennemi, à la suite des longs revers éprouvés en 1793, et au commencement de cette année. Landrecies, le Quesnoy et Valenciennes étaient rentrés dans le sein de la république, et le général Schérer, qui avait été successivement chargé de ces trois conquêtes importantes, et s'en était acquitté avec tant d'honneur, fut encore envoyé pour former le siége de Condé. Dès le 26 août, le conventionnel Lacoste avait fait investir cette place par un détachement de l'armée occupée autour de Valenciennes, et, le lendemain de la capitulation de cette dernière ville, Schérer conduisit son armée victorieuse sous les murs de Condé.

Il était difficile que le grand exemple de déférence au décret de la Convention nationale, donné par la garnison de Valenciennes, ne produisît pas un effet favorable sur une place beaucoup moins forte, et défendue par une garnison beaucoup moins nombreuse. Aussi le général Schérer, dont la dernière conquête avait augmenté la confiance, avant même d'avoir commencé ses préparatifs de siége, envoya dans la ville un parlementaire, signifier aux habitans et aux troupes de la garnison le décret de la Convention. L'officier français chargé de cette commission délicate, s'en acquitta avec habileté et intelligence; il peignit aux habitans les malheurs qui les menaçaient, s'ils ne se hâtaient d'obéir promptement à la vo-

---

[1] Journaux du temps, — Siéges et batailles, — Relation des siéges, — Mémoires communiqués, etc.

lonté de la Convention nationale; il représenta ensuite au commandant la grande responsabilité qui pesait sur sa tête, et le supplia de ne pas dévouer à une mort certaine les troupes sous ses ordres ; et, pour le décider plus vite, il lui cita l'exemple des commandans de Landrecies, du Quesnoy et de Valenciennes. Ce discours fit impression sur le gouverneur, qui, considérant d'ailleurs son état d'isolement et le grand éloignement des troupes de l'empereur son maître, se décida sans hésiter à remettre la place entre les mains des Français. La garnison de Condé se rendit aux mêmes conditions qui avaient été accordées à celle de Valenciennes. Elle sortit de la place le 29 août, abandonnant cent soixante-une bouches à feu, six mille fusils, cent mille boulets, quinze mille cartouches, trois cent milliers de poudre, six cent milliers de plomb, et des vivres pour six mois. Les vainqueurs trouvèrent en outre, dans les canaux environnans, cent soixante-une barques, la plupart richement chargées. Ainsi cette place, l'une des meilleures de la frontière, fut rendue à la république sans avoir essuyé de siége régulier [1].

[1] A la fin du rapport que le général Marescot fit sur la prise de Valenciennes et de Condé, le lendemain même de la capitulation de cette dernière place, on trouve des réflexions très-intéressantes, que nous nous empressons de citer, parce qu'elles jettent une grande lumière sur les intentions des puissances qui s'étaient coalisées dans ce temps contre la France, et qu'elles peignent d'une manière énergique l'esprit public qui animait alors et excitait à la gloire les guerriers français :

« Ainsi se sont évanouies comme un songe les spéculations ambitieuses que les puissances coalisées avaient faites contre la France. Sous le prétexte de secourir la famille des Bourbons, elles en voulurent dévorer l'héritage. Si l'empereur n'eût pas armé et combattu pour ses propres intérêts, eût-il dépensé, aux quatre places que nous venons de lui reprendre, des sommes immenses qui se sont élevées jusqu'à plusieurs millions, pour mettre dans l'état le plus florissant leurs fortifications et leurs bâtimens militaires ; dépenses qui ont été jusqu'à raser des montagnes qui commandaient leurs remparts? Si l'empereur eût eu l'intention

1794—an II.
5 septemb.
(19 fructidor)
Vendée.

Attaque et prise du camp retranché de la Roulière[1]. — Depuis long-temps nous avons abandonné le théâtre de la guerre civile, parce que nous n'avons rien trouvé qui fût digne d'être rapporté. Quoique les Vendéens fussent toujours en armes, la guerre ne se faisait plus, dans ces contrées malheureuses, avec la même énergie ni avec la même noblesse. Les royalistes de l'Ouest avaient tout perdu en perdant leurs premiers chefs. Charette, qui commandait dans la Basse-Vendée, et Stofflet et Marigny, qui étaient restés, par la mort de Henri de Laroche-Jacquelein, les seuls chefs des rassemblemens du Haut et du Bas-Poitou, étaient loin d'offrir les qualités et les talens essentiels pour organiser de vastes moyens et entreprendre de grandes choses. Dévorés de jalousie les uns contre les autres, ils restaient désunis, et se privaient ainsi de la seule force qui pouvait soutenir leur parti. N'ayant plus à leur disposition que des troupes trop peu nombreuses pour tenir la campagne, ils faisaient la guerre moins en généraux qu'en partisans. Leurs attaques étaient des surprises, et non des combats; et comme presque toujours la cruauté est l'attribut de la faiblesse, ils ne justifiaient que trop souvent, par leurs excès, les mesures terribles que la Conven-

---

de remettre ces places, n'y eût-il pas établi pour commandans des seigneurs français émigrés? Y eût-il fait rendre la justice en son nom? Enfin eût-il fait graver avec tant de soin ses armes sur toutes les portes? Il est aisé de conclure de tout ceci...... que les puissances coalisées n'ont pour but, dans la guerre cruelle qu'elles nous font, que de démembrer la France et de se la partager entre elles. Mais la constance, le courage, les moyens supérieurs des Français triompheront de tous les obstacles. La première nation du monde ne souffrira point que son territoire soit envahi ou démembré, et, au milieu des orages de la guerre la plus terrible et d'une révolution sans exemple, elle saura maintenir avec calme et liberté le genre de gouvernement qu'elle croira le plus propre à assurer sa gloire et sa prospérité. »

[1] Beauchamp, — Mad. de Laroche-Jacquelein, — Berthre de Bourniseaux, — Turreau, — Notes manuscrites, etc.

tion ordonnait contre eux, et déshonoraient, par des actes indignes de chevaliers français, la cause qu'ils défendaient.

Le comité de salut public, irrité de ne pouvoir mettre fin à une guerre qui semblait ne plus avoir d'alimens, venait de rendre plus sévères encore les mesures prises contre les royalistes. Excités par le général Turreau, commandant des armées de l'Ouest, qui savait par expérience les difficultés qu'offrait dans ce pays une guerre régulière, les membres composant ce comité avaient adopté, pour terminer l'insurrection, une mesure qu'avait jadis pratiquée Charlemagne, pour soumettre les Saxons de Witikind. Un ordre avait été donné à tous les Vendéens, de quitter sans délai leur territoire, et de se retirer à vingt lieues dans l'intérieur des terres de la république. On promettait des dédommagemens et même des récompenses à ceux qui livreraient leurs chefs morts ou vifs, tandis que l'on menaçait des plus terribles punitions les Vendéens qui resteraient sur le théâtre de l'insurrection. Des colonies républicaines, envoyées dans les provinces de l'Ouest, devaient remplacer les royalistes, et repeupler ce pays, ainsi privé de ses habitans. Mais une telle mesure, qui aurait exigé toute la vigueur d'un gouvernement solidement établi, pouvait-elle être mise à exécution par cette Convention, que menaçaient encore les puissances étrangères sur les frontières de la république? Vingt mille Vendéens seulement, habitant les lisières des pays insurgés, se soumirent au décret conventionnel, et vinrent établir leur misère dans les départemens environnans : le reste de la population, toujours fidèle à la cause royale, resta armé sur son territoire, et cette mesure de dépeuplement, que Barrère et ses collègues avaient regardée comme le seul moyen de détruire ce qu'ils appelaient le *chancre* de la république, loin d'être utile et de diminuer, comme on s'en était flatté, le nombre des royalistes, devint, à l'égard de Charette et des autres chefs, un nouveau motif pour les exciter à l'insurrection, et leur faire prendre les armes pour se défendre.

Voyant combien était infructueuse cette idée gigantesque, de dépeupler un pays de cinq cents lieues carrées, le comité de salut public eut de nouveau recours au moyen de la terreur. L'armée républicaine de l'Ouest eut ordre de porter de toutes parts le fer et la flamme, de détruire les moissons, de brûler les villes et les villages, et de passer au fil de l'épée tous les Vendéens qui seraient pris les armes à la main. C'est alors que furent organisées les colonnes républicaines surnommées *infernales*, à cause de leur mission. Elles devaient, comme nous l'avons vu, parcourir la Vendée en tous sens, et exécuter à la lettre les terribles volontés du gouvernement; mais, inhabiles à atteindre le but qu'on se proposait, elles ne réussirent qu'à se déshonorer aux yeux de la nation, en s'acquittant avec une atroce exactitude de leur effroyable mission. La guerre devint une guerre à mort, une guerre d'extermination. Animés l'un contre l'autre par l'ardeur de la vengeance, les deux partis se signalèrent par d'égales horreurs. La plume se refuse à retracer ces sanglantes catastrophes, et à décrire les déplorables résultats de cette guerre civile, dégénérée en brigandage et en assassinats.

Cependant, au milieu de leurs villes brûlées et de leurs campagnes dévastées, Charette, Stofflet et Marigny, qui tenaient le premier rang parmi les chefs royalistes encore existans, sentirent que de leur union dépendait leur salut. Ils se réunirent donc à Jallais, pour concerter les moyens de donner à leur parti plus de force et plus de consistance. Cette réunion, si elle eût été sincère, et si elle eût pu subsister long-temps, eût été extrêmement avantageuse à la cause royale; mais toujours dirigés par cet esprit de jalousie et d'ambition qui avait déjà fait tant de mal aux Vendéens de la première insurrection; Charette et Stofflet ne tardèrent pas à voir un rival incommode dans Bernard de Marigny, et tous les deux résolurent de s'en défaire par l'un de ces crimes qui ne sont que trop familiers aux ambitieux. L'infortuné Bernard, accusé faussement, par ses deux collègues, d'avoir voulu abandonner la cause commune, fut jugé par le conseil-général, et condamné à mort par ce tribunal inique. Marigny était alors absent; Stofflet ose se charger d'aller lui signifier son jugement, et d'en être l'exécuteur. Accompagné de ses chasseurs, il arrive au château du Soulier, où le chef vendéen était retenu malade. Par son ordre, les chasseurs pénètrent dans le château, se saisissent de Marigny, et l'entraînent dans un champ pour le fusiller. En vain Bernard, indigné, se débat avec violence; en vain il implore la grâce de mourir au moins avec les secours de la religion; Stofflet reste impitoyable. Marigny tombe percé de plusieurs balles, en protestant de son innocence, et victime des fureurs de son propre parti, aussi cruel à son égard que l'eussent pu être les républicains.

Bientôt un autre crime du même genre, et non moins exécrable que le premier, allait répandre l'infamie sur les défenseurs d'une cause, qui oubliaient que l'honneur et la loyauté devaient être leurs guides. Profitant d'un moment où son armée manquait de vivres, Charette, à qui Joly, l'un de ses lieutenans, était devenu odieux, accuse ce chef de trahison, et d'avoir détourné les approvisionnemens. Le nom de Joly est bientôt en exécration parmi les soldats. Les chasseurs de Charette demandent à grands cris sa mort. Joly, abandonné même des siens, prend la fuite. Acharné à le perdre, Charette le fait poursuivre par des cavaliers. Delaunay, nommé divisionnaire à sa place, se met à leur tête pour accélérer le moment de jouir avec plus de sécurité de ses dépouilles. Joly erra encore quelque temps, et voulut passer la Loire; mais, en butte à la haine de tous ses anciens compagnons d'armes, il ne put échapper à son funeste sort. Stofflet lui-même s'é-

1794—an II.
Vendée.

tait mis à sa poursuite. Reconnu dans l'Anjou, Joly fut saisi par les gardes du général vendéen, et massacré sans pitié, comme l'avait été Marigny.

Ces exécutions sanguinaires, dernières convulsions d'un parti qui cherchait lui-même à se détruire, aigrissaient le caractère, auparavant si loyal et si généreux, des guerriers vendéens, et faisaient dégénérer leur courage en cruauté. Aussi, plus que jamais, la guerre qui se continuait dans ces contrées dévastées se faisait avec une fureur d'autant plus active, que les Vendéens devenaient plus faibles. Chaque jour éclairait de nouvelles atrocités de la part des deux partis, des traits de vengeance, et des représailles, dont le récit fait frémir d'horreur. Lassés de faire une guerre régulière à des hommes qui, disparaissant sans cesse, revenaient sans cesse à la charge, et les harcelaient sans les combattre, les républicains avaient renoncé à leur projet de destruction par la force, et se tenaient sur la défensive. Douze camps retranchés avaient été distribués par eux sur tout le pays insurgé, et ces camps, tenant en respect les royalistes, les empêchaient de faire des progrès, et d'étendre plus loin le feu de la guerre civile. Mais bientôt les Vendéens s'enhardissent de l'inaction de leurs ennemis. Ils attribuent à faiblesse et à lâcheté ce qui n'est, chez les républicains, que l'effet de la prudence. Charette, qui avait profité du repos que lui laissaient ses adversaires, pour réorganiser en silence son armée, rassemble tout-à-coup ses forces, et vient, le 5 septembre, former l'attaque du camp de la Roulière.

Ce camp retranché, l'un des principaux qui avaient été établis par les républicains, était à quelque distance de Nantes. Les gardes nationales de cette ville, qui le composaient presqu'en entier, s'en échappaient souvent pour se répandre dans les campagnes, enlever les grains déjà emmagasinés, et détruire les récoltes. Charette, arrivé sur la lande de Bouain, s'entoure de ses soldats, leur fait distribuer une ample provision d'eau-de-vie, et les harangue pour exciter leur courage. « Amis, leur dit-il, la victoire aujourd'hui sera facile. Nous n'avons à combattre que des citadins couverts d'or et de soie ; j'abandonne tout le butin aux plus courageux. » Son intention était de surprendre les républicains. Il s'avance dans le plus grand silence, et se présente aux avant-postes du camp avant même que sa marche ait été aperçue. Le signal est donné. C'est à qui se précipitera le premier sur une proie qu'on lui a montrée facile. Les avant-postes, surpris, sont égorgés ; en un moment les retranchemens sont forcés, et les républicains, n'ayant pas même le temps de s'armer, sont contraints d'abandonner tous leurs fusils, rangés en faisceaux en avant des tentes.

Mais pendant que les Vendéens s'acharnent à piller le camp, au lieu de poursuivre les fuyards, une colonne républicaine arrive à l'improviste, de Montaigu, tombe sur les royalistes, et menace de leur arracher la victoire. En vain les chefs vendéens employaient les exhortations et les prières, pour exciter leurs soldats et les mener au combat ; chargés de butin, et gorgés d'eau-de-vie, ils se seraient tous laissés massacrer dans les retranchemens, si Charette, qui, à la première vue de la colonne de Montaigu, avait appelé du secours, ne fût accouru avec le gros de son armée, ayant sur sa gauche une cavalerie nombreuse. Ranimés à l'aspect du renfort qui leur arrive, les Vendéens du camp, qui déjà abandonnaient les retranchemens, font volte-face. Pris alors entre deux feux, les républicains, malgré leur sang-froid, s'étonnent. Charette redouble ses efforts, fait déborder sa cavalerie, et veut couper la retraite aux soldats de Montaigu. Ce mouvement répand parmi eux la terreur ; leurs rangs se rompent, ils se débandent, et fuient de toutes parts. Aussitôt les cavaliers vendéens s'élancent à leur poursuite. Le carnage ne cessa qu'aux portes de Nantes, où les vaincus se hâtèrent de chercher un

1794—an II.
Vendée.

asile. Delaunay, qui avait succédé à Joly, et qui avait commandé l'avant-garde vendéenne, se distingua, dans cette rencontre, par des traits d'un rare courage.

Charette, après sa victoire, fit mettre le feu au camp de la Roulière, rentra dans Belleville, d'où il était parti, et renvoya ses soldats, chargés de butin, dans leurs arrondissemens respectifs. Mais il ne les laissa pas jouir long-temps du repos qu'il leur permettait. Des papiers, trouvés à la Roulière, firent connaître à Charette, plus positivement qu'il ne l'avait pu jusqu'alors, les projets des républicains, au sujet de leurs camps retranchés. Il apprit qu'ils les multipliaient dans l'intention de désarmer et d'affamer successivement toute la Vendée. La connaissance de ce plan inspire aussitôt à Charette le dessein d'y mettre opposition, en formant sans délai l'attaque du camp retranché de Freligné. Il rassemble encore une fois ses divisions, et se met en marche, le 14 septembre, pour livrer l'assaut le lendemain. Mais instruits des causes qui avaient produit la prise de la Roulière, les chefs de brigade Prat et Mermet, qui commandaient, se tenaient sur leurs gardes. Le camp de Freligné, d'une forme carrée, environné de fossés, de palissades, revêtu de banquettes, et défendu par deux mille hommes aguerris, ne pouvait être emporté par un coup de main; aussi Charette éprouva-t-il une vigoureuse résistance. Ses soldats s'étaient précipités la baïonnette en avant; mais l'ennemi, à couvert derrière ses retranchemens, répondait à leur attaque par des feux de file qui emportaient des rangs de Vendéens tout entiers. Chevigné de Lecorse, chef de division; Delaunay, général en second; Saint-Sauveur, une foule d'autres, tombent blessés mortellement dans les retranchemens. Irritée par ces obstacles, la valeur vendéenne s'en accroît. Charette s'élance lui-même à l'assaut; tous le suivent, et le combat recommence avec une nouvelle fureur. Prat est frappé à mort dans le camp. Mermet, qui craint d'être forcé, se précipite hors de l'enceinte pour charger les royalistes. Les deux chefs ennemis s'aperçoivent, et se cherchent mutuellement pour se combattre. Leurs soldats s'élancent sur leurs pas, et la mêlée devient horrible autour d'eux. Entouré de républicains, Charette aurait peut-être été pris, si Lemoëlle ne l'eût enlevé du milieu des combattans. Dans ce moment, Mermet, qui faisait des prodiges de valeur, est frappé d'une balle au milieu du front, et tombe mort à côté de son fils, âgé de quatorze ans, qui combattait auprès de lui. La chute du chef républicain décide aussitôt la victoire. Colin et Guérin le jeune pénètrent dans le camp. Les patriotes, sans commandans, ne se défendent plus qu'avec difficulté. Le désordre se met parmi eux, ils fuient ; Charette reste maître du camp, et y fait mettre le feu. Le jeune Mermet, qui s'était attaché au cadavre de son père, que les soldats avaient transporté dans le camp, périt dans les flammes, victime de sa tendresse et de sa piété filiale. Les royalistes perdirent quatre cents des leurs ; ils eurent huit à neuf cents blessés. Les républicains furent presque tous massacrés.

Combat de Boxtèl[1]. — La division du général Moreau, après avoir jeté quelques bataillons dans l'île de Catzand ou Cassandria, et dans le fort l'Ecluse, fut répartie dans les villes de Bruges, Gand et autres places des environs, pour s'y reposer des fatigues et des maladies qu'elle venait d'essuyer dans cette courte, mais pénible campagne.

Cependant l'armée du Nord s'était mise en mouvement le 14 septembre, après être restée une vingtaine de jours campée à Turnhout et à Meerle, près de Hooghstraten, à la droite de la petite rivière de Merck.

L'intention du général Pichegru était de suivre l'armée

1794—an III.
Vendée.

16 septembr.
(30 fructidor)
Belgique.

---

[1] Journaux du temps, — Tableau historique, — Dictionnaire des siéges et batailles, — Jomini, — Histoire de Pichegru, — Mémoires, etc.

1794—an II.
Belgique.

anglaise, pour empêcher sa jonction avec les Autrichiens, tandis que l'armée de Sambre-et-Meuse attaquerait l'aile gauche de ces derniers.

Une forte division de cavalerie fut envoyée sur les derrières de Bréda, afin d'inquiéter l'armée anglaise, et de lui faire prendre le change. L'armée française marcha, le 10 septembre, sur Riel et Goirle, et vint, le 11, à Oosterwigt et Mœrgestel.

Le général en chef se disposait, le 14, à prendre position sur la Dommel, lorsqu'on rencontra, à Boxtel, l'avant-garde de l'armée anglaise, forte de sept à huit mille hommes, occupant une chaîne de postes, et assez loin du corps d'armée pour ne pouvoir être secourue à temps. La position de cette avant-garde, couverte par la Dommel, dont les ponts étaient tous rompus, était assez avantageuse, et aurait pu arrêter toute autre troupe que des Français. Mais les obstacles furent bientôt franchis. Un grand nombre de soldats se jetèrent à la nage pour traverser la rivière, tandis que d'autres la passèrent sur des madriers qu'on alla prendre dans les environs. Tous abordèrent la rive opposée sans éprouver une grande résistance, et forcèrent l'ennemi à se retirer en désordre. Deux bataillons hessois, qui tinrent pendant quelque temps avec beaucoup de résolution, furent enveloppés et forcés, malgré leur bravoure, à mettre bas les armes.

L'armée fit en cette occasion deux mille prisonniers, et prit huit pièces de canon et leurs caissons.

Un détachement de trente hussards du huitième régiment se couvrit de gloire dans cette affaire. Il contribua puissamment à faire mettre bas les armes aux deux bataillons hessois dont nous venons de parler, et le sous-lieutenant qui commandait ce peloton de hussards, eut le poignet brisé d'une balle. Un maréchal-de-logis d'artillerie légère, nommé Lebel, s'élança seul sur une pièce de campagne attelée de deux chevaux, tua ou dispersa les canonniers qui l'accompagnaient, et la ramena à la compagnie dont il faisait partie.

On cite également le trait d'un jeune tambour, qui, sans autre arme que son sabre, fit plusieurs prisonniers.

Le duc d'Yorck, campé derrière l'Aa, fit marcher, le lendemain, dix bataillons et quelques escadrons sous les ordres du général Abercrombie [1], pour reconnaître l'armée française. Cette colonne rencontra une division de l'armée républicaine qui s'avançait, dans le même dessein, vis-à-vis de l'armée anglaise. Abercrombie, après un léger engagement, se retira avec précipitation, et rejoignit l'armée du duc d'Yorck sans avoir essuyé une grande perte.

Le combat de Boxtel, et la marche de l'armée française, firent prendre au duc la résolution d'évacuer la rive gauche de la Meuse, en laissant les places importantes de Berg-op-Zoom, Breda et Bois-le-Duc, livrées à leurs propres forces. Son armée vint occuper les hauteurs de Mook. L'armée française se posta sur la rivière d'Aa; mais, soit défaut de connaissance du pays, soit que les troupes fussent trop fatiguées, le général Pichegru ne chercha point à resserrer le duc d'Yorck au passage de la Meuse, passage qui ne pouvait s'effectuer qu'avec lenteur par une armée chargée d'un si grand attirail.

On attribua la conduite du général Pichegru, en cette circonstance, à des motifs qui compromettraient sa loyauté, si l'on s'obstinait à ne pas remarquer que le passage de l'armée anglaise pouvait toujours s'effectuer sous la protection de la place de Grave, et que l'armée française, dont les divisions prirent une direction divergente après le passage de la Dommel, avait besoin d'être réunie, pour que le général en chef

---

[1] Le même qui depuis commanda l'armée anglaise en Égypte, et fut blessé mortellement à la bataille de Canope, le 21 mars 1801.

1794—an 11. pût tenter l'entreprise qu'on l'accuse d'avoir négligée. Cette
Belgique. réunion ne put s'effectuer que le 17 septembre, et l'armée anglaise était déjà sur l'autre rive de la Meuse. Ce que nous venons de dire nous paraît répondre suffisamment à l'accusation de trahison dont on a voulu flétrir le général Pichegru à cette époque.

18 septembr. *Combat de la Chartreuse* [1]. — Le général Jourdan, par
2ᵉ jour compl. des motifs qui ne sont point encore bien connus, avait laissé son armée dans l'inaction pendant le mois d'août; mais ayant été renforcé par la division Schérer, qui venait de terminer son opération de la reprise des quatre places frontières, et devant exécuter le mouvement combiné avec l'armée du Nord, ce général en chef de l'armée de Sambre-et-Meuse attaqua les Autrichiens les 17 et 18 septembre.

On a pu remarquer combien la position de ces derniers était étendue. Leur ligne tenait de Ruremonde à Sprimont et Esneux. Le général Kray, posté sur la rive gauche de la Meuse, couvrait la place de Maëstricht. D'abord repoussé jusque sous le canon de cette forteresse, le général autrichien ayant reçu quelques renforts, reprit bientôt sa position.

Dès le 14, la droite et le centre de l'armée française avaient forcé le passage de la rivière d'Ourte à Durbuy et Comblain-au-Pont.

Le 18, les Français passèrent l'Aywaille, rivière assez escarpée, sur quatre colonnes, depuis le bourg du même nom jusqu'à Esneux, tandis que l'aile gauche inquiétait les Autrichiens sur leur centre et sur leur droite.

Ce mouvement avait pour but d'attaquer les troupes aux ordres des généraux Alvinzy et Latour, formant la gauche de l'armée ennemie.

---

[1] Journaux du temps, — Tableau historique, — Dictionnaire des siéges et batailles, — Jomini, — Relations et Mémoires manuscrits, etc.

La division Marceau marcha sur Esneux, celle du général Bonnet sur Sprimont, et le général Schérer se dirigea sur la Chartreuse, près de Liége.

1794—an II.
Belgique.

Ces trois attaques bien combinées, et menées avec beaucoup d'intelligence, eurent le succès qu'on devait attendre de la bravoure française. La position de la Chartreuse fut abandonnée par les Autrichiens, après quatre heures d'un combat opiniâtre.

Deux mille hommes restés sur le champ de bataille, douze cents prisonniers, trente-cinq pièces de canon, deux cents caissons et fourgons, cinq drapeaux, tels furent les résultats de cette journée, qui força les Autrichiens, après quelques autres engagemens peu meurtriers, à se replier sur Juliers, derrière la Roër, après avoir jeté dix bataillons dans Maëstricht.

Reprise de Bellegarde [1]. — Dugommier, ainsi que nous l'avons déjà dit, avait formé le blocus de Bellegarde aussitôt que le sort des armes l'eut rendu maître de Collioure, du fort Saint-Elme et de Port-Vendre. Cette place, que sa position fait avec raison regarder comme une des clefs de la France de ce côté, était tombée, l'année précédente, au pouvoir des Espagnols. Ceux-ci, sentant toute l'importance de cette possession, avaient fait réparer à grands frais ses fortifications, et l'avaient mise dans le meilleur état possible de défense. Dugommier prit en conséquence des mesures pour s'emparer de la place sans l'endommager, et pour qu'elle fût restituée intacte à la république. Tel fut le motif qui l'engagea à la bloquer étroitement, au lieu d'en former le siége. Vingt-cinq mille hommes aux ordres des généraux Augereau, Pérignon et Sauret, furent employés à cette opération, tandis que dix mille autres, commandés par le général Charlet, formaient le corps

18 septembr.
2ᵉ jour compl.
France.

---

[1] Journaux du temps, — Tableau historique, — de Marcillac, — Dictionnaire des siéges et batailles, — Relations et Mémoires manuscrits, etc.

d'observation. Le général en chef Dugommier plaça son quartier-général à Agullana, en avant de la Junquière, pour observer avec soin les mouvemens des Espagnols. Ces derniers, au nombre d'à peu près soixante mille hommes, étaient également divisés en deux corps d'armée. Le principal, de quarante-cinq mille, était campé aux environs de Figuières; l'autre, de quinze mille, était près de Puycerda. Sachant bien qu'une victoire pouvait seule empêcher Bellegarde de capituler, le général espagnol comte de la Union, avait attaqué, le 13 août, les Français à Saint-Laurent de la Mouga; mais battu complétement, ainsi que nous l'avons déjà rapporté, il avait été obligé de se retirer avec perte, renonçant ainsi à l'espérance de secourir Bellegarde. Cependant, quoique abandonnée à ses propres forces, la garnison renfermée dans cette place tint encore jusqu'au 17 septembre. Après avoir supporté tous les excès de la famine, après avoir vu les troupes de la garnison réduites au quart de leur ration dès le 31 juillet, et le plus grand nombre d'entre elles infecté par le scorbut, le marquis de Valsantaro, gouverneur de la place, se vit forcé de demander à capituler. Dugommier lui fit répondre qu'il ne voulait admettre aucune condition; que la garnison se rendrait à discrétion, et attendrait son sort de la générosité française. Le commandant espagnol se soumit à cette détermination, et la place se rendit le 18 septembre. Les Français trouvèrent soixante-huit bouches à feu sur les remparts, et quarante milliers de poudre dans les magasins. Bellegarde était la dernière place française qui fût restée au pouvoir de l'ennemi; sa prise ayant rendu le territoire de la république entièrement libre, la Convention nationale décréta que l'armée des Pyrénées-Orientales, qui l'avait conquise, continuait de bien servir la patrie, et que Bellegarde prendrait désormais le nom de *Sud-Libre*, comme déjà elle avait donné celui de *Nord-Libre* à la ville de Condé; et, sur la proposition de Four-

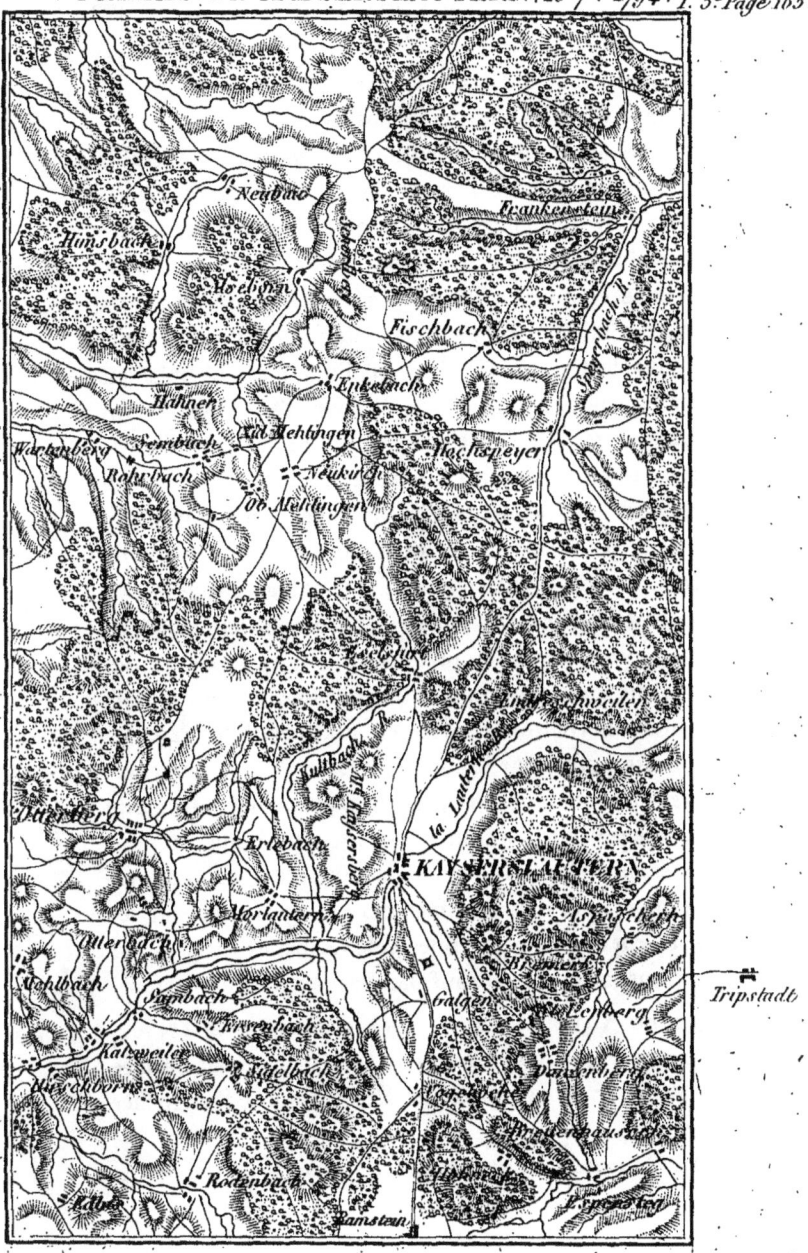

croy, elle arrêta également qu'il serait célébré une grande fête nationale, en réjouissance de l'entière évacuation du territoire français par les puissances coalisées.

Trois jours après l'occupation de Bellegarde, le général la Union parut vouloir faire un mouvement pour reprendre cette place. Profitant du moment où Dugommier venait de mettre en marche plusieurs de ses divisions, il fit avancer une partie de son armée contre la ville. Sept mille Espagnols se portèrent, pendant la nuit, sur l'avant-garde française, tandis que de forts détachemens de cavalerie et d'infanterie cherchaient à tourner la gauche. A la pointe du jour, l'avant-garde fut brusquement attaquée. Les Espagnols obtinrent d'abord quelque succès, et cherchèrent à s'emparer d'une position intermédiaire pour séparer la gauche de Dugommier d'avec son centre. Mais les Français s'étant ralliés, cinq bataillons de chasseurs s'élancèrent sur l'ennemi, et le chargèrent avec tant de vivacité pendant que les autres corps le prenaient en flanc, qu'il prit le parti de la retraite. La gauche et le centre des Français avait également réussi à le repousser, et cette échauffourée valut au comte de la Union une perte de six cents hommes laissés morts sur le champ de bataille. Plusieurs soldats espagnols avaient déserté pendant cette affaire. Un garde wallone, Liégeois de naissance, ayant quitté son drapeau pour passer aux Français, rencontra un soldat de cette nation, blessé et hors d'état de marcher ; il le chargea sur ses épaules, et parvint, malgré une grêle de balles dirigées sur lui, à le transporter sain et sauf dans les rangs républicains.

Combat de Kayserslautern[1]. — L'occupation de Trèves, effectuée, ainsi que nous l'avons vu, le 8 août, par l'armée de la Moselle, avait déterminé les Prussiens à se rapprocher

---

[1] Journaux du temps, — Tableau historique, — Jomini, — Mémoires et Relations, etc.

par leur droite. Ils marchèrent en conséquence sur Creutznach, et portèrent une division par Wittlich et Trarbach, pour couvrir Coblentz, de concert avec le corps autrichien de Blankenstein, qui s'était retiré sur Kaisersech.

Dans le même temps, les Autrichiens, répandus par cordons sur la Meuse, détachèrent le général Nauendorf avec une brigade, pour renforcer encore ce point important. Nauendorf prit position sur l'Eiffel, vers Hildesheim. Les troupes, ainsi cantonnées, restèrent dans leurs positions jusqu'au 18 septembre.

A cette époque, les Prussiens, voyant que l'armée de la Moselle avait dégarni le point de Kayserslautern, pour rapprocher une partie de ses forces de Trèves, se déterminèrent enfin à s'ébranler, et se portèrent sur la première de ces deux villes. L'intention de l'ennemi était de tenter de chasser les Français de Lautern, et de ruiner les boulangeries et les établissemens qu'ils y avaient faits.

Le général Wartensleben, à la tête de dix mille Autrichiens, passa le Rhin pour venir remplacer le prince de Hohenlohe à Obersulzen, entre Grunstadt et Worms, afin d'observer la vallée, et de couvrir ainsi le flanc de l'expédition. Le prince vint camper, le 17 septembre, à Goelheim ; la brigade Voss occupa les passages du Schorlenberg, tandis que, d'un autre côté, le général Blucher menaça les postes au pied des Vosges, vers Leystadt et Watenheim.

Les Français, s'apercevant de ces mouvemens offensifs, résolurent de les prévenir en attaquant eux-mêmes les Autrichiens. Six bataillons, détachés du corps d'armée, se portèrent, le 18 septembre, sur la brigade Voss, campée sur le Schoerlberg. Ne s'attendant point à être attaqués, les Autrichiens furent d'abord surpris. Les Français égorgèrent les avant-postes, et pénétrèrent jusque dans le camp, sans avoir éprouvé de résistance. Mais ce succès fut de courte durée. Les

Autrichiens, ralliés, fondirent à leur tour sur les assaillans, qui furent obligés d'abandonner la position, et de se retirer.

1794—an II. Allemagne.

Sûrs d'être bientôt attaqués par toutes les forces de l'ennemi, les Français se retranchèrent avec soin sur les hauteurs de Kayserslautern, disputées tant de fois depuis le commencement de la guerre. En effet, le 20, le prince de Hohenlohe rassembla ses forces et les mit en marche pour déposter les Français des hauteurs. Le général autrichien Karaczay devait attaquer les retranchemens de Hochspeyer et de Fischbach, tandis que le prince de Hohenlohe se porterait lui-même sur Kayserslautern. Le général Karaczay commença l'attaque. Les Français opposèrent d'abord une vive résistance. Mais après un combat meurtrier livré à la baïonnette, ils furent accablés par le nombre, et pour éviter d'être tournés, ils évacuèrent les deux villages de Fischbach et de Hochspeyer.

Dans le même moment, la division du général Desaix qui occupait les hauteurs de Kayserslautern, était aux prises avec les troupes du prince de Hohenlohe. Malheureusement Desaix n'avait point assez d'artillerie pour défendre avec avantage les approches de la montagne. Celle qui était à sa disposition consistait en quelques pièces de campagne, dont les Autrichiens bravèrent facilement le faible feu, en se portant sur les retranchemens. Le général Desaix n'attendit point que ces derniers fussent forcés, et se porta au-devant de l'ennemi. Un combat très-meurtrier s'engagea sur ces hauteurs, et la bravoure française rendit nuls, pendant long-temps, tous les efforts des assaillans.

Mais pendant que la division Desaix défendait ainsi la position qu'elle occupait, la brigade du général Blucher, soutenue de celle du général Rorch, avait tourné la gauche de cette position, tandis que le prince de Hohenlohe se portait lui-même sur les derrières, à la tête de vingt escadrons. Cette ma-

1794—an 11. nœuvre, qui fut bientôt aperçue, jeta le découragement dans
Allemagne. les rangs français. Le cri fatal de *sauve qui peut* retentit de
toutes parts. Un sentiment soudain de terreur avait glacé
tous les courages. En un moment les rangs sont rompus; les
Français jettent leurs armes, et les bataillons fuient en désordre. Plusieurs sont enveloppés. Le reste s'échappe, et les Autrichiens, en poursuivant les fuyards, en tuent un grand nombre. Cette échauffourée coûta aux Français plus de deux mille
hommes. Les vaincus se retirèrent à Tripstadt et s'y rallièrent.
Les alliés prirent possession de Kayserslautern, et y ruinèrent,
suivant leur but, tous les établissemens des Français. Mais
ceux-ci ne tardèrent pas à prendre leur revanche, comme
nous le verrons bientôt, et à rentrer dans Kayserslautern.

21 septembre. *Combat de Cairo* [1]. — La faiblesse du nombre des trou-
5ᵉ jour compl. pes qui composaient les deux armées des Alpes et d'Italie,
Piémont. empêchait les généraux qui les commandaient en chef de former de grandes entreprises, et de poursuivre de ce côté la
guerre avec cette activité qu'on remarquait en Espagne et sur
les frontières du Nord de la France. Depuis le combat du 8
mai, qui avait mis les Français en possession du col de Tende,
ils n'avaient guère fait que des marches et des manœuvres.
Nous allons succinctement donner la suite des opérations depuis le combat de Briga jusqu'à celui de Cairo, livré entre les
Français et les Autrichiens.

Le 11 juin, l'adjudant-général Almeyras battit quinze cents
Piémontais dans la vallée d'Aoste. Le 17, le général Basdelanne
les repoussa en avant du petit Saint-Bernard. Du côté de
la Méditerranée, la garnison de Loano, après avoir mis en
fuite quatre mille Piémontais, les chassa de la Pietra, au-dessus de Loano, le 3 juillet. Le général Lebrun s'empara,
le 14, du village de Vernante, dans le comté de Tende, au-

---

[1] Journaux du temps, — Tabl. hist., — Jomini, — Mémoires, etc.

dessous de Saint-Dalmazzo, sur le seul chemin qui conduise de Tende à Coni ; et prit le lendemain, de vive force, le village de Roccavione, sur la rive gauche du Gesso, aussi sur le chemin de Tende à Coni, mais beaucoup plus près de cette dernière ville.

A cette époque, le corps auxiliaire autrichien du général Wallis occupait une position entre Final et Acqui. Vers le 12 septembre une partie de ces troupes s'avança sur le territoire de Gênes, et menaça de s'emparer de Savone. Les Français avaient donné, au mois d'avril de cette même année, l'exemple de la violation du territoire des états génois ; et les Autrichiens avaient le même intérêt que leurs ennemis, à ne pas respecter la neutralité de cette république.

Le général Dumerbion, calculant toutes les suites de cette invasion, ne voulut point donner aux alliés des Piémontais le temps de s'étendre davantage, et surtout de s'emparer de la place de Savone. Il réunit, en conséquence, toutes les troupes de la droite de l'armée d'Italie, et marcha pour attaquer les Autrichiens. Le général Colloredo occupait Carcare et une partie de la vallée de la Bormida ; le général Mercy-Argenteau était à Mondovi ; une troisième division, placée en réserve vers Dego, devait appuyer les deux premières. L'armée française attaqua, le 19 septembre, tout le front des Autrichiens, en se bornant néanmoins à inquiéter la division Argenteau, pour agir plus fortement sur celle de Colloredo. La position de San Giacomo, qui sépare la vallée de la Bormida du littoral de Finale et Savone, fut d'abord emportée, et bientôt après les Autrichiens évacuèrent les villages de Bormida, Malère, Pallère, Altare, et le plateau de Carcare, pour se retirer vers le château de Cossaria, au-dessus de Millésimo. Poursuivis avec chaleur, les Autrichiens marchèrent, dans la nuit du 20 au 21, sur Dego, pour se réunir à leur réserve, que commandait personnellement le général Wallis.

Le général Dumerbion atteignit l'ennemi à Cairo, au moment où celui-ci se préparait à continuer sa retraite : il était deux heures de l'après-midi, et malgré la fatigue de ses troupes, le général français ne balança point à attaquer les Autrichiens dans la position qu'ils avaient prise pour couvrir leur retraite. En moins d'une heure et demie ces derniers furent culbutés sur tous les points, et forcés de se retirer en désordre, avec une perte de plus de mille hommes en tués, blessés ou prisonniers. L'armée trouva dans Cairo des magasins de vivres et de fourrages. Le général Dumerbion, dans le rapport qu'il fit de cette affaire au comité de salut public, se loua beaucoup des talens et de la belle conduite du général de division Masséna, et des généraux de brigade Laharpe et Cervoni. Un soldat, nommé Brimont, quoique blessé de deux coups de feu à la cuisse, et de deux coups de baïonnette, tua de sa main quatre Autrichiens qui cherchaient à le faire prisonnier. Ce brave fut nommé officier sur le champ de bataille, par les commissaires conventionnels Salicetti et Albitte, présens à cette affaire.

Le général Wallis prit position à Acqui, où les Français ne jugèrent pas à propos de le suivre. Il est à présumer que la faiblesse de l'armée française ne permit pas à son général de tirer tout le parti possible de l'avantage qu'il venait de remporter. Quelques auteurs militaires ont fait à ce sujet des réflexions plus spécieuses que vraies dans leurs motifs. Les places du Piémont, occupées par des garnisons nombreuses, présentaient des obstacles qui auraient compromis la sûreté des troupes françaises trop éloignées de leur base d'opérations.

Au surplus, le combat de Cairo fut la dernière des opé-

BATAILLE D'ALDENHOVEN

T. 3.ᵉ Page 171.

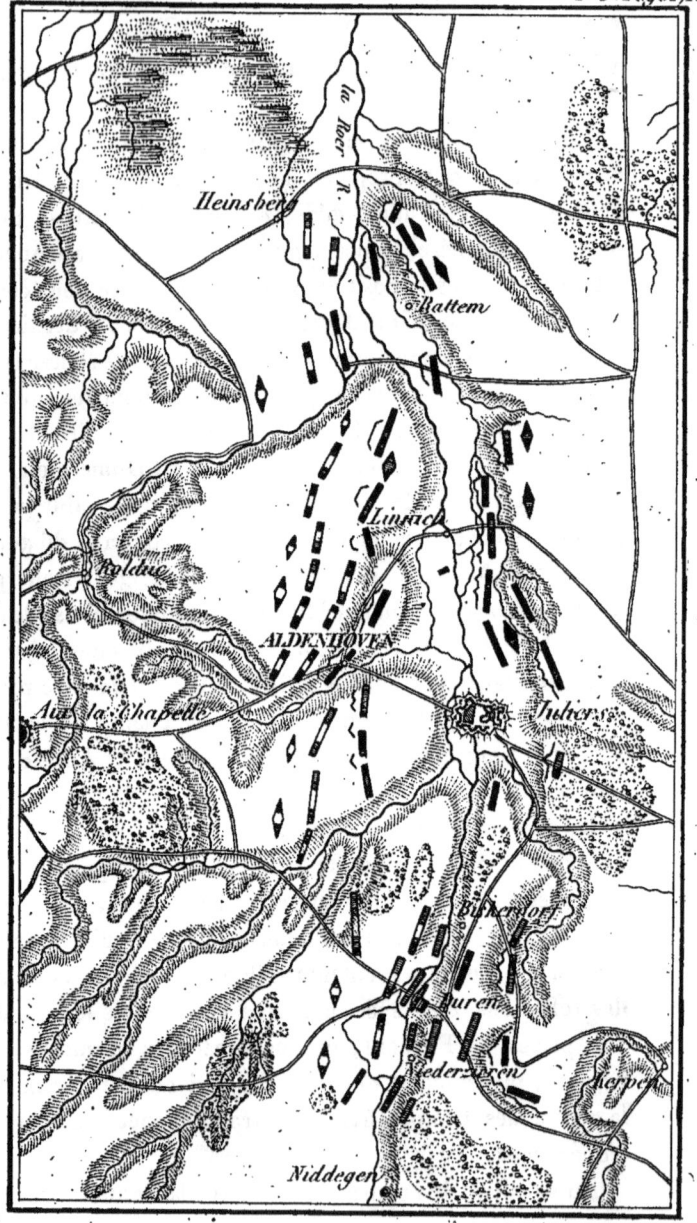

4 Lieues

rations de l'armée d'Italie dans cette campagne. Il ne se passa 1794—an II.
plus rien, jusqu'à l'année suivante, qui mérite d'être rap- Piémont.
porté.

Bataille d'Aldenhoven et prise de Juliers[1]. — Jourdan, 2 octobre.
après la victoire remportée au camp de la Chartreuse, se mit (11 vendém. an III.)
à la poursuite de l'armée vaincue, et s'empara, le 22 septem- Allemagne.
bre, de la ville d'Aix-la-Chapelle, pendant que le général
Kléber, avec trente mille hommes, formait l'investissement de
la ville de Maëstricht. Les Autrichiens s'étaient retirés, par
Rolduc et Vilder, à Niederzieren, derrière la Roër. Maîtres
du cours de cette rivière, ils rendaient le siége de Maëstricht
difficile et même dangereux. Jourdan vit que pour réussir il
fallait les chasser de leurs positions; il rappela donc à lui
une partie de l'armée de siége, et le 2 il vint attaquer les
Autrichiens. Ceux-ci occupaient une ligne longue et morcelée : la droite, sous le général Werneck, allait jusque vers
Effelt et Rattem, près du confluent de la Roër et de la Meuse;
le centre était en avant de Juliers, vers Aldenhoven; la gauche, aux ordres du général Latour, tenait depuis Duren jusqu'à Nideggen, où se trouvait le général Haddick. La position
centrale des Autrichiens à Aldenhoven, déjà très-redoutable
par elle-même, était encore fortifiée par des lignes et des retranchemens qui la défendaient sur tous les points. La Roër,
quoique guéable en beaucoup d'endroits, était grossie par les
pluies; ses gués étaient dégradés, hérissés de chevaux de
frises; ses ponts avaient été rompus; les hauteurs, qui se
prolongent depuis sa source jusqu'à Ruremonde, sur sa rive
droite, étaient couvertes de retranchemens et défendues par
une nombreuse artillerie. Jourdan divisa son armée en quatre
corps; confia le commandement de l'aile droite au général

---

[1] Journaux du temps, — Tableau histor., — Siéges et batailles, — Jomini,
— Mémoires et relations manuscrits, etc.

1794-an III.
Allemagne.

Schérer; donna la gauche au général Kléber; plaça Lefebvre à l'avant-garde, et se réserva la direction du centre, composé des divisons Hatry, Morlot, Championnet, et d'une partie de la cavalerie du général Dubois; Schérer était chargé de forcer le passage de la Roër, vers Nideggen, Biskerdorf et Duren, pour accabler le général Latour et son aile gauche; Kléber devait attaquer sur la gauche, à Heinsberg, et l'avant-garde se porter sur Linnich, pendant que le corps de bataille attaquerait le camp de Juliers.

A cinq heures du matin toutes les colonnes se mirent en marche et attaquèrent toutes avec la même valeur; en moins de deux heures le camp de Juliers est forcé, et les redoutes sont emportées avec une intrépidité sans exemple. Les soldats de l'avant-garde de la division Kléber, impatiens du délai nécessaire pour la construction d'un pont, se jettent dans la Roër, passent le fleuve à la nage, courent attaquer les retranchemens ennemis, et s'en emparent à la baïonnette. L'infanterie autrichienne se présente pour protéger la retraite; elle est chargée, culbutée, et ne doit son salut, ainsi que toute l'armée, qu'au canon de la place de Juliers, qui empêche les Français de poursuivre au-delà.

On vit dans cette affaire deux escadrons de chasseurs, commandés par le général d'Hautpoult, charger quatre escadrons ennemis et les précipiter dans la Roër. Les autres colonnes avaient obtenu un pareil succès. Schérer força l'ennemi à se retirer sur Kerpen. Lorsque le général Lefebvre, à la tête de l'avant-garde, se présenta à Linnich, les Autrichiens avaient détruit les ponts et mis le feu à la ville; tous les passages avaient été rendus impraticables; il fallut établir des ponts de bateaux, et leur construction ne put avoir lieu que sous un feu terrible. L'artillerie française montra dans cette occasion sa supériorité, par la célérité du tir et la précision des manœuvres. La nuit seule fit cesser le combat.

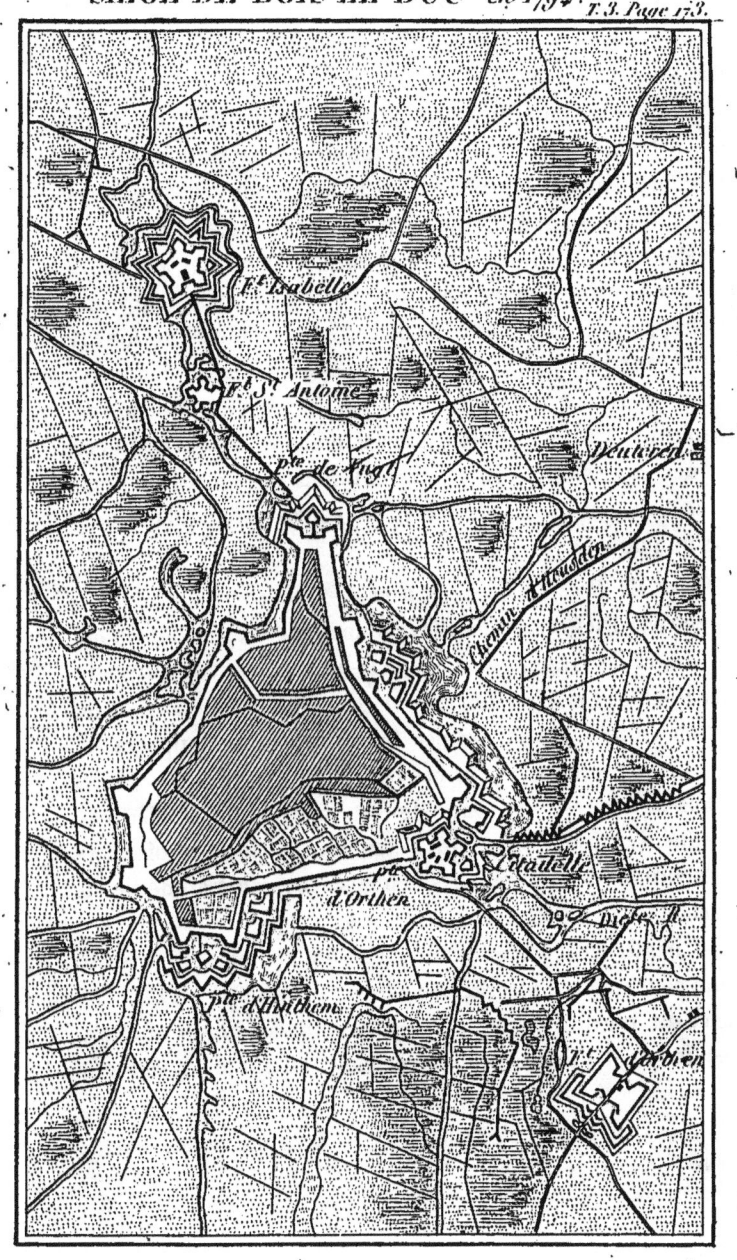
SIEGE DE BOIS LE DUC en 1794

Les Français se préparaient à recommencer le lendemain ; 1794-an III. mais les Autrichiens, qui avaient perdu dans cette journée Allemagne. cinq mille tués ou blessés, avaient profité des ténèbres d'une nuit profonde pour opérer leur retraite au-delà du Rhin. Un brouillard épais empêcha de s'en apercevoir jusqu'à trois heures. Cependant les Français n'avaient pas passé cette même nuit dans l'inaction. Ils l'avaient employée à jeter plusieurs ponts sur la Roër, et à établir une batterie d'obusiers près de Juliers, pour bombarder cette place. Mais cette précaution fut inutile. Aussitôt que la garnison se fut aperçu que l'armée autrichienne avait disparu, elle arbora pavillon blanc, et demanda à capituler. Elle se rendit à discrétion et fut faite prisonnière de guerre. Les Français trouvèrent dans cette place un arsenal en bon état, soixante pièces de canon et cinquante milliers de poudre.

Prise de Bois-le-Duc, du fort de Crèvecœur, etc.[1] — 9 octobre. Le général Pichegru, afin d'avoir une base d'opérations pour (18 vendém.) agir contre les Anglais au-delà de la Meuse, avait fait investir Brabant holl. Bois-le-Duc. Le siège de cette place était difficile dans la situation où se trouvait l'armée française, sans équipages de siége et en présence de l'armée ennemie.

Bois-le-Duc est environné de forts bien armés et bien entretenus. Les inondations qui s'étendaient à plus de trois cents toises autour de ses remparts, en faisaient comme une île au milieu d'un vaste fleuve.

La négligence du gouvernement hollandais, qui n'avait point pourvu cette place d'une garnison suffisante, et l'insouciance du duc d'Yorck, qui ne répara point cette faute, furent, avec la pusillanimité du gouverneur, autant de causes qui

---

[1] Journaux du temps, — Tableau historique, — Dictionnaire des siéges et batailles, — Jomini, — Histoire de Pichegru, — Mémoires et Relations communiqués, etc.

suppléèrent aux moyens insuffisans des Français pour opérer la reddition de cette forteresse.

L'investissement de Bois-le-Duc fut commencé le 23 septembre par une brigade de la division Delmas, aux ordres du général Daëndelz, et par une autre brigade de la division Souham, commandée par le général de Winter. Une troisième brigade, à la tête de laquelle était le général Osten, fut placée en observation sur la Meuse, à droite de la place; et le général Macdonald, qui commandait la deuxième brigade de Souham, eut la même destination du côté d'Heusden. Le fort d'Orthen fut attaqué et enlevé le même jour. La prise de ce fort rompait la communication entre Bois-le-Duc et le fort de Crèvecœur. Elle coûta peu d'efforts aux Français. Les Hollandais qui occupaient Orthen l'évacuèrent pour se retirer dans Bois-le-Duc, sans opposer de résistance.

Le même jour, on s'empara encore du fort Saint-André, qui est dans une petite île, formée par la Meuse et le Vahal, à l'est de Bommel, et on le fit occuper par une compagnie de grenadiers. Mais on commit la faute de ne point penser à réparer ses fortifications, et à le mettre en état de défense. Les Hollandais sentant son importance, l'attaquèrent vivement pendant la durée du siége de Bois-le-Duc, le reprirent et le mirent à l'abri d'un coup de main. Il était encore dans leur possession quand Bois-le-Duc se rendit aux Français.

Les quatre premiers jours qui suivirent l'investissement furent employés à rassembler et confectionner tous les moyens de siége qui pouvaient en accélérer l'issue. De vastes dépôts de fascines, de gabions et de saucissons furent établis; on s'appliqua à bien reconnaître tous les endroits forts ou faibles de la place; on fixa, d'après ces reconnaissances, les points d'attaque. Pour empêcher l'ennemi d'augmenter ses inondations, on s'empara des écluses de Dièse. En même temps, l'attaque du fort Crèvecœur ayant été résolue, on se hâta de déboucher d'Engelen par un long boyau de communication; on ouvrit la première parallèle à deux cent soixante toises du fort; on chemina également de l'écluse d'Empel à la faveur de la digue, et on s'approcha à deux cents toises des murailles jusqu'à un endroit reconnu favorable à l'établissement d'une batterie qui fut presque aussitôt confectionnée. La possession du fort Crèvecœur privait Bois-le-Duc de toute espérance de secours, et livrait aux Français plusieurs pièces de gros calibre, dont ils avaient le plus grand besoin, et qu'on savait devoir y rencontrer.

Le 28 septembre, deux batteries, dont l'une d'une pièce de 8, et d'un obusier de six pouces, et l'autre de deux obusiers de même calibre, étaient établies et furent mises en jeu.

Dans la journée, trois autres batteries furent construites dans un coude et sur un revers de la digue, à une distance très-rapprochée de la Meuse, des deux côtés du fort, dont elles empêchaient la communication avec l'autre rive; ce qui était d'autant plus important que, vis-à-vis Triel, il se trouvait dans la ligne d'investissement une forte lacune, où les Français pouvaient être pris à revers par les retranchemens élevés sur la rive droite de la rivière.

Le 27, toutes ces différentes batteries firent sur les assiégés un feu terrible, qui leur tua beaucoup de monde et démonta presque toutes leurs pièces sur le front d'attaque. Cependant, si la garnison chargée de le défendre eût été dirigée par un homme plus courageux, elle eût pu facilement encore réparer ces pertes, et tenir plusieurs jours. Mais son commandant Thoël, vieillard sexagénaire, avait été tellement épouvanté des ravages des batteries françaises, et de l'intrépidité des soldats sur tous les points d'attaque, qu'il se hâta de demander à capituler. On lui accorda les honneurs de la guerre, et sa garnison, prisonnière sur parole, promit de ne reprendre les armes que lorsqu'elle aurait été échangée. On trouva dans Crèvecœur trente-huit canons, quatre obusiers et trois cent quatre-vingt-cinq quintaux de poudre, qui devenaient pour les vainqueurs de la plus grande utilité.

Maîtres de Crèvecœur, les Français ne s'occupèrent qu'avec plus d'ardeur des moyens de s'emparer de Bois-le-Duc, dont la reddition devenait par cela même beaucoup plus facile. Présent au siége, et commandant à-la-fois l'armée d'observation et l'armée assiégeante, Pichegru, à qui la direction des deux armées prenait trop de temps, crut alors devoir confier les détails de l'armée de siége, et même le commandement, au général de division Delmas, en lui donnant pour conseil le général Sauviac, commandant le génie, et Taviel, commandant l'artillerie, avec lesquels il devait concerter toutes les opérations.

Bois-le-Duc, en raison du grand développement de ses fortifications, avait une garnison très-faible, composée de Hollandais et d'émigrés français. Cette considération fit prendre aux assiégeans la résolution d'attaquer la place sur cinq points à la fois afin d'épuiser cette garnison, en la faisant succomber sous le poids d'un travail fatigant. Une attaque fut donc dirigée sur le fort Isabelle, une autre du côté d'Hinthem, une troisième sur la rive gauche de la Dièse, la quatrième du côté du fort Orthen, et la cinquième du côté de Deuteren.

Rien de sérieux ne put être effectué dans la journée du 1er octobre par le manque absolu d'officiers du génie. Le général Sauviac et le capitaine Gerbet, seuls présens à l'armée de siége, ne pouvaient suffire à surveiller tous les ouvrages. Ils firent seulement ouvrir la tranchée du côté du fort Orthen, commencer la seconde parallèle, achever les boyaux de communication, et établir une batterie de cinq pièces dont une de 24, deux de 12, et deux obusiers de huit pouces.

Mais six officiers de génie étant enfin arrivés à l'armée, les travaux marchèrent avec rapidité et furent bientôt à leur état de perfection. Le 2 octobre, on se porta à l'attaque de Hinthem, à trois cents toises de la place, et on y ouvrit la première parallèle avec des peines incroyables, à cause de l'eau qui inondait la tranchée et se trouvait à un pied de profondeur. La difficulté des cheminemens fit établir, en avant et sous la protection de cette parallèle, une batterie de deux obusiers et une autre de deux pièces de 12, qui firent feu à la pointe du jour.

1794—an III.
Brabant holl.

Au 5 octobre la plupart des ouvrages étaient terminés, et le feu des batteries incommodait sans doute beaucoup les assiégés, puisque, dans la nuit, ils se décidèrent à faire une sortie contre l'attaque de la Dièse. Reçus vigoureusement par le général Daendels, ils résistèrent long-temps avec opiniâtreté. Enfin, se voyant près d'être enveloppés, ils rentrèrent dans la place. Le capitaine du génie Lavit, jeune homme de la plus grande espérance, fut tué à cette attaque, d'un coup de biscayen; la perte en hommes tués, blessés ou faits prisonniers, fut à peu près égale des deux côtés.

Depuis cette sortie, que les assiégés n'osèrent point renouveler, les Français, tout en continuant leurs travaux, faisaient sur les cinq points d'attaque un feu d'autant plus vif qu'ils parvenaient tous les jours à s'approcher davantage de la place, et à établir de nouvelles batteries. Servies par des hommes courageux et dévoués, elles portaient chaque jour la terreur dans la ville, et incendiaient une partie des maisons. Enfin, dans la nuit du 7 au 8, les travaux étant achevés à toutes les attaques, la troisième parallèle se trouvant établie sur le glacis, à l'attaque de la Dièse, et une partie de l'artillerie de siége étant arrivée, le général Delmas fit sommer le gouverneur de se rendre. Après deux jours de vaines négociations, ce gouverneur, qui avait casematé et même fait blinder sa demeure avec des tas de fumier et de bois, de peur des bombes dont il craignait singulièrement les éclats, demanda à capituler. La garnison sortit avec les honneurs de la guerre, et se rendit dans l'intérieur de la Hollande, aux mêmes conditions que celle de Crèvecœur, c'est-à-dire qu'elle ne pourrrait plus servir avant d'avoir été échangée contre un nombre égal de Français.

Cette capitulation, demandée quand des hommes plus intrépides et plus fermes auraient pu concevoir encore l'espérance de tenir long-temps dans Bois-le-Duc, vint, fort à propos pour l'armée assiégeante, accélérer la prise de cette place, et permettre aux soldats de s'éloigner d'un pays qui n'offrait plus de ressources. Elle fit gagner un temps précieux pour les opérations ultérieures ; elle conserva des magasins qui seraient devenus la proie des flammes, si le siége avait été continué plus long-temps. Cet événement arrêta le cours des maladies qui commençaient à se faire sentir vivement parmi les hommes et les chevaux, accident inévitable dans un siége où tous les travaux et toutes les gardes se faisaient dans l'eau, et quand la saison était déjà malsaine par elle-même. Cette capitulation garantit l'armée du danger qu'elle eût nécessairement couru dans les établissemens très-difficiles et surtout très-mal protégés de l'artillerie, et dans la garde encore plus exposée des pièces en batteries ; enfin elle épargna le sang, en ce qu'elle empêcha de livrer un assaut périlleux où tout eût été perte pour les assiégeans.

Les différens corps de l'armée employés à cette importante conquête se signalèrent par leur zèle et leur dévouement. Mais la conduite de la brigade du génie est au-dessus de tout éloge. Elle était composée du chef de brigade Vérine, des capitaines Gerbet, Larcher et Lavit, qui fut malheureusement tué pendant le siége, et des adjoints Prudhomme, Casalz et Descroix. Trop peu nombreux pour se relayer dans leur service, ils furent presque toujours de tranchée, et mi-

rent à s'acquitter de ces pénibles fonctions une activité et une
persévérance infatigables. Le général Sauviac lui-même rivalisait de zèle avec eux. Seul ingénieur présent à l'armée pendant les premiers jours d'investissement, blessé grièvement
au siége de Crèvecœur, il continua, malgré ses fatigues et ses
blessures, de surveiller avec la même exactitude tous les travaux, jusqu'à la reddition de la place. Pichegru et les représentans du peuple Bellegarde et Lacombe, voulant récom-
penser son dévouement, lui conférèrent le commandement
en chef de Bois-le-Duc et de Crèvecœur, et l'inspection
des fortifications de ces deux places, à la prise desquelles il
avait si bien contribué.

CHAPITRE VIII.

SUITE DE L'ANNÉE 1794.

Invasion de la vallée de Roncevaux. — Combat d'Onde-Watering. — Prise de Coblentz, de Venloo, de Rhinfelds. — Fin de la campagne sur le Rhin et la Moselle. — Prise de Maëstricht, de Nimègue. — Bataille de la montagne Noire. — Prise de Figuières. — Combats de Bergara. — Fin de la campagne aux Pyrénées-Occidentales. — Prise de l'île de Bommel et du fort de Grave. — Evénemens dans les colonies françaises d'Amérique; prise de la Martinique par les Anglais, etc., etc.

Invasion de la vallée de Roncevaux [1]. — Les progrès de l'armée des Pyrénées-Occidentales dans la province de Guipuscoa, la prise de Saint-Sébastien, l'occupation de To-loza, avaient réveillé dans l'esprit des habitans de cette contrée

[1] Journaux du temps, — Siéges et batailles, — Tableau historique, — de Marcillac, — Mémoires de B***, — Relations, etc.

espagnole les idées d'indépendance qu'ils tenaient de leurs ancêtres les Celtibériens. Une assemblée de notables se réunit dans le bourg de Guetaria, pour constituer la province de Guipuscoa en état libre et neutre, et envoya auprès des commissaires conventionnels, résidans à l'armée française, une députation chargée de faire agréer cette déclaration d'indépendance.

Les commissaires conventionnels, irrités de cette orgueilleuse initiative de la part d'un peuple qu'ils regardaient comme conquis, et auquel ils se croyaient conséquemment en droit d'imposer les lois qu'ils jugeraient convenables aux intérêts de la république, ou plutôt à leurs caprices; les commissaires, disons-nous, cassèrent cette assemblée, dont ils avaient d'abord provoqué ou favorisé la réunion, et des troupes furent envoyées à Guetaria pour disperser les députés espagnols.

Cette circonstance devint le motif d'une persécution aussi odieuse qu'impolitique. Sous le prétexte de rechercher les auteurs d'un acte qui fut qualifié d'insubordination, et même de révolte contre l'autorité conventionnelle, le député Pinet, dont le nom figure parmi ceux des plus farouches proconsuls de cette époque, fit arrêter un grand nombre de nobles, de prêtres, et les personnages les plus marquans du Guipuscoa et d'une partie de la Biscaye, et les fit périr sur l'échafaud. Par l'ordre de ce commissaire, des colonnes mobiles, commandées par des hommes aussi féroces que lui, parcoururent le pays en divers sens, et répandirent partout la terreur et la désolation.

De pareilles mesures devaient nécessairement exaspérer des hommes qui avaient compté sur l'indépendance qu'on avait paru leur promettre, et qu'ils étaient en droit d'attendre d'une nation qui s'annonçait comme la libératrice des peuples opprimés. Tous les habitans du Guipuscoa et des parties de la Biscaye qui avoisinent cette contrée, se hâtèrent de fuir une persécution dont rien ne pouvait motiver la cruauté, et allèrent chercher un asile dans l'armée espagnole. Le général en chef de cette armée les y excita par une proclamation énergique qu'il fit publier dans tout le pays. Il y dépeignait le conventionnel Pinet comme un nouvel Attila, portant le fer et la flamme sur son passage, et les Français comme une troupe d'insensés, qui se vantaient de combattre pour la liberté, lorsqu'ils n'étaient en effet que les esclaves et les aveugles instrumens de la plus odieuse tyrannie. Un grand nombre de ces habitans, qui abandonnaient ainsi leurs foyers ravagés, s'enrôlèrent dans les rangs de l'armée espagnole, et prirent les armes pour se venger. C'est ainsi que l'odieuse conduite d'un seul homme donna à la France, pour ennemis, des hommes qui avaient invoqué la faveur de rester neutres entre les Français, qu'ils ne voulaient point combattre, et les Espagnols, qu'ils ne pouvaient considérer comme des ennemis.

Cependant le général en chef espagnol, comte de Colomera, avait fait prendre à ses troupes les positions les plus convenables pour s'opposer aux progrès de l'armée française sur le territoire espagnol. Quatre mille hommes défendaient, à Lecumbery, les gorges que traverse le grand chemin de France à Pampelune; douze mille étaient répartis dans la vallée de Roncevaux, et deux mille, placés dans la petite ville de Lanz, observaient le débouché de la vallée de Bastan. Du côté de la Biscaye, quatre mille hommes occupaient Bergara et les positions environnantes, et s'étendaient jusque sur la Deva, petite rivière qui sépare la Biscaye du Guipuscoa. Une levée en masse de Biscayens occupait une ligne de postes qui devaient arrêter l'invasion des Français dans cette province. D'après ces dispositions les Espagnols occupaient une ligne d'environ quarante lieues, depuis la Deva jusqu'à la vallée de Roncal, sur la frontière d'Aragon.

Pendant que le comte de Colomera faisait ainsi ses dispo-

1794.—an III. sitions de défense, le général en chef de l'armée française,
Espagne. Muller, avait été remplacé par le général de division Moncey.
Celui-ci attendait pour reprendre l'offensive, l'arrivée de
quinze bataillons détachés de l'armée de l'Ouest. Craignant
que la position trop disséminée des troupes, dans le pays
conquis, ne compromît leur sûreté, Moncey voulait abandonner Toloza, et concentrer ses divisions de droite autour du
camp retranché de Saint-Sébastien, en conservant toutefois
la position d'Hernany et toute la partie du grand chemin qui
assurait les communications de l'armée avec Bayonne. Ce plan
était sage, et s'il eût été réalisé, il eût mis le général Moncey
dans le cas de frapper de grands coups, en attaquant par
masse l'armée espagnole; mais, nous l'avons déjà dit, dans
ces temps d'anarchie, les généraux étaient subordonnés aux
commissaires de la Convention. Au moment où le général
Moncey allait effectuer ses prudentes dispositions, le député
Garrau arriva, et s'opposa formellement à leur exécution.

Les renforts promis depuis long-temps par le comité de
salut public, arrivèrent enfin à l'armée. On remarquait parmi
ces troupes les cinquante-septième et soixante-douzième régimens, qui avaient fait partie de la célèbre garnison de Mayence.
L'armée des Pyrénées-Occidentales présenta alors un effectif
de soixante-six bataillons et de huit escadrons; pourvue d'ailleurs d'une artillerie proportionnée, cette armée était la plus
considérable qu'on eût vue sur cette partie des frontières
d'Espagne, depuis le commencement de la guerre.

L'aspect de ces troupes nombreuses, dont les bonnes dispositions annonçaient de brillans succès, inspira une orgueilleuse confiance aux commissaires de la Convention. Au lieu
donc de permettre au général Moncey l'exécution de son plan
de concentration, ils lui ordonnèrent de marcher en avant,
et d'attaquer les Espagnols sur toute la ligne qu'ils occupaient.
L'étendue de cette ligne exigeait que toute l'armée française

fût mise en mouvement, pour prendre un développement gigantesque, et l'on risquait, en l'affaiblissant ainsi, de donner aux Espagnols l'occasion de remporter des avantages presque assurés. Moncey reconnaissait tout le danger de cette mesure; mais forcé de renoncer à ses propres plans pour exécuter ceux d'hommes étrangers à la science militaire, il obéit en cherchant les moyens d'obvier, par son expérience et son habileté, à tous les inconvéniens qui pouvaient résulter du mouvement offensif qu'on lui prescrivait.

Ce mouvement devait commencer sur la partie gauche de la ligne espagnole, pour tâcher de surprendre et d'enlever le corps de douze mille hommes qui gardait la vallée de Roncevaux. Le général Moncey dirigea, en conséquence, des forces supérieures sur ce point, afin d'y opérer un engagement sérieux, pendant que des attaques simulées tiendraient les Espagnols en échec dans leurs autres positions. Quatorze mille hommes, partant d'Ellissondo et de Saint-Estevan dans la vallée de Bastan, devaient se réunir sous Lanz, d'où, marchant à la gauche, ils prendraient poste à Burguette, se liant avec un autre corps de six mille hommes, qui, rassemblé à Tardetz, aurait franchi les montagnes d'Erroymendy et de Larrau, traversé le bourg d'Ochagavia dans la vallée de Salazar, et se serait établi à Villanova. Par ce mouvement circulaire, les troupes espagnoles de la vallée de Roncevaux se trouvaient arrêtées dans leur retraite; observées, suivies incessamment et pressées de front par la division de Saint-Jean-Pied-de-Port, elles devaient être enveloppées et forcées à mettre bas les armes. On devait en outre profiter de la terreur qu'aurait inspiré un événement aussi décisif, pour tenter une attaque impétueuse sur la place de Pampelune, dépourvue de garnison. Mais le succès de ce vaste plan, très-aisé à tracer sur le papier, dépendant d'une exécution très-difficile, ne répondit point aux espérances qu'avaient conçues ses auteurs.

Le 16 octobre, à minuit, sept bataillons d'infanterie, dont deux de grenadiers, et deux escadrons de hussards, se mirent en marche sous les ordres du général de division de Laborde. Cette colonne, composée presqu'en entier des bataillons nouvellement arrivés de la Vendée, avait pris, à cause de cette circonstance, le nom de *colonne infernale*. Parvenue de bonne heure au col de Velate, elle y trouva quelques abattis d'arbres et des retranchemens, qui furent facilement emportés. Le général de Laborde, après avoir chassé les deux mille Espagnols qui occupaient Lanz, et s'être emparé de ce poste, réunit ses troupes à sept autres bataillons et à quatre cents dragons et hussards, venus de Saint-Estevan par le chemin d'Orquin. Ces troupes, réunies, bivouaquèrent autour de Lanz.

Le lendemain, l'avant-garde de ce corps d'armée attaqua le poste d'Eguy, que défendaient quatre mille Espagnols sous les ordres du général Filanghieri. Après un combat assez vif, pendant lequel la colonne française joignit son avant-garde, le général espagnol, se voyant serré de près par des troupes supérieures, évacua Eguy, et se retira sur le camp de Cruchespil. L'arrière-garde, qui protégeait cette retraite, attaquée par les Français, fut taillée en pièces, ou dispersée dans le chemin d'Eguy à Viscaret. Deux pièces de 8 tombèrent entre les mains des vainqueurs. Filanghieri était revenu sur ses pas dans le dessein de dégager son arrière-garde. Ce mouvement lui devint funeste. Attaqué sur les hauteurs de Mesquiritz, il ne put, malgré tout le flegme de la bravoure espagnole, arrêter l'impétuosité des Français. Les hauteurs furent emportées, et le général ennemi se vit contraint de chercher une seconde fois son salut dans la fuite. Cette fois, sa retraite se fit dans un grand désordre, et ce ne fut qu'avec la plus grande difficulté que les débris de sa troupe parvinrent à se réunir à la division du duc d'Ossuna, qui commandait à Burguette.

Mais, par une négligence difficile à excuser, les Français, au lieu de continuer la poursuite des vaincus, s'arrêtèrent à Viscaret, et y passèrent la nuit. On va voir combien cette circonstance devint fatale au succès de l'expédition. La faute était d'autant plus grande, que le général Castelvert avait été détaché d'Eguy avec six bataillons et quelque cavalerie, pour occuper la hauteur de Cubiry, à l'effet de couper à l'ennemi la retraite de ce côté.

La seconde colonne française, destinée, comme la première, à entourer les Espagnols, et qui était forte de six mille hommes, avait également commencé son mouvement d'attaque le 16. Le 14, suivant le plan que nous avons retracé, sept bataillons s'étaient réunis d'avance à Tardetz, sous les ordres du général de division Marbot; ayant sous son commandement le général de brigade Roucher et les adjudans-généraux Junker et Morand. Le 15, le général Marbot avait marché sur Larrau; là il divisa sa troupe en trois colonnes. Le 16, celles de gauche et du centre se dirigèrent sur Ochagavia, par Jalsu et par la route directe; celle de droite s'avança vers les montagnes d'Abody.

Le village d'Ochagavia, situé au centre de la vallée de Roncevaux, était occupé par une forte division ennemie. Le général Cagigal, qui la commandait, opposa long-temps une vigoureuse résistance à l'attaque des Français. Deux fois ceux-ci furent repoussés à la baïonnette; mais une troisième charge fut exécutée avec tant d'impétuosité, que les Espagnols, malgré leur bravoure, ne purent en soutenir le choc. Le désordre s'introduisit dans leurs rangs, et ils se virent contraints de plier. On se battit avec acharnement dans les rues d'Ochagavia; enfin ce village ayant été tourné, les Espagnols ne purent s'y maintenir, et prirent la fuite en laissant un grand nombre de tués sur le champ de bataille, et beaucoup de blessés et de prisonniers au pouvoir des vainqueurs.

Le lendemain 17, les deux colonnes du général Marbot se portèrent sur Villanova, qu'elles occupèrent, après en avoir chassé un détachement de trois cents Espagnols ; et elles poussèrent leurs avant-postes jusqu'en vue de Burguette. La troisième colonne (celle de droite), qui avait bivouaqué sur la montagne d'Abody pendant la nuit, suivit la crête de cette montagne dans la matinée du 17, jusque vis-à-vis la fonderie d'Orbaïcet, d'où elle descendit ensuite dans la vallée d'Ahescoa ; de là, tournant à droite, elle forma tout-à-coup l'investissement du village d'Orbaïcet.

D'après les positions occupées dans cette journée du 17 par les deux grandes colonnes du général de Laborde et du général Marbot, il est facile de voir que l'espace compris entre Viscaret et les postes espagnols était resté vide. Cette circonstance, à laquelle avait donné lieu la négligence que nous avons signalée, offrait donc à l'ennemi la facilité d'effectuer sa retraite par l'intervalle qui se trouvait ainsi exister dans la ligne d'investissement de la vallée.

La division placée à Saint-Jean-Pied-de-Port devait, pour se mettre en marche, attendre que le mouvement des deux colonnes de Laborde et Marbot fût effectué ; mais la lacune laissée dans le cordon d'investissement par le général de Laborde, rendait nulle l'attaque de cette division. Cependant le général en chef Moncey, qui s'était mis à la tête des troupes qui la composaient, ignorant la circonstance dont nous parlons, avait exécuté son mouvement.

Le 17 au matin, trois bataillons sous les ordres du général Castelpers, se jetèrent sur les postes avancés du camp espagnol de Cruchespil, que commandait le colonel Figaroa, ayant sous ses ordres à peu près trois mille hommes. Les postes se replièrent sur le camp, où ils jetèrent d'abord quelque confusion. Mais le colonel, étant parvenu à rassembler les troupes, soutint avec vigueur l'attaque des Français. Ayant reçu au même instant un renfort de six cents hommes venus d'Atalorty, il se vit bientôt en mesure de prendre lui-même l'offensive. Les Français furent enfoncés et obligés de se retirer en désordre. Poursuivi avec vivacité, le général Castelpers perdit en cette occasion plus de quatre cents hommes tués ou blessés.

Cependant, à midi, le général de Laborde s'étant décidé à quitter la position de Viscaret, ce mouvement donna lieu à une méprise. Le général Digonnet, placé avec trois bataillons sur les hauteurs d'Almandoz, apercevant la tête de la colonne de Laborde défilant sur le chemin d'Eguy, et n'imaginant pas que ce pût être ce général, qu'il devait croire, d'après le plan d'attaque, devant Burguette; le général Digonnet, disons-nous, se mit promptement en marche dans la persuasion que c'était une colonne ennemie en mouvement. Arrivé à Eguy, le général Digonnet reconnut son erreur. Au lieu des Espagnols, qu'il croyait y rencontrer, il vit des Français occupant ce village. Une erreur pareille engagea le général Dumas à se porter sur la fonderie d'Eguy.

La partie de la division de Saint-Jean-Pied-de-Port, où se trouvaient les généraux Moncey et Manco, s'était établie dès la veille sur le plateau d'Jeropil, vis-à-vis la fonderie d'Orbaïcet. Cette fonderie était, ainsi que nous l'avons dit, déjà investie du côté d'Ahescoa, par la colonne de droite de la division du général Marbot. Le village était défendu par un fort où s'était renfermé, avec une garnison assez nombreuse, le gouverneur de l'établissement, don Zereceda. Le général Roucher, qui commandait la colonne française, avait ordre de sommer cette garnison, et de l'attaquer vivement si elle ne se rendait pas sur-le-champ. Les troupes placées à Jeropil n'attendaient que le signal pour descendre du plateau et seconder cette attaque. La sommation fut faite, et la gar-

1794—an III.
Espagne.

nison menacée, en cas de résistance, d'être passée au fil de l'épée. Le commandant espagnol répondit verbalement : « Que la générosité française ne se démentirait point à son égard. »

Le général Roucher commit la faute de ne point attaquer; les troupes d'Jeropil restèrent dans l'inaction; et, pendant la nuit, les deux mille quatre cents hommes qui composaient la garnison effectuèrent leur retraite en silence par le pas de Navala, se rendirent à Burguette, et de là à Aoyz.

Zereceda trouva dans ce village le duc d'Ossuna, qui y était déjà arrivé avec les troupes de Roncevaux et de Cruchespil. Profitant de la voie de retraite qu'on lui avait ménagée, le général espagnol s'était empressé de passer par l'intervalle encore libre qui séparait les deux grandes colonnes françaises. Parti de Burguette le 17 au soir, le duc d'Ossuna avait traversé la petite rivière d'Arce, et était arrivé le lendemain à Aoyz. Dans leur retraite, les Espagnols mirent eux-mêmes le feu au beau village de Burguette, le plus considérable de la vallée de Roncevaux, et le dépôt principal de leurs approvisionnemens.

Malgré toutes les fautes commises, les Français réussirent ainsi, sinon à faire mettre bas les armes aux douze mille Espagnols commandés par le duc d'Ossuna, au moins à s'emparer de la vallée de Roncevaux.

La division de droite de l'armée française, chargée de tenir en échec les autres corps de la ligne espagnole, avait fait son devoir. Cinq bataillons, partis le 15 d'Andoayn, sous les ordres du colonel Leferon, s'étaient portés sur les hauteurs d'Arezo; tandis que quatre autres bataillons, commandés par le général Frégeville, se dirigeaient de Toloza sur le même point. Le lendemain 16, Frégeville, après une assez forte résistance, s'empara du village de Gorritz, défendu par quinze cents Espagnols, et s'avança ensuite vers Lecumbery, en faisant occuper la crête des montagnes sur sa gauche. Lecumbery était évacué, et les Français l'occupèrent.

Le résultat de ces différentes attaques, où le général Moncey fit preuve d'une grande habileté dans la guerre de postes, fut donc, pour les Français, la possession de la vallée de Roncevaux. Les Espagnols perdirent deux mille cinq cents hommes tués, blessés ou faits prisonniers; cinquante pièces de canon avec leurs attelages et leurs caissons, et deux drapeaux; les fonderies d'Orbaïcet et d'Eguy, estimées trente-deux millions, et qui furent détruites; la mâture royale d'Irati. L'évacuation de toutes les lignes, redoutes et retranchémens espagnols, une quantité immense de fusils, de munitions de guerre et de bouche, et la communication de Pampelune interceptée, tels furent en outre les avantages que les Français retirèrent de deux journées de combat, où ils laissèrent échapper des trophées encore plus glorieux et plus importans pour les suites de la guerre avec les Espagnols.

Cette invasion de la vallée de Roncevaux, fameuse, dans nos romans de chevalerie, par la défaite de Charlemagne et de ses preux [1], fut célébrée avec emphase dans le sein de la Convention. En mémoire de l'échec éprouvé par Charlemagne, les Espagnols avaient fait élever une pyramide dans cette vallée; les conventionnels Baudot et Garrau la firent abattre, et écrivirent à ce sujet à la Convention : « Citoyens, l'armée des Pyrénées-Occidentales, en remportant une victoire signalée sur les Espagnols, a vengé une injure, d'ancienne date, faite à la nation française. Nos ancêtres, au temps de Charlemagne, furent défaits dans la plaine de Roncevaux. L'orgueilleux Es-

---

[1] En incendiant le village de Burguette, les Espagnols mirent aussi par accident, dit-on, le feu à l'antique monastère de Roncevaux, où l'on conservait une massue que la tradition disait avoir appartenu au vaillant Roland ; et des pantoufles que, suivant la même tradition, le bon archevêque Turpin avait laissé échapper de ses pieds en s'enfuyant.

pagnol, en mémoire de cet événement, avait élevé une pyramide sur le champ de bataille. Vaincu à son tour, au même endroit, par les Français républicains, déjà son propre sang en avait effacé les caractères ; il ne restait plus que le fragile édifice, qui a été brisé à l'instant même. Le drapeau de la république flotte aujourd'hui là où était le drapeau de l'orgueil des rois, et l'arbre nourricier de la liberté a remplacé la massue destructive du tyran. Une musique touchante et guerrière a suivi cette inauguration ; les mânes de nos pères ont été consolés, et l'armée de la république a juré de vaincre pour la gloire du nom français de tous les âges et pour le bonheur de la postérité. »

Combat d'Oude-Watering [1]. — La prise de la place de Bois-le-Duc avait donné un appui à l'armée française. Le général Pichegru était maintenant en mesure de forcer l'armée anglaise à se retirer derrière le Wahal, et d'assiéger Grave, dont la prise n'était pas moins importante que celle de Bois-le-Duc, pour le succès des opérations ultérieures. Il était d'ailleurs nécessaire que la droite de l'armée du Nord appuyât la gauche de celle de Sambre-et-Meuse.

La division du général Bonneau avait formé l'investissement de la place de Grave, par la rive gauche de la Meuse, pendant que la division Souham faisait le siége de Bois-le-Duc. Après la prise de cette dernière ville, la brigade du général Salm parut suffisante pour tenir Grave en échec, et l'armée du Nord vint passer la Meuse auprès de Teffelen, les 18 et 19 octobre, sur un pont construit à la hâte avec des pontons hollandais et de petits batelets. Ce passage dura plus long-temps qu'on ne le pensait, à raison de la difficulté des chemins, gâtés par les pluies d'automne, et les Anglais

---

[1] Journaux du temps, — Tableau histor., — Siéges et batailles, — Jomini, — Relations, etc. — Histoire de Pichegru, — Mémoires manuscrits, etc.

auraient pu s'y opposer; mais ils ne le firent pas, parce que le duc d'Yorck avait été se placer sous la protection du canon de Nimègue. Pour empêcher les Français de pénétrer dans le pays de Maas-Wahal, il n'y avait, au point menacé, que l'avant-garde anglaise aux ordres des généraux Hammerstein et Fox, occupant une ligne étendue et morcelée, la droite appuyée à Druten, sur le Wahal, et la gauche à Appeltern, sur la Meuse. Les digues de ces deux fleuves étaient retranchées. Le terrain compris entre ces digues est plus bas que le lit des fleuves; c'est une grande prairie, coupée de fossés larges, profonds et remplis d'eau. Le front des alliés était couvert par le canal d'Oude-Watering, bordé par un parapet qui domine les prairies. De là à Druten, il se trouve une autre digue de la même élévation. Le général Hammerstein, un des officiers les plus distingués de l'armée anglaise, avait fait les meilleures dispositions pour se défendre. Les retranchemens et les batteries étaient garnis de troupes anglaises, hanovriennes et françaises émigrées. Comme le pays est rempli de fossés qui ont huit à dix pieds de largeur, le général anglais avait fait construire, de distance en distance, sur ces coupures, des ponts indiqués aux troupes par des jalons, afin d'éviter la confusion, et pour faciliter la retraite au besoin. Les derniers soldats, passant sur ces ponts, devaient arracher les jalons, et détruire ensuite tous les moyens de passage. Ces précautions étaient encore augmentées par de larges coupures dans les chemins de communication, et par des abattis d'arbres. Mais de pareils obstacles ne suffisaient point pour arrêter des troupes déjà victorieuses; et dont le courage, sagement dirigé, s'augmentait encore par la timide prudence d'un ennemi qui ne cherchait, après tout, qu'à retarder sa retraite.

Le général Pichegru, après le passage de la Meuse, disposa ses troupes sur quatre colonnes, pour attaquer. Les deux plus fortes devaient se porter au centre, dans la prairie, et les deux

1794—an III.
Belgique.

1794—an III.
Belgique.

autres, d'environ trois mille hommes chacune, commencèrent l'attaque sur les digues du Wahal et de la Meuse. Ces dispositions étaient excellentes, et il était presque impossible que les détachemens morcelés des troupes anglaises pussent résister à l'emploi d'une masse aussi supérieure. L'action commença le 19, à la pointe du jour. Les deux colonnes qui marchèrent dans la prairie avaient le canal d'Oude-Watering à traverser, et l'ennemi paraissait déterminé à défendre le passage avec opiniâtreté. Cependant, après quelques décharges d'artillerie, les soldats français, impatiens de se mesurer de plus près avec leurs ennemis, franchirent les fossés, et traversèrent le canal, ayant de l'eau jusqu'aux épaules. Le général Pichegru envoya le cinquième régiment de chasseurs à cheval, pour protéger ces braves. Ce passage hardi et imprévu déconcerta les troupes anglaises. Le désordre se mit bientôt dans leurs rangs, et leur général ne s'occupa plus que du soin de sauver l'artillerie; et comme il n'y avait encore que quelques compagnies de tirailleurs et de grenadiers des troisième et vingt-quatrième demi-brigades, et des chasseurs du cinquième régiment, qui eussent traversé le canal, les Français ne purent mettre obstacle à la retraite de l'ennemi sur ce point.

Les deux colonnes chargées de l'attaque des digues, obtinrent des succès plus brillans. Le neuvième régiment d'hussards, un corps de gendarmerie à pied et un bataillon d'infanterie légère, qui avaient marché sur la digue du Wahal, tournèrent, à gauche de Druten, un bataillon anglais du trente-septième régiment. Ce bataillon, prenant les hussards du neuvième régiment pour ceux de la légion émigrée de Rohan, les laissa arriver jusque dans ses rangs, et fut forcé de mettre bas les armes.

Le hussard Minier pénétra le premier dans les rangs anglais, tua le porte-enseigne, et s'empara du drapeau du bataillon.

Le général Fox fut pris par un autre hussard ; mais il parvint à s'échapper, grâce à la vitesse de son cheval, que celui du hussard ne put rejoindre.

1794-an III.
Belgique.

Dans cette même action, un fort détachement de hussards émigrés enveloppa un peloton de ceux du neuvième, et se flattait déjà de faire ces hussards prisonniers; mais ces derniers se dégagèrent avec tant d'audace et de vigueur, qu'ils passèrent à travers les rangs des émigrés, et rejoignirent leurs escadrons.

Sur la ligne d'Appeltern, le troisième régiment de hussards, soutenu par la brigade du général Jardon, attaqua la légion de Rohan. Celle-ci, qui tenait le village d'Appeltern, opposa la résistance la plus opiniâtre et la plus meurtrière. C'étaient des Français qui se battaient contre des Français avec une animosité sans exemple. La légion fut enfin culbutée, après avoir perdu plus de trois cents hommes, sacrifiés ainsi à l'esprit de parti, car les deux attaques du centre devaient tout décider. Soixante-douze émigrés furent faits prisonniers. Les Anglais se retirèrent en grande hâte pour rejoindre le gros de leur armée, que le duc d'Yorck fit cantonner, après cette affaire, entre le Leck et le Wahal, en établissant son quartier-général à Arnheim. Le général Walmoden resta au camp retranché de Nimègue, avec vingt bataillons hanovriens et anglais.

Prise de Coblentz [1]. — L'armée autrichienne, après le combat d'Aldenhoven, avait marché vers le Rhin, et une partie des troupes qui la composaient avait passé ce fleuve le 5 octobre, à Mulheim. Maître de Juliers, Jourdan s'était empressé de mettre à profit les avantages qu'il venait de remporter. Il divisa son armée en trois grandes colonnes: la première se porta sur Bonn, pour lier la gauche de cette armée

23 octobre.
(2 brumaire.)
Allemagne.

---

[1] Journaux du temps, — Tableau historique, — Jomini, — Précis militaire, — Siéges et batailles, — Mémoires manuscrits, etc.

avec la droite de celle de la Moselle ; une seconde se dirigea sur Cologne, et la troisième sur Coblentz.

Les Français entrèrent à Bonn, après un combat assez vif, livré sous les murs de la ville. Jourdan, à la tête de la deuxième colonne, entra le même jour, sans coup férir, dans Cologne. Il y fut reçu, par les habitans, avec toutes les démonstrations de la joie et de l'enthousiasme.

Le général Marceau, qui commandait la troisième colonne, éprouva plus de difficultés dans son entreprise.

Coblentz était défendu par une forte division autrichienne, et le général qui la commandait paraissait déterminé à repousser vigoureusement l'attaque des Français. Campés hors de la ville, les Autrichiens occupaient des hauteurs sur lesquelles ils avaient établi des redoutes et pratiqué des retranchemens. Marceau manœuvra d'abord pour attirer son ennemi dans la plaine ; mais voyant que ce dernier s'obstinait à rester derrière ses retranchemens, il se décida à attaquer. Les soldats français, qui brûlaient d'en venir aux mains, s'élancèrent sur la ligne autrichienne avec la plus grande impétuosité. Les nombreuses décharges de l'artillerie ennemie ne purent défendre l'entrée des retranchemens. Ils furent emportés, en un moment, à la baïonnette, et les Autrichiens abandonnèrent leur position dans le plus grand désordre, pour passer sur la rive droite du Rhin, en laissant un grand nombre de morts et de blessés sur le champ de bataille, et environ cinq à six cents prisonniers dans les mains des Français. Ceux-ci entrèrent dans Coblentz le 23 octobre. L'occupation de cette ville flatta singulièrement l'orgueil du gouvernement républicain. Coblentz lui était odieux, pour avoir servi long-temps de refuge et de place d'armes aux émigrés. Aussi un grand nombre d'orateurs de la Convention s'empressèrent-ils de célébrer la prise d'une ville qu'ils qualifiaient de *repaire impur*.

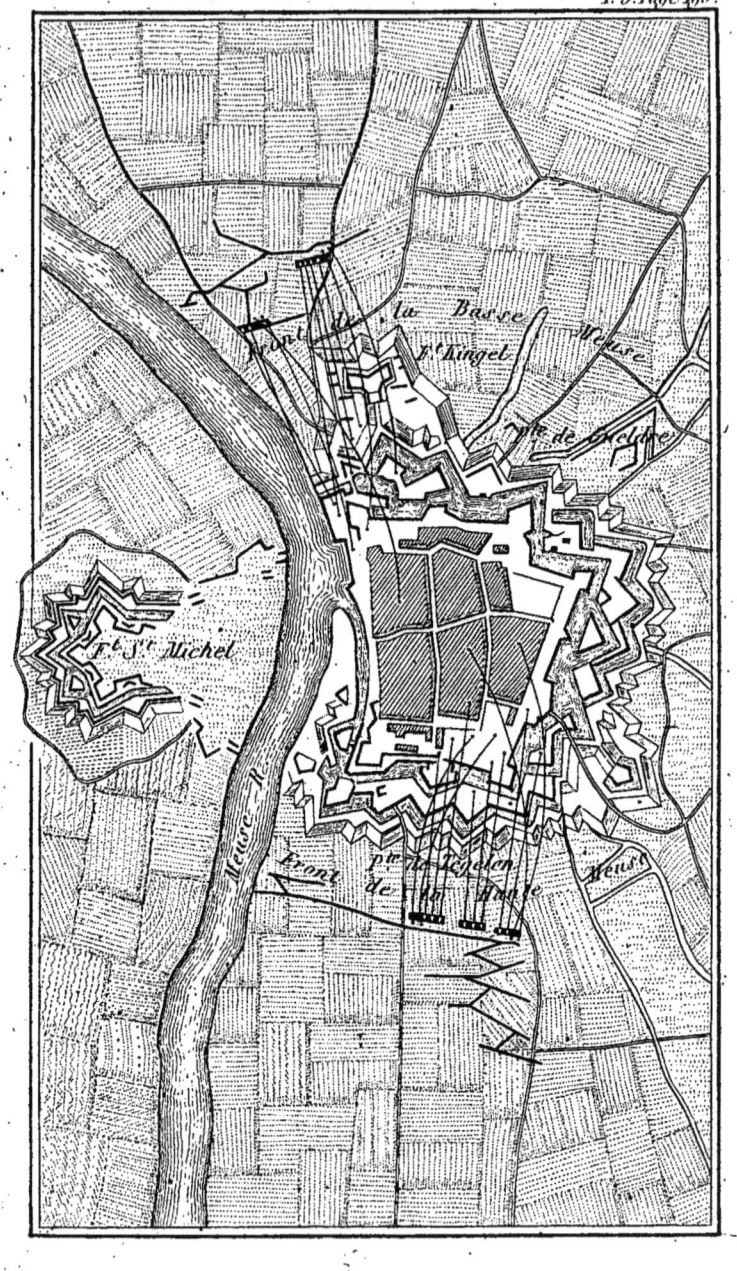

PREMIÈRE COALITION.

¹ *Prise de Venloo*¹. — Depuis le combat de Boxtel, la division du général Moreau, qui s'était tenue sur les bords de la Meuse comme corps d'observation, voyant enfin l'ennemi éloigné, put, suivant les intentions du général en chef, s'occuper du siége de Venloo, resté isolé de tout secours par la retraite de l'armée alliée. La prise de cette place était du plus haut intérêt pour les Français, en ce qu'elle les rendait maîtres de la navigation de la Meuse. Aussi, dès le 8 octobre, Moreau, après avoir occupé Ruremonde, commença l'investissement, commanda un pont de bateaux à Tegelen, sur la Meuse, propre à lier l'investissement, et fit faire la reconnaissance de la place. Les brigades des généraux Laurent et Vandamme furent chargées de l'investissement et de la reconnaissance; tandis que celle du général Compère devait protéger l'établissement du pont. Ce pont n'ayant pu être achevé que le 25, la place ne fut aussi entièrement investie que le même jour.

1794-an III.
26 octobre.
(5 brumaire.)
Hollande.

Le général en chef Pichegru étant, à cette époque, tombé malade devant Nimègue, le général Moreau fut nommé provisoirement pour le remplacer. Lui-même remit au général Laurent le commandement de sa division et du siége. Pendant son absence, le général Laurent résolut de s'occuper activement du siége de Venloo, et de le pousser avec vigueur. Malheureusement il avait à sa disposition bien peu de moyens pour réussir. Sa division ne comptait pas cinq mille hommes, et il n'avait point d'artillerie de siége. Venloo était une des plus fortes places de la Hollande; ses murs avaient arrêté, dans les siècles précédens, des armées nombreuses. Elle renfermait une garnison de quatre mille hommes, et ses remparts étaient garnis de plus de cent cinquante pièces de canon.

---

¹ Journaux du temps, — Siéges et batailles, — Tableau historique, — Galerie historique, — Relations et Mémoires manuscrits, etc.

Mais les Français, animés par leurs succès, n'envisageaient plus les obstacles. Laurent, certain de la valeur de ses soldats, n'hésita pas à former une entreprise qui eût paru téméraire à d'autres qu'à des Français. C'était peut-être la première fois qu'on voyait une armée assiéger une place dont la garnison était au moins aussi forte qu'elle.

Le chef de bataillon du génie Poitevin fut chargé de la direction des travaux du siége. Cet officier s'en acquitta avec autant d'habileté que de bonheur. Il fut décidé qu'on attaquerait la place sur les fronts de la Haute et de la Basse-Meuse, et qu'on tenterait de prendre de vive force le fort de Saint-Michel, pour lier ces deux attaques. Ce moyen était en effet le plus analogue au courage et aux moyens des Français. En raison du petit nombre de ses troupes, le général Laurent resserra l'investissement par plusieurs coupures et logemens avancés. Ce moyen procurait le double avantage de diminuer les gardes de l'investissement, et de tromper l'ennemi sur le lieu de l'ouverture de la tranchée, en l'inquiétant sur tous les points.

Le 20 octobre, la tranchée fut ouverte sur le front de la Haute-Meuse, en avant de Tegelen, et le commandant Poitevin établit, à cent toises des chemins couverts, une parallèle sur une longueur de cent cinquante toises, commençant à la Petite-Maison, et finissant au chemin de Tegelen. L'ouvrage fut entrepris par six cents travailleurs; mais les assiégeans étaient tellement dépourvus de toute espèce de moyens, qu'on se servit de pioches de réquisition, et qu'on ne put couper la route et prolonger la parallèle jusqu'à la Meuse.

Pour dérober le travail de la nuit à l'ennemi, on fit une fausse attaque sur le fort Saint-Michel. Cette fausse attaque, qui se borna à quelques coups de fusils tirés de loin par des tirailleurs, mit l'alerte dans la ville et dans le fort, et l'ennemi s'empressa de lancer sur eux des pots à feu et autres projectiles; mais à la pointe du jour, les grenadiers et la garde de la parallèle firent un feu si vif contre les défenses de la place, qu'ils obligèrent l'artillerie de se taire. Sur les onze heures du matin, environ vingt-cinq cavaliers et deux cents fantassins de la garnison, firent une sortie sur la tranchée. Les grenadiers, qui avaient brûlé leurs munitions, furent obligés d'abandonner leur poste. Dans ce moment, le général Laurent, qui s'était porté à la gauche de la tranchée, pour faire une reconnaissance avec le chef de bataillon Poitevin, se trouva tout-à-coup entouré par les cavaliers ennemis, et aurait été forcé à se rendre prisonnier, si un volontaire n'eût pas tué d'un coup de fusil l'officier hollandais qui voulait le saisir. Échappé de ce danger, Laurent rallie ses troupes, les fait soutenir par le premier bataillon du Finistère, tombe avec eux sur les Hollandais, les taille en pièces, et reprend la tranchée dont ils s'étaient emparés, avant qu'ils aient pu réussir à la combler.

Le capitaine du génie Chevallot et l'adjoint Descroix, étant venus le même jour soulager le commandant Poitevin dans ses fonctions, les travaux furent poursuivis avec beaucoup plus d'activité. La même nuit, à l'attaque de la Basse-Meuse, Chevallot fit ouvrir la tranchée à cent quatre-vingts toises de la place, ce qui rapprocha beaucoup du fort Kingel. Les tirailleurs réussirent encore à faire taire le feu de ce fort, et tuèrent un grand nombre de soldats et de canonniers. Enfin, dans la nuit du 23 au 24 octobre, tous les travaux se trouvant terminés, Poitevin fit établir à l'attaque de la Basse-Meuse, deux batteries : la première, destinée à battre de revers les batteries de la rive gauche de la Meuse, dirigées sur l'attaque de Tegelen, et à tirer en même temps sur le saillant gauche du fort Kingel, et sur les ouvrages de la ville, était composée de deux pièces de 12, de deux de 8, et de deux obusiers ; la seconde, dont l'objet était de battre le fort Kingel et les ouvrages de la ville, était composée de deux pièces de 8 et d'un obusier. Ces batteries étaient d'une faiblesse extrême, comparées aux grands moyens que renfermait la place, et surtout si l'on remarque qu'elles n'étaient armées presqu'avec des pièces de campagne.

Cependant le général Laurent les voyant prêtes, se décida, le lendemain 24 octobre, à envoyer sommer le commandant de la place; son motif, en lui faisant faire cette sommation avant d'avoir essayé le feu de ses batteries, était de lui en laisser ignorer toute la faiblesse. Il comptait plus sur la terreur que les succès des deux armées du Nord et de Sambre-et-Meuse devaient avoir répandue, que sur tous ses moyens, pour la reddition de la place. En effet, après deux jours de négociations, la garnison capitula, après quatre jours de tranchée ouverte, et sans que les assiégeans eussent tiré un coup de canon. Elle sortit de la place avec tous les honneurs de la guerre, avec armes et bagages, et dix pièces de canon de bataille.

Cette capitulation avantageuse accordée à la garnison de Venloo fut loin de plaire aux membres du comité de salut public. Ces hommes injustes et cruels virent avec peine qu'on n'eût pas imposé des conditions plus humiliantes à un ennemi vaincu. C'est sans doute pour cette raison que la prise de Venloo ne fut point accueillie alors avec cet enthousiasme révolutionnaire que les membres de la Convention savaient si bien développer. On se contenta de dire que Venloo avait été pris. Mais si l'on considère l'insuffisance des moyens qu'avait le général Laurent, pour entreprendre ce siége, et la grandeur de ceux dont l'ennemi pouvait se servir pour se défendre; si l'on examine que, sans répandre de sang, sans presque brûler une amorce, les Français se sont cependant rendus maîtres de cette place, on se convaincra que cet événement est aussi étonnant que tous les succès inouïs de cette époque. Les guerriers français, meilleurs appréciateurs du mérite militaire

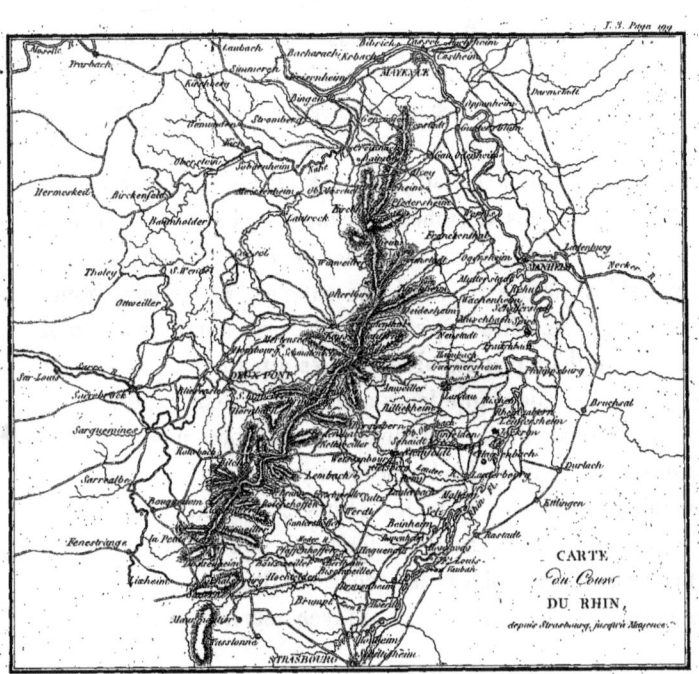

PREMIERE COALITION.

que les membres du comité de salut public, rendirent plus de justice à leurs camarades de Venloo[1].

1794-an III.
Hollande.

La reddition de cette importante place valut aux Français cent soixante pièces de canon, dont les deux tiers en bronze, trente petits mortiers à grenade, deux cent milliers de poudre, sept mille fusils, des arsenaux complets, et des magasins considérables.

Prise du fort de Rheinfels, et fin de la campagne sur le Rhin et sur la Moselle[2]. — Nous avons vu comment les alliés s'étaient emparés, le 20 novembre, de la ville de Kayserslautern, après avoir chassé les Français des positions qu'ils occupaient sur les hauteurs qui l'avoisinent. Les vaincus s'étaient retirés sur Tripstadt. Bientôt ralliés et renforcés par quelques bataillons détachés du centre de l'armée de la Moselle, ils résolurent de venger leurs défaites, et de reprendre les positions qu'ils s'étaient laissé enlever. Le général Meunier, chargé de cette expédition, s'y prit d'une manière si adroite, qu'il surprit les alliés, et les attaqua au moment où à peine ils pensaient que leurs ennemis s'étaient ralliés. Animés par le désir de la vengeance et celui non moins vif de réparer leur honneur, les Français se précipitent sur les postes ennemis, renversent tous les obstacles, tuent, massacrent ceux qui osent leur résister; et forcent à une prompte retraite le prince de Hohenlohe et les généraux Blucher et Karaczay. La brigade de Blucher s'était trouvée tournée avec tant de

2 novembre.
(11 brumaire)
Allemagne.

---

[1] L'un d'eux, le chef de brigade du génie Lagastine, écrivait au général de brigade Dejean : « Le camarade Poitevin est prié de recevoir mes félicitations sur l'ouverture de sa tranchée à Venloo, dont j'ai été surpris plus que je ne puis dire. La prise de Venloo passera pour un rêve quand on dira qu'avec des fusils l'on a pris une place armée de cent soixante bouches à feu, dont quelques-unes de 27. »

[2] Journaux du temps, — Tabl. histor., — Siéges et batailles, — Jomini, — Mémoires et Relations manuscrits, etc.

rapidité, que, sans la bravoure d'un des bataillons qui la composaient, et qui se fit jour à la baïonnette à travers les Français, elle eût été toute entière faite prisonnière, ainsi que son général. Les vainqueurs rentrèrent dans Kayserslautern le 27 septembre, et reprirent toutes les positions qu'ils occupaient avant le 20 du même mois.

Dès le lendemain, les divisions de l'armée de la Moselle, qui avaient ainsi reconquis Kayserslautern, se mirent en marche pour poursuivre l'ennemi. Le 8 octobre, le général Desaix attaqua les alliés à Franckenthal, les défit, et s'empara de la place qu'ils ne garda que quelques jours; car assailli, le 12, par des forces supérieures, il fut obligé de l'évacuer; mais revenu ensuite le 15, il en chassa, pour la seconde fois, l'ennemi, resta maître de ce poste, et s'empara en même temps de Grunstadt, ville qui se trouve dans le voisinage. Trois jours après, le 18, les alliés, battus à Kirchheim et à Worms, évacuèrent ces deux places, qui reçurent aussitôt garnison française. Le 22, Desaix et Meunier s'emparèrent également d'Alzey et d'Oppenheim.

Cependant le passage de la Roër, et les progrès toujours croissans de l'armée de Sambre-et-Meuse, donnaient aux alliés de vives inquiétudes. Les généraux qui, jusqu'ici, s'étaient trouvés opposés à l'armée de la Moselle, reçurent ordre de se replier et de faire passer leur armée sur la rive droite du Rhin. Mélas et Nauendorf réunirent, en conséquence, leurs divisions à Andernach, abandonnant ainsi leurs positions de Kaisersesch et d'Hildesheim, et traversèrent le fleuve. En même temps, l'électeur de Mayence, auquel ces mouvemens donnaient des craintes sérieuses et fondées pour cette ville, ordonnait une levée de cinq mille hommes, pour fortifier la garnison chargée de la défendre. Il faisait venir également de l'artillerie de Francfort, de Wurtzbourg et d'Anspach, avec deux compagnies d'artillerie autrichienne.

Ainsi les Français des armées du Rhin et de la Moselle pouvaient désormais se réunir. Maîtres de toute la rive gauche du Rhin, depuis Bâle jusqu'à Coblentz, ils n'avaient plus à conquérir que Mayence et le fort de Rheinfels, près Saint-Goar, pour rester possesseurs tranquilles de tout le cours du fleuve; mais la saison étant trop avancée pour songer à faire la conquête de Mayence, on se borna à faire le siége de Rheinfels, où les Autrichiens, à qui il appartenait, avaient eu soin de placer une nombreuse garnison. Ce fort, à la défense duquel la nature et l'art avaient également contribué, était protégé par des batteries nombreuses, établies sur la rive droite du Rhin, ce qui donnait en outre à l'ennemi la facilité de s'étendre sur la rive opposée, de faire des incursions dans le pays nouvellement conquis, et de communiquer d'un bord à l'autre, au moyen d'un pont volant. La possession de ce fort était donc de la plus haute importance pour les Français, et l'ordre fut aussitôt donné de ne rien négliger pour s'en emparer.

Le général Vincent, qui commandait une division de l'armée de la Moselle, fut chargé de la conduite du siége. Pour préparer plus sûrement ses dispositions d'attaque, en s'approchant plus près du fort, il revêtit l'uniforme d'un simple soldat, se jeta en sentinelle perdue dans la campagne, reçut sans se déconcerter plusieurs coups de feu, et observa à son aise tous les endroits faibles du fort, et ceux où l'on pourrait le plus avantageusement établir des batteries. Il revint alors, et profita de la nuit pour ordonner tous les ouvrages nécessaires à l'attaque. Des pièces de position sont amenées devant la citadelle, contre laquelle venait aussi de s'avancer la division du général Debrun. Vainement les batteries autrichiennes établies dans le fort, et celles qui étaient élevées sur la rive opposée du Rhin, voulurent alors empêcher les mouvemens des républicains; les moyens employés par le général Vincent furent mis en action si à propos, et parurent si décisifs, que les troupes qui composaient la garnison du fort, jugeant sa prise inévitable, s'empressèrent de passer sur la rive droite du fleuve, et d'opérer par là leur retraite. La conduite de l'officier hessois qui commandait cette garnison, parut d'ailleurs si répréhensible, qu'il fut traduit à un conseil de guerre, et condamné, pour n'avoir pas défendu plus long-temps le poste qui lui avait été confié.

Ainsi cette place, dont les nombreux approvisionnemens prouvaient l'intention de se défendre long-temps, fut emportée en deux jours par les Français. Les vainqueurs y trouvèrent trente-neuf bouches à feu, dont la plupart de bronze; des mortiers, des fusils, deux cent cinquante tentes, presque toutes d'officiers; des munitions de guerre et de bouche de toute espèce. Les Autrichiens avaient tout préparé pour faire sauter le fort aussitôt que les Français y seraient entrés. On découvrit, dans un souterrain, une mèche allumée qui devait communiquer le feu au magasin à poudre et à plusieurs bombes, dont l'explosion eût occasioné un dommage immense. Le fort de Rheinfels défendait aussi la ville de Giwerho; aussitôt que les habitans surent que les Autrichiens avaient évacué la forteresse, ils s'empressèrent d'apporter et de remettre les clefs de leur ville entre les mains du représentant du peuple Bourbotte, qui les fit passer à la Convention en même temps que celles de Coblentz.

Quelques jours après la prise du fort de Rheinfels, l'armée du Rhin s'empara, le 12 novembre, de Monbach, un peu au-dessus de Mayence, ainsi que des postes voisins de ce village, et poussa des reconnaissances jusqu'en avant de la ville. Le même jour, Desaix entra dans Weissenau, un peu au-dessus de Mayence. Les Autrichiens avaient voulu se défendre; mais Desaix les avait battus, et leur avait fait éprouver une grande perte. Peu de temps après, le 1er décembre, le général Saint-

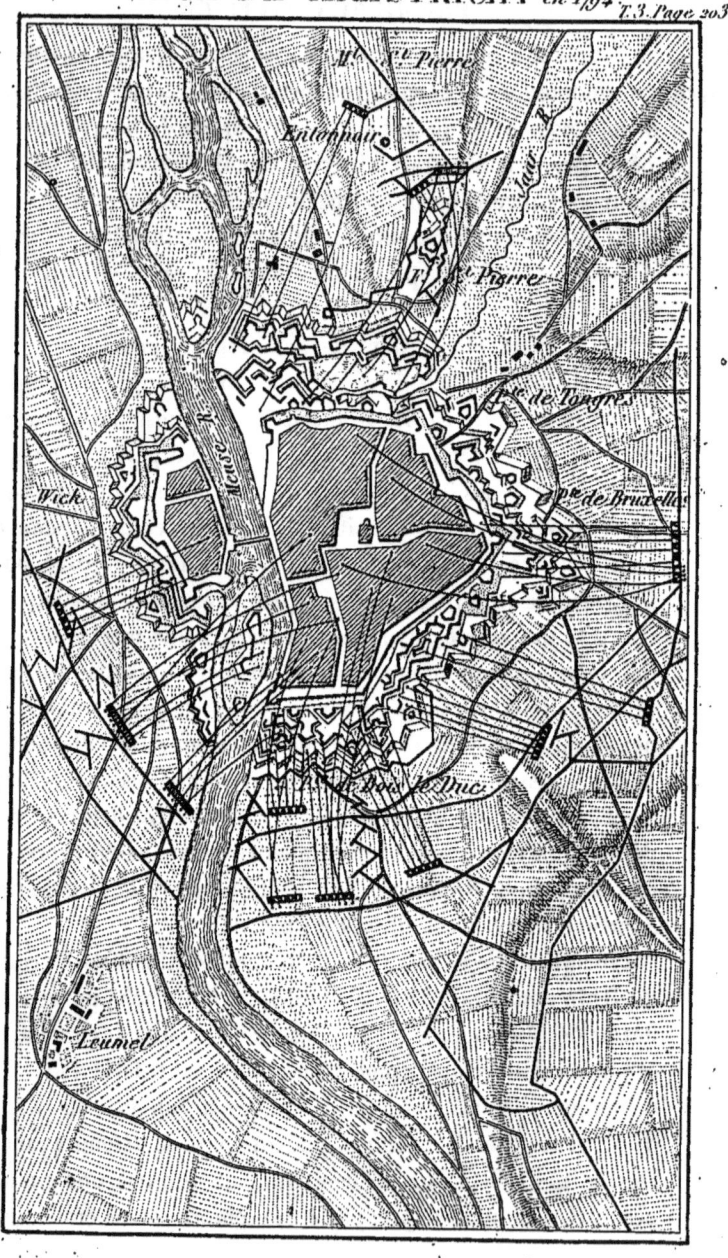

Cyr enleva, devant Mayence, la redoute dite *de Merlin*, après y avoir tué plus de six cents hommes, et fait plus de quatre-vingts prisonniers. On y trouva quatre caissons et deux obusiers. Enfin, le 4 décembre, une division de l'armée de la Moselle s'empara des redoutes de Zalbach, très-près de Mayence, prit six pièces de canon, un obusier, tua six cents Autrichiens et fit deux cents prisonniers. Les armées du Rhin et de la Moselle, alors réunies, attaquèrent la tête du pont du Rhin devant Manheim, et préparèrent l'investissement de Mayence, qu'elles exécutèrent sur la rive gauche, pendant l'hiver rigoureux qui allait suivre, et dont nous parlerons quand nous serons arrivés à cette époque de l'année 1795. {1794-an III. Allemagne.}

Siége et prise de Maëstricht [1]. — Les deux armées du Nord et de Sambre-et-Meuse marchaient rapidement de victoire en victoire. Aucun revers ne troublait le cours de leurs triomphes, et les troupes des alliés, dispersées, chassées, poursuivies sur tous les points, semblaient désormais ne plus se présenter que pour éprouver de sanglantes défaites. Pichegru tenait assiégé Nimègue, et Jourdan, non moins favorisé que lui par la victoire, allait donner un nouveau rempart à ses conquêtes. {4 novembre. (14 brumaire) Belgique.}

Nous avons dit que ce général, après le combat de la Chartreuse, avait poursuivi sans relâche les Autrichiens; ses différentes divisions, renversant tout sur leur passage, rivalisaient entre elles d'ardeur et de dévouement. Pendant que la division du général Marceau entrait en vainqueur à Coblentz, la division du général Kléber se rendait maîtresse de Maëstricht, l'une des plus fortes places et des mieux approvisionnées de l'Europe. Louis XIV avait mis treize jours pour prendre Maëstricht; Louis XV ne l'avait soumis qu'au bout de trois

---

[1] Journaux du temps, — Dictionnaire des siéges et batailles, — Jomini, — David, — Galerie militaire, — Relations et Mémoires manuscrits, etc.

semaines; Kléber s'empara de cette importante forteresse après onze jours de tranchée ouverte.

Les Autrichiens s'étaient attendus à voir les Français former le siége de cette place; aussi, après leur défaite à la Chartreuse de Liége, ils avaient jeté dans ses murs une forte division de leurs troupes, et y avaient accumulé tous les moyens de défense. Mais Jourdan avait besoin d'une place forte sur la Meuse pour appuyer ses conquêtes, assurer ses quartiers d'hiver, isoler le pays de Luxembourg, prévenir les tentatives de l'ennemi au printemps prochain, et enfin lui servir d'entrepôt propre à rassembler tous les moyens capables d'assurer les opérations ultérieures de la guerre : Maëstricht réunissait tous ces grands objets d'utilité, et le siége en fut résolu.

Kléber, l'un des meilleurs généraux de l'armée de Sambre-et-Meuse, fut envoyé par Jourdan pour exécuter cette entreprise. Sa division, forte de trente-cinq mille hommes, et qui formait l'aile gauche de la grande armée, en commença l'investissement dans les derniers jours de septembre. Tel était le sentiment d'audace qui animait alors les généraux français, qu'avant même d'avoir commencé les travaux de siége, Kléber envoya sommer de se rendre le prince de Hesse, qui commandait dans la place. Ce général répondit comme il le devait, par la négative, à cette sommation prématurée. Kléber donna aussitôt les ordres de pousser avec vigueur tous les ouvrages nécessaires. Le général de brigade Marescot, qui commandait le génie, et le général de division Bollemont, qui dirigeait l'artillerie, commençaient déjà leurs préparatifs à cet effet, lorsque le général Kléber, rappelé auprès de Jourdan pour coopérer au gain de la bataille d'Aldenhoven, partit le 27 septembre, emmenant avec lui plus de la moitié de l'armée de siége. Le général Duhesme fut nommé pour commander, pendant son absence, le corps qui devait maintenir l'investissement de Maëstricht.

Ces troupes ne comptaient guère que quinze à seize mille hommes, qui, séparés en deux corps par la Meuse, ne présentaient isolément qu'une force trop peu considérable. Aussi le prince de Hesse, qui avait neuf mille hommes de garnison, ayant eu avis du départ de Kléber, et de la faiblesse des troupes restées devant Maëstricht, se décida à faire, le même jour, une sortie par la porte de Tongres. Les Autrichiens remportent d'abord tout le succès qu'ils s'étaient promis. En un moment les sentinelles avancées sont égorgées, les corps-de-garde massacrés et les premières lignes forcées. Plusieurs bataillons, écrasés avant de se reconnaître, sont mis en fuite. Déjà la cavalerie ennemie leur enlevait deux pièces de canon, et se préparait à les emmener dans la place, lorsque le seizième régiment de chasseurs, qui accourut au secours des bataillons rompus, se jeta sur les cavaliers autrichiens; ceux-ci firent volte-face; le combat se rétablit. Après une charge brillante, où les deux partis se signalèrent par une égale valeur, les Français restèrent vainqueurs, culbutèrent la cavalerie ennemie, la poursuivirent jusque sous le canon de Maëstricht, et ramenèrent une des pièces qui avaient été prises.

Ce combat fit sentir davantage aux assiégeans toute l'insuffisance de leurs moyens. Afin du moins de se mettre à l'abri d'une seconde surprise, il fut résolu qu'on travaillerait sur-le-champ à établir autour de la place une ligne de redoutes, dans lesquelles on placerait le canon des bataillons et quelques pièces de position. Pour ménager les soldats, trop peu nombreux, on mit en réquisition tous les paysans des environs, et on les fit travailler à tracer les lignes de contrevallation projetées. Cependant la garnison resta renfermée dans Maëstricht jusqu'au 10 octobre. Le canon des remparts tirait seulement, par intervalle, sur les travailleurs, sur les vedettes avancées et sur le camp, qui avait été rapproché, afin de resserrer l'investissement.

1794 – an III.
Belgique.

Mais le 10 octobre au matin, les assiégés sortirent du fort Saint-Pierre, au nombre de dix-huit cents hommes d'infanterie environ, et de deux cents chevaux. Ils marchèrent entre la petite rivière de Jaar et le mont de Saint-Pierre, dont le plateau fut escaladé, à la faveur d'une petite gorge qui est en face du château de Neer-Kan. Les Français, inférieurs en nombre, furent repoussés de ce plateau, et obligés de l'évacuer, après avoir laissé prendre, par les assaillans, une redoute qui fut aussitôt démolie. Deux canons de campagne étaient restés au pouvoir des Autrichiens, qui, après avoir détruit tous les ouvrages, s'apprêtaient à se retirer. Mais les chasseurs à cheval s'étaient déjà élancés dans la plaine, et leur avaient coupé la retraite. Forcés de se faire jour à la baïonnette, ils ne purent regagner la place qu'après avoir abandonné les deux canons et plus de quatre-vingts prisonniers, parmi lesquels se trouvèrent plusieurs officiers. Une troisième sortie, effectuée dans la nuit du 11 au 12, eut encore moins de succès pour les assiégés. Ils furent repoussés avant même d'être parvenus sur les points qu'ils voulaient attaquer.

Cependant les officiers du génie redoublaient d'activité pour faire tous les préparatifs nécessaires à la continuation du siége. Des ateliers immenses de fascines et de gabions furent établis dans tous les bois voisins. Deux grands ponts de bateaux furent construits au-dessus et au-dessous de Maëstricht, afin d'établir des communications faciles entre les différens quartiers de l'armée. Le premier était situé au village de Lonaken, et le second un peu au-dessus de l'abbaye d'Hoïcten. Plusieurs ponts plus légers furent en outre jetés sur la petite rivière de Jaar.

Marescot forma le dessein d'attaquer Maëstricht par trois côtés à la fois. La première et la principale attaque devait être dirigée, comme sous Louis XV, sur la porte de Bois-le-Duc. La situation basse de ce terrain donnait peu d'inquiétude pour la guerre souterraine, et cependant Marescot résolut de la faire étendre jusqu'à la porte de Bruxelles, ayant soin en même temps de la faire cheminer dans la plaine et sur la hauteur, dans la vue d'embrasser l'ennemi, et surtout d'éviter les débordemens de la Meuse, très à craindre dans une saison aussi avancée.

La seconde attaque devait se porter sur Wick, dans un terrain également sujet aux inondations de la Meuse. Les batteries de ces deux attaques devaient prendre des revers et des ricochets réciproques sur les ouvrages de l'une et de l'autre.

Enfin la troisième attaque, bien moins considérable que les deux autres, devait être conduite sur le fort Saint-Pierre. Elle ne devait être mise en usage que dans le cas où la Meuse, venant à se déborder, forcerait de renoncer aux attaques plus essentielles de Bois-le-Duc et de Wick, et de diriger les efforts des assiégeans vers le saillant qui avoisine la porte de Bruxelles, et qui est armé d'un système de mine.

Fondés sur les exemples encore récens, donnés par l'ennemi, à Lille, à Thionville, à Valenciennes et à Landrecies, de joindre le moyen terrible de l'incendie aux attaques ordinaires, les officiers commandant le siége de Maëstricht firent mettre en jeu trois batteries incendiaires, dont deux, placées vis-à-vis les portes de Bois-le-Duc et de Bruxelles, devaient enfiler les rues qui y aboutissent. La troisième, établie devant Wick, devait l'incendier. Ce plan d'attaque, dont Marescot était l'auteur, ayant été communiqué aux généraux, au commandant de l'artillerie et aux commissaires conventionnels, fut adopté à l'unanimité ; seulement, le général Bollemont, chef de l'artillerie, réduisit à deux cents le nombre de deux cent vingt-six bouches à feu demandées, se fondant sur l'impossibilité où il était de les fournir.

Tandis que, pour attaquer Maëstricht, l'on mettait en œuvre tous les moyens ordinaires et extraordinaires, le général Jour-

1794-an III.
Belgique.

dan avait de nouveau battu les alliés, et remporté la victoire d'Aldenhoven. Kléber, qui, comme nous l'avons vu, avait puissamment contribué au gain de cette bataille, en forçant l'ennemi retranché sur la Roër, revint devant Maëstricht avec une grande partie de sa division ; mais plusieurs brigades étaient néanmoins restées à l'armée de Sambre-et-Meuse; celle qui était destinée à faire le siége n'était plus que de vingt-cinq mille hommes, nombre bien insuffisant, puisque, sous Louis XV, on avait employé quatre-vingt-quatorze mille hommes; infanterie et cavalerie, pour cette opération ; mais alors les Français n'étaient point exaltés par cet amour de la gloire et de la liberté qui maintenant enfantait des prodiges.

Le 14 octobre, les commissaires conventionnels et Kléber, en vertu d'un ordre positif du comité de salut public, envoyèrent une seconde sommation au prince de Hesse, et pour le convaincre que tout espoir de secours était perdu pour lui, ils lui proposèrent de faire partir pour Cologne, Bois-le-Duc et Coblentz, trois officiers de sa garnison, chargés par lui de s'assurer de la position respective des armées coalisées. Le prince de Hesse répondit, le lendemain, qu'il acceptait la proposition d'envoyer trois officiers aux places indiquées ; mais il demanda en même temps la permission d'en expédier un quatrième à la Haye, pour prendre les ordres des hautes-puissances, et que jusqu'à son retour, dont il s'empresserait de communiquer le résultat, les hostilités et les travaux de siége fussent suspendus de part et d'autre. Kléber ayant répondu que ces deux dernières demandes ne pouvaient être accordées, la négociation entamée n'eut point de suite, et, des deux côtés, on reprit l'attaque et la défense.

Cependant les Français manquaient des objets les plus indispensables pour pousser le siége avec vigueur. Des deux cents bouches à feu demandées par le général Marescot, onze seulement étaient arrivées le 18 octobre, et le général Bollemont déclara n'avoir aucune nouvelle de cent quatre-vingt-neuf qu'il attendait. A ce triste aveu, qui démontrait toute l'insuffisance des moyens à employer, et en même temps la négligence qui existait à cette époque dans les différentes branches du service militaire, le représentant du peuple Gillet-Laumond partit en poste pour aller lui-même savoir la cause de ce retard, et accélérer l'arrivée des pièces dont on ne pouvait se passer.

Gillet se servit si à propos de l'autorité que lui donnait son titre de représentant, que l'artillerie, attendue si long-temps, arriva enfin le 23 octobre, et, dans la nuit même qui suivit, on commença l'ouverture de la tranchée. Elle fut exécutée à l'attaque principale et à celle de Wick seulement. La nature du terrain permettait d'établir les travaux de Saint-Pierre très-près du fort, et ils furent, en conséquence, commencés dans la nuit du 25 au 26 octobre.

Ces différens travaux furent poussés avec toute l'ardeur dont étaient capables des Français enflammés du désir de vaincre. L'ennemi, du haut de ses remparts, faisait un feu presque continuel; mais les soldats bravaient tous les dangers avec une intrépidité qui remplissait leurs généraux d'espérance. Les difficultés du terrain ne les arrêtaient point. En creusant la tranchée sur le flanc droit du mont Saint-Pierre, les mineurs découvrirent l'entrée d'une caverne profonde, et les rapports des gens du pays faisaient soupçonner que les nombreuses ramifications de cet immense souterrain pouvaient s'étendre jusque sous le fort. Des chasseurs à pied y étaient entrés, et assuraient y avoir tué un grenadier hollandais. Inquiétés par cette tentative, les assiégés, dans le dessein d'encombrer la rue principale de cette espèce de ville souterraine, firent jouer tout-à-coup un fourneau dans un pied-droit de la voûte. L'éboulement occasioné par cette explosion ne produisit point l'effet qu'ils en attendaient; il se forma seulement, à la surface du terrain, un vaste entonnoir de cinquante-quatre pieds de diamètre sur une profondeur à peu près égale, à dix toises de distance de la ligne que devait occuper la première parallèle. Cependant la curiosité et surtout l'amour du merveilleux et des aventures, sentimens si naturels à des soldats français, engagèrent une soixantaine de mineurs et de volontaires déterminés, à s'enfoncer dans cette caverne inconnue, au milieu des ténèbres, à plus de cent cinquante toises de son embouchure. Un grand bruit qu'ils entendirent dans ce souterrain, leur faisant croire que c'était l'ennemi, et qu'il existait une communication établie avec le fort, ils se livrèrent à l'enthousiasme, et résolurent de ne revoir le jour, le lendemain, que par l'issue de la forteresse. Dans cette idée, ils se portèrent en avant. Le bruit redouble ; ils se précipitent en présentant la baïonnette : mais quel est leur étonnement !..... l'ennemi qu'ils rencontrent est un nombreux troupeau de porcs, caché dans cet antre par les gens du pays. Les ris succèdent à l'enthousiasme ; ils poussent devant eux ces animaux, et les amènent au camp. Ainsi ces braves trouvèrent dans cette caverne, au lieu de la gloire qu'ils ambitionnaient, des vivres en abondance qu'ils ne cherchaient pas [1].

Mais cette même caverne allait réellement devenir une arène où devait s'engager un combat véritable. Le 28 octobre, les officiers de génie firent pratiquer une descente dans l'entonnoir produit par l'explosion du 24. Cette ouverture de précaution était faite pour servir de retraite, dans le cas où le mineur assiégé voudrait la couper, en faisant jouer encore quelques fourneaux pour encombrer la grande rue de la caverne. On ouvrit en même temps une communication de cet

[1] Cette anecdote, qui est peut-être au-dessous de la gravité historique, est consignée dans le rapport que le général Marescot a publié sur le siége de Maëstricht. On nous pardonnera sans doute d'en avoir égayé notre narration.

entonnoir à la parallèle. Dans le milieu de la journée, les chasseurs français sont attaqués dans l'intérieur de la caverne. Le lieutenant des sapeurs Pornet se met à leur tête, et marche à la rencontre de l'ennemi. Les coups les plus furieux se portent, malgré la grande obscurité de ces lieux souterrains; plusieurs Autrichiens et Hollandais sont tués. Les Français se rendent maîtres de la seconde entrée qui regarde la rivière de Jaar. En vain les assiégés se présentent avec du canon pour rentrer, leurs efforts sont inutiles; et, pour les dégoûter de la récidive, on fait jouer une batterie de quatre pièces de 16, établie sur la hauteur qui borde la rive gauche du Jaar.

Cette caverne de Maëstricht, à laquelle ces deux aventures avaient donné une sorte de célébrité dans l'armée, éveilla la curiosité des officiers de génie. Peu d'heures après le combat, ils descendirent dans ses cavités, avec des torches, des cordes et une boussole, dans le dessein de dresser le plan de cet immense labyrinthe [1]. Ils se concertèrent avec les officiers de mineurs, pour l'établissement de deux globes de compression, destinés à bouleverser les dehors du fort. On conduisit dans la caverne douze milliers de poudre, pour les charger; mais leur emplacement, un peu trop voisin du flanc de la montagne, faisant craindre que leur effet ne répondît pas à de si grands moyens, et les vides immenses qui existent dans la caverne, faisant encore présumer que la ligne de moindre résistance prendrait une direction différente de celle qu'on voudrait lui donner, on renonça momentanément à leur établissement. Mis en jeu trois jours après, ils justifièrent ces craintes, et ne réussirent qu'à produire une fumée épaisse qui rendit la caverne inhabitable pendant plusieurs heures.

---

[1] Ces officiers ignoraient l'étendue du travail auquel ils voulaient se livrer. Ce plan s'est trouvé dans les papiers de la place. Il équivaut à celui d'une grande ville, et est extrêmement curieux.

Le 31 octobre, les travaux étaient terminés aux attaques de Wick et de Saint-Pierre. Les tranchées, les parallèles et les batteries étaient en bon état, le général commandant l'artillerie demanda au général Kléber l'autorisation de tirer; mais ce général, qui désirait épargner l'effusion du sang, et à la ville les horreurs d'un bombardement, voulut auparavant renouveler la sommation. Il l'adressa aux habitans. Ceux-ci répondirent qu'étant soumis à l'autorité militaire, ils ne pouvaient que se résigner aux événemens. Kléber, alors, permit de mettre en jeu les moyens préparés pour réduire la place ; mais le feu des différentes batteries était si faible, qu'il ne dut servir qu'à encourager la résistance, et à donner une idée bien désavantageuse de l'artillerie de siége.

Pendant ce temps, les assiégés faisaient usage de toutes leurs ressources pour repousser des attaques qui, d'un moment à l'autre, devenaient plus sérieuses. Les nombreuses pièces qui garnissaient leurs remparts faisaient, jour et nuit, un feu terrible, dont les assiégeans se trouvaient incommodés. Plusieurs officiers de marque, parmi lesquels on cite l'adjudant-général Lamarche et l'adjoint du génie Boisselier, furent blessés grièvement, le premier d'un éclat d'obus, et le second d'un biscaïen. Mais désormais les Français étaient en mesure de répondre à ce feu meurtrier. L'incendie s'était déjà manifesté dans plusieurs maisons de Maëstricht; un grand nombre de pièces avaient été démontées, et, le 3 novembre, le feu devint si vif et si multiplié, les bombes, les obus, les grenades et les boulets rouges, faisaient un tel ravage dans la ville, qu'à six heures, les assiégés effrayés, et craignant de voir consumer entièrement leur ville, envoyèrent en parlementaire un lieutenant-colonel hollandais. Il remit plusieurs lettres au général Kléber. C'était la correspondance entre le bourguemestre de la ville et le prince de Hesse. Le magistrat représentait au gouverneur l'effroyable position de la ville de Maëstricht, et suppliait le prince, au nom de tous ses habitans, de la sauver d'une destruction prochaine, en capitulant. Le prince répondait qu'il n'était pas éloigné de conclure une capitulation, si les Français, consentant à lui en accorder une honorable, permettaient à sa garnison de sortir avec armes et bagages, et d'emmener ses canons. Le prince avait en outre donné au parlementaire, ses pleins-pouvoirs pour traiter à ces conditions avec le général français.

Mais Kléber connaissait trop bien sa position et l'extrémité où la ville était réduite, pour accorder des conditions aussi avantageuses. Il répondit au parlementaire, que tout ce qu'il pouvait faire était d'accorder à la garnison de Maëstricht une capitulation semblable à celle qu'avaient obtenue les villes de Condé et de Valenciennes, c'est-à-dire, qu'elle sortirait avec les honneurs de la guerre, qu'elle serait prisonnière, et reconduite sur-le-champ sur les terres occupées par les armées coalisées, et ne pourrait servir contre les Français qu'après avoir été échangée. Kléber, pour décider plus promptement la garnison, fit redoubler les attaques pendant toute la nuit. L'artillerie française, servie avec précision et habileté, fit un ravage épouvantable dans Maëstricht. Cette malheureuse ville ne présentait plus qu'un vaste incendie, lorsque, le matin avant le jour, un second parlementaire fut introduit dans le camp. Il annonçait que la place se rendait aux conditions prescrites par les représentans du peuple Gillet, Frecine, Bellegarde, et par les généraux Jourdan et Kléber.

C'est ainsi que se termina le siége de Maëstricht, après onze jours de tranchée ouverte, dans une saison où jusqu'alors on se serait effrayé de la pensée de commencer un siége. Les officiers du génie s'y distinguèrent autant par leur conduite courageuse que par leur habileté. Ainsi qu'au siége du Quesnoy, ils avaient continuellement cheminé à la sape volante, sans que le feu de la place, avec toute son intensité, pût jamais les chasser. Ils négligeaient pendant le jour de se prolonger à la sape pleine, parce que ce travail leur paraissait à peu près nul auprès de celui qu'ils étaient assurés de déployer pendant la nuit. La beauté et l'immense développement des tranchées qu'ils avaient ouvertes pendant la première nuit, en avaient tellement imposé à l'ennemi, que les officiers autrichiens, lors de la capitulation, avouèrent qu'ils avaient cru l'armée de siége forte au moins de quatre-vingt mille hommes. C'est cette illusion qui valut à l'armée la tranquillité dont elle jouit pendant toute la durée du siége. L'assiégé effrayé n'osait plus faire de sortie. Cette armée d'ailleurs avait secondé merveilleusement, par sa patience, son courage et son intelligence, l'habileté de ses généraux : elle était cependant composée presque en entier de nouvelles recrues, totalement étrangères à la guerre des siéges; mais elle avait confiance dans ses généraux, et avec ce sentiment on ferait tenter l'impossible à des Français.

Cette conquête importante, qui mettait entre les mains des Français l'un des principaux boulevards de la Hollande, n'avait pas été achetée par une perte de plus de trois cents hommes. Les vainqueurs trouvèrent dans cette place trois cent cinquante-neuf bouches à feu, parmi lesquelles trois cent deux en bronze, presque toutes de gros calibre; quatre cent milliers de poudre (l'assiégé en avait brûlé neuf cent cinquante milliers), quatorze mille fusils, outre ceux qui furent déposés par la garnison sur les glacis de la place, et trente-six drapeaux hollandais et autrichiens qui furent apportés en grande pompe à la Convention par un aide-de-camp du général Kléber; mais ce qui parut flatter davantage le représentant Gillet, fut la découverte qu'il y fit de la célèbre tête de crocodile fossile, connue en anatomie comparée sous le nom de *crocodile de Maëstricht,* l'un des plus beaux morceaux

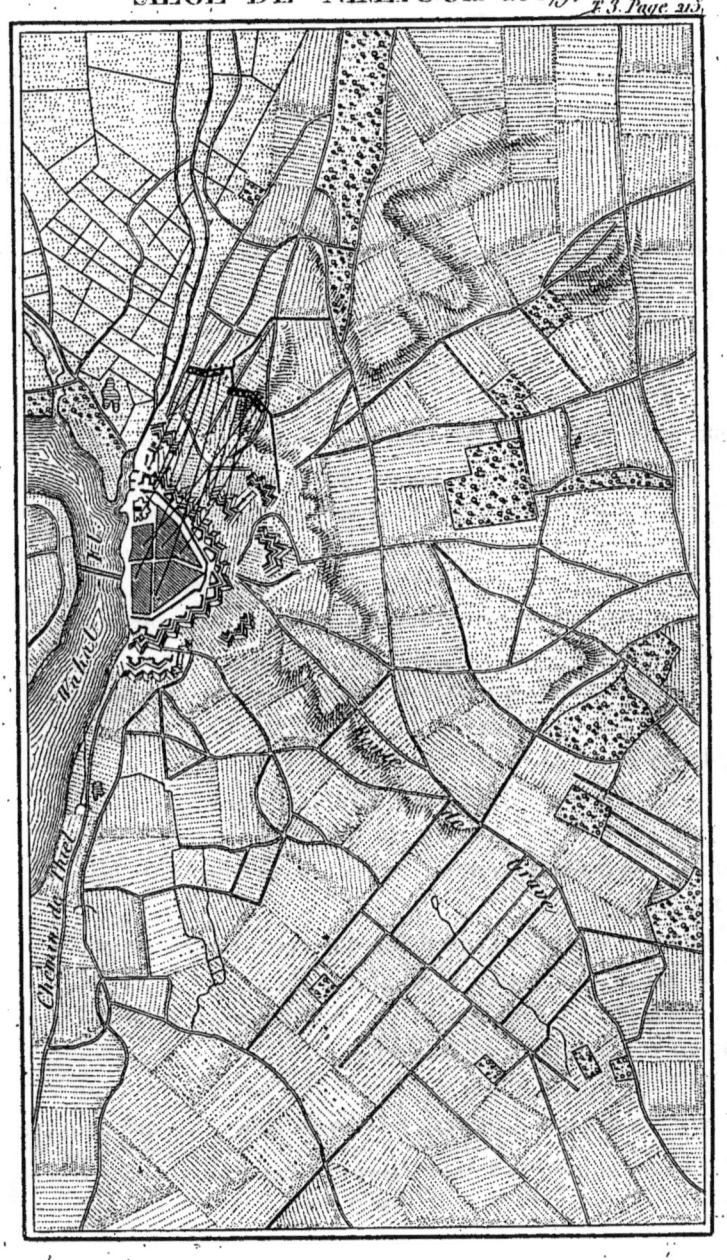

d'histoire naturelle qui aient brillé dans le cabinet du jardin des Plantes à Paris.

Siége et prise de Nimègue [1]. — Tandis que Kléber forçait la ville de Maëstricht à recevoir garnison française, une division de dix-huit à vingt mille hommes, détachée de l'armée du Nord, et composée presqu'entièrement des troupes victorieuses à Oude-Watering, formait le siége de Nimègue, capitale de la Gueldre hollandaise. Cette ville ne pouvait être investie que sur la rive gauche du Wahal. L'armée anglaise, forte d'environ trente-huit mille hommes, campait de l'autre côté, et, par le moyen d'un pont de bateaux et d'un pont volant, avait la facilité de rafraîchir et de renouveler la garnison de cette place. Les fortifications nécessaires à la défense de Nimègue, étaient en bon état; ses ouvrages avancés étaient garnis de fortes pièces de canon et de mortiers, dont les feux se croisaient parfaitement. Ces ouvrages avancés couvraient les remparts, et faisaient un véritable camp retranché en avant de la place. Indépendamment de ces moyens de défense, une ligne circulaire de trous de loup, très-profonde et établie près des batteries, ceignait la place, et devait rendre inutile les efforts de la cavalerie française.

Le général en chef Pichegru avait remis provisoirement, comme nous l'avons déjà dit, le commandement de l'armée du Nord au général Moreau, et s'était rendu à Bruxelles pour y rétablir sa santé.

Le 26 octobre, le général Moreau, accompagné de plusieurs officiers-généraux, et du général du génie Dejean, reconnut la place de Nimègue avec quelques compagnies de grenadiers et une brigade de cavalerie.

La place fut investie le 27 octobre, sur la rive gauche du Wahal, et le général Moreau disposa les troupes de manière

---

[1] Journaux du temps, — Tableau historique, — Dictionnaire des siéges et batailles, — Jomini, — David, — Relations et Mémoires manuscrits, etc.

à pouvoir les rassembler sur un champ de bataille qu'il se ménagea : cette précaution était excellente, en raison des forces connues de l'ennemi, surtout en cavalerie. Pour compléter l'investissement de Nimègue, il aurait fallu faire passer le Wahal à une armée de trente mille hommes, et battre les Anglais qui occupaient la rive droite. Mais le général Moreau ne crut pas devoir tenter cette entreprise. Il se borna donc à former l'investissement dont nous venons de parler. Il fut effectué par la première division de l'armée du Nord ; aux ordres de Souham ; par la cinquième division, commandée par le général Bonneau, et par une partie de la division du général Delmas. Le terrain compris entre la rivière de Méer et le Wahal, fut occupé par la brigade du général Compère. Le général Moreau, ne pouvant suivre tous les détails du siége, en confia le commandement, pendant son absence, au général Souham.

Le 31 octobre, l'artillerie de siége, retardée par le mauvais temps et la difficulté du transport dans des chemins que la boue rendait impraticables, n'étant point encore arrivée, on établit deux batteries à l'amont et à l'aval du Wahal, composées chacune de deux pièces de 16 et de deux obusiers. Le but de l'établissement de ces deux batteries était d'essayer la destruction du pont de bateaux et du pont volant dont les Anglais se servaient pour communiquer avec la place, ce qui devait enlever à la ville son principal appui, en mettant le fleuve entre elle et les Anglais : on se borna à ce petit nombre de pièces, par l'impossibilité d'en réunir de suite davantage, et on les fit appuyer par deux portions de parallèles.

Le général de brigade du génie Dejean fit commencer l'ouverture de la tranchée dans la nuit du 1er au 2 novembre. A gauche à l'aval du Wahal, on fit, entre le fleuve et la digue, le massif de la batterie projetée, épaulée contre les batteries de l'ennemi placées sur la rive droite du Wahal, et on construisit un bout de parallèle, joignant d'une part la batterie, et de l'autre la digue ; en même temps, à droite à l'amont du Wahal, on se portait, au moyen de quatre boyaux, à environ deux cent quarante toises en avant d'une grande digue, derrière laquelle était le dépôt de la tranchée, et on commença à l'extrémité du quatrième boyau, une parallèle en avant du moulin destiné à protéger la batterie projetée.

Ces travaux furent perfectionnés dans la nuit suivante. A dix heures du soir les tirailleurs français chassèrent un poste de troupes ennemies qui occupaient, au haut du rideau, la petite maison ou Gloriette, ainsi que le terrain destiné à la batterie. On profita de ce succès pour prolonger d'environ cent soixante toises le troisième boyau destiné à servir de tranchée ; mais l'ennemi étant parvenu à reprendre le poste de la Gloriette, on termina cette tranchée ou parallèle par un crochet.

Les Français s'en emparèrent de nouveau le 3. La tranchée fut prolongée d'environ douze toises en avant de ce point, et l'on établit deux autres batteries : l'une de deux pièces de 16, et l'autre de deux obusiers de huit pouces, destinées, comme les premières, à battre le pont de bateaux et le pont volant. L'ennemi, pendant qu'on les établissait, fit un feu très-vif sur les travailleurs. Un sous-officier attaché à la brigade de génie, eut la tête emportée par un obus.

Le lendemain, l'ennemi fit une sortie, se jeta d'abord sur l'attaque de droite, et se porta sur les batteries établies la veille. Nulles dispositions n'avaient été prises de la part des Français contre les sorties. Les troupes chargées de défendre la tranchée, ne recevant point d'ordre, et se voyant tournées, se mirent aussitôt à fuir : vainement on voulut les rallier. La première impression est toujours profonde sur des Français ; et ces troupes épouvantées entraînèrent dans leur fuite les chefs mêmes qui cherchaient à les retenir, et les troupes de réserve placées au dépôt des tranchées, derrière la digue. Là déroute allait devenir générale, lorsqu'heureusement une compagnie de grenadiers, honteuse de suivre ainsi le torrent des fuyards, se rallia et revint sur ses pas : ce faible noyau de braves est tout-à-coup grossi par un grand nombre d'autres, que le bon exemple rappelle à leur devoir. Les uns et les autres se mettent en bataille, et s'avancent sur l'ennemi, qui d'abord veut opposer quelque résistance; mais, renforcés par les troupes de l'avant-garde aux ordres du général Jardon, les Français repoussent les assiégés, et parviennent à les tourner sur la droite. La tranchée et les batteries sont aussitôt reprises, et si les vainqueurs se fussent mis à la poursuite des vaincus, ceux-ci, que foudroyaient déjà les pièces des deux batteries, auraient été entièrement culbutés, et peut-être obligés tous de se rendre prisonniers. Cette sortie, qui coûta aux assiégeans une soixantaine d'hommes, et un plus grand nombre de blessés, occasiona aux assiégés une perte beaucoup plus considérable.

Ces petits combats, qui se renouvelèrent plusieurs fois, n'empêchaient pas les assiégeans de pousser avec vigueur les différens travaux entrepris autour de la place. Au 7 novembre tout était préparé, et le général Souham donna les ordres pour effectuer une attaque générale : toutes les troupes montraient une ardeur qui garantissait la victoire. L'adjudant-général Dardenne, à la tête de deux compagnies de grenadiers, osa, sans être soutenu, attaquer l'ouvrage le plus avancé de la place, et, malgré la vive résistance des Hollandais chargés de le garder, il parvint à s'en emparer. L'officier du génie Cazals y plaça aussitôt des travailleurs, afin de pouvoir s'y loger en cas de besoin. En même temps les batteries établies pour détruire le pont de bateaux et le pont volant, agissaient avec une précision qui faisait oublier qu'elles n'étaient garnies qu'avec des pièces de campagne. Les artilleurs français pointèrent avec tant de justesse, que bientôt plusieurs bateaux furent coulés bas, et le pont volant fut rompu.

Cet événement décidait pour ainsi dire de la prise de la place. Les Anglais, renfermés dans Nimègue, furent tellement déconcertés par cette avarie dans leurs moyens de retraite, que dans la nuit qui suivit, ils réparèrent à la hâte le pont de bateaux, et s'en servirent pour sortir de la place. Arrivés sur l'autre rive, ils se hâtèrent de brûler le pont, et laissèrent ainsi, dans Nimègue, les Hollandais à la merci des vainqueurs. Trahie et abandonnée à elle-même, cette portion de garnison, se voyant trop faible pour défendre plus long-temps la place, voulut essayer d'aller joindre les Anglais, en traversant le Wahal dans le bac du pont de bateaux : à ce même moment, les Français, avertis par les habitans de Nimègue que leur ville était évacuée, s'étaient précipités dans ses murs. Les tirailleurs arrivent à l'instant où plus de quatre cents Hollandais embarqués sur ce bac, s'efforçaient de quitter la rive. Les Anglais, aux premiers coups de fusil qu'ils entendirent, dirigèrent leurs batteries sur le bac, en route pour aller les joindre, afin de le couler bas. Les cris et les plaintes des Hollandais n'arrêtèrent point le feu des batteries anglaises. Enfin, le bac atteint par les boulets, allait périr, et les malheureux Hollandais qu'il portait allaient être engloutis dans les flots, lorsque le général Souham, plus humain envers ses ennemis que les Anglais envers leurs alliés, donna ordre à ses batteries de faire taire les batteries anglaises, et fit aussitôt jeter dans le Wahal plusieurs petits bateaux, qui servirent à sauver les Hollandais d'une mort certaine. Le généreux Souham ne se borna point à cet acte d'humanité : craignant qu'on ne regardât Nimègue comme une ville prise d'assaut, et que le soldat ne se portât au pillage, il fit avec cette garnison, qu'il venait de sauver de la perfidie anglaise, un simulacre de capitulation, dont le seul article portait qu'elle serait prisonnière, et déposerait ses armes sur les glacis de la place. Les Français trouvèrent dans Nimègue quatre-vingts pièces d'artillerie, huit mille fusils, et des magasins de vivres et de munitions considérables.

Au moment où Souham s'emparait ainsi de Nimègue, ses troupes, aussi bien que celles des armées du Nord et de Sambre-et-Meuse, étaient dans un état déplorable. Afin de donner à nos lecteurs une idée du peu de soin qu'avait de ses défenseurs ce gouvernement conventionnel, qui tenait pourtant toute sa force de leurs victoires, nous citerons ce passage d'un auteur contemporain [1] : « Il faut avoir vu le dénûment absolu dans lequel se trouvait l'armée à la prise de Nimègue, pour s'en faire une idée. . . . .
. . . .

Sept mois entiers de bivouac avaient totalement usé leurs équipemens. Il y en avait beaucoup qui auraient désiré se vêtir à leurs frais ; mais avant même que les villes ne fussent prises, la réquisition de tous les draps était déjà arrêtée, et quand les soldats y entraient, il ne leur était seulement pas permis d'acheter de quoi rapiécer leurs vieux habits. Il n'y avait que l'agence de commerce et les réquisiteurs qui eussent le privilége de couvrir leur nudité. La position des officiers était encore pire, parce que, ne recevant aucun vêtement de la république, ils n'avaient aucun moyen de s'en procurer. Tous les généraux étaient outrés des obstacles qu'on faisait naître toutes les fois qu'un militaire réclamait les habits qui lui étaient dus, ou ceux qu'il voulait se procurer avec son argent. Souham, plus impatient que les autres, prit sur lui de chasser de Nimègue tous les réquisiteurs de l'agence de commerce. Il les menaça même de les faire arrêter, s'ils s'avi-

---

[1] *Histoire chronologique de l'armée du Nord et de celle de Sambre-et-Meuse*, par David. Un vol. in-8°. Paris, Guerbart, 1795; page 129 et suiv.

saient d'y reparaître.... On établit des bureaux, où des draps furent délivrés aux officiers, qui les payèrent comptant, et un très-grand nombre eurent au moins de quoi se couvrir. Mais le soldat souffrit encore long-temps de la disette de bas, de souliers, de capotes, d'habits, et généralement de toutes les parties de l'équipement. Quoique le froid commençât d'être très-vif, il n'était pas rare de voir un factionnaire avec un habit dont les manches tombaient en lambeaux, sans capote, obligé de se couvrir avec son sac de campement. Notez que les subsistances n'étaient pas très-exactement fournies, et il est encore difficile de se faire une juste idée du comble de misère où le soldat était réduit ».

1794-an III.
Hollande.

La suite de nos récits prouvera qu'un pareil dénûment n'était point capable d'affaiblir le dévouement et le courage de ces dignes défenseurs de la patrie ; et l'on va voir que nos braves donnaient le même exemple sur tous les points où ils combattaient

Bataille de la Montagne noire [1]. — Le général espagnol, comte de la Union, n'ayant pu empêcher les Français de s'emparer de Bellegarde, avait pris position entre cette ville et Figuières, à-peu-près à égale distance de ces deux places. Son armée, forte de cinquante mille hommes, s'étendait, de gauche et de droite, depuis Saint-Laurent-de-la-Mouga jusqu'à la mer, à la hauteur d'Ilanca. Ce développement de cinq lieues présentait une suite de fortifications dignes de la patience espagnole : on y comptait plus de quatre-vingt-dix redoutes construites avec un soin extrême ; la plupart flanquées, fraisées, entourées de fossés, étaient en état de soutenir une attaque de plusieurs jours. Ces redoutes occupaient toutes les hauteurs, et formaient, depuis Saint-Lau-

20 novembre,
(30 brumaire)
Espagne.

---

[1] Journaux du temps, — Tableau histor., — Siéges et batailles, — Jomini, — de Marcillac, — Galerie militaire, — Mémoires et Relations manuscr., etc.

rent de la Mouga jusqu'à la mer, plusieurs lignes de défense impénétrables. A Liere, un vaste camp retranché, soutenait le flanc gauche de l'armée espagnole, tandis qu'il était appuyé lui-même sur le fort de San-Fernando de Figuières.

Défendus de cette manière, par tout ce que l'art peut inventer de plus formidable, les Espagnols étaient pour ainsi dire dans la certitude de ne pas être attaqués au milieu de ces camps et de ces redoutes multipliés. Mais dans cette guerre des montagnes, les Français, aguerris par des milliers de combats, étaient habitués à affronter tous les genres d'obstacles; et Dugommier résolut de faire contre les Espagnols une attaque générale et décisive. Ayant reconnu que leur gauche était la plus faible et la moins fortifiée, il se décida à porter d'abord de ce côté ses efforts.

Augereau, qui commandait la division de droite, reçut l'ordre d'attaquer la gauche de l'armée espagnole, tandis que le centre, aux ordres du général Pérignon, devait attaquer la droite, et que la cavalerie, dirigée par les généraux Dugua et Quesnel, ainsi que l'artillerie légère, commandée par le général Guillaume, resteraient en réserve sur la grande route, en avant de la Jonquière. Le général Sauret, à la tête de la division de gauche, flanquée du côté d'Espolla par la brigade du général Victor, devait faire en même temps de fausses attaques, pour tenir en échec les Espagnols sur ce point.

Cependant les moyens que Dugommier avait à sa disposition paraissaient bien au-dessous de ceux qui semblaient nécessaires pour l'exécution d'un aussi vaste plan. L'armée française comptait à peine vingt-cinq mille hommes. On manquait de pain, les magasins étaient épuisés, le pays était ruiné; il fallait donc se battre pour conquérir des vivres sur l'ennemi, et tenter une entreprise difficile, ou se résoudre à faire une retraite déshonorante, qui introduirait encore les Espagnols sur le territoire de la république. Le 16 novembre, le général Augereau partit, à l'entrée de la nuit, de Darnins; un peu en avant d'Agullana, passa la Mouga un peu vers l'ouest de la fonderie, marcha toute la nuit, et arriva avant le jour sur les derrières des Espagnols, par le revers méridional de la montagne de la Madeleine: Il fut joint, dans cette marche, par la brigade du général Davin. Toutes les autres colonnes de l'armée s'étaient également mises en mouvement. Le général en chef Dugommier, et le commissaire conventionnel Delbrel, vinrent, en avant de Darnins, passer la nuit dans une grotte très-profonde, qui servait de quartier au général Guillaume. Dès quatre heures du matin ils se rendirent sur le sommet de la Montagne Noire, position très-élevée d'où ils pouvaient tout voir et tout diriger.

L'attaque générale commença à six heures du matin sur toute la ligne. Augereau s'avança sur les Espagnols et les émigrés français qui occupaient le revers septentrional de la montagne de la Madeleine : le général Courten qui les commandait, se défendit avec un courage et une présence d'esprit qui multiplia les obstacles pour les assaillans; les émigrés surtout opposèrent la plus vive et la plus opiniâtre résistance. Français contre Français devaient tenir longtemps le succès indécis. Cependant, Courten, prévoyant dès le commencement de l'affaire quelle pourrait en être l'issue, demandait incessamment des secours au quartier-général; ils n'arrivèrent pas, et déjà les républicains faisaient des progrès effrayans. Chargés à la baïonnette avec une furie qui les étonne, les Espagnols lâchèrent pied les premiers et se débandèrent en désordre. Les émigrés, qui combattaient toujours vaillamment, se voyant près d'être enveloppés, imitèrent le mouvement rétrograde des Espagnols et se retirèrent emmenant avec eux leur artillerie. Augereau poursuivit ses avantages : toutes les

1794 – an III.
Espagne.

redoutes ennemies situées sur la rive droite de la Mouga jusqu'à Escaulas, furent emportées avec une égale rapidité.

Mais pendant que le succès couronnait ainsi les efforts de la droite des Français, ils étaient vigoureusement contenus sur leur centre. La division du général Sauret, quoique soutenue par la brigade Victor, était trop faible pour enlever des positions presqu'inexpugnables que les Espagnols défendaient avec vingt-cinq mille hommes. Après plusieurs attaques infructueuses, les Français furent repoussés avec perte par le général espagnol Belvis, tandis que le général Tarranco, prenant tout-à-coup l'offensive, les chassait de leurs propres redoutes à Espolla, et que le vicomte de Gand, gagnant de vitesse sur eux, les attaquait jusque dans leur camp de Canteloup.

Dans cet état de choses, on se battit toute la journée, et la nuit seule vint apporter quelque répit à des hommes las de s'égorger depuis six heures du matin. Mais dès la pointe du jour, les Français recommencèrent l'attaque sur tous les points. Augereau, après avoir rassemblé toutes ses troupes, marche de nouveau sur la gauche des Espagnols, que Courten avait ralliée. En même temps les autres divisions se portaient courageusement en avant. Dans ce moment, un obus lancé par les Espagnols éclate sur la tête du général en chef Dugommier, qui, stationnaire au centre de son armée, n'avait point quitté la montagne Noire. Ce général est renversé, sa tête est fracassée, son sang rejaillit sur ceux qui l'entourent. Ses officiers et deux de ses fils qui se trouvaient à ses côtés le relèvent; un reste de vie l'animait encore; et, général prudent jusque dans les bras de la mort, il dit aux officiers qui l'entourent : « Faites ensorte de cacher ma mort à nos soldats, afin qu'ils achèvent de remporter la victoire, seule consolation de mes derniers momens. » Il expire en prononçant ces mots. Le commissaire conventionnel Delbrel, témoin de ce funeste événement, ordonne sur-le-champ au général Pérignon de prendre le commandement de l'armée.

Sur ces entrefaites, le général Sauret, vivement pressé par l'ennemi, réclamait de prompts secours. Pérignon vole à lui, repousse les Espagnols, rétablit le combat dans le centre de l'armée, et retourne à la gauche, qui attaquait vigoureusement l'ennemi dans ses nouvelles positions. Une batterie de seconde ligne, rapprochée de Figuières, et que ceux qui la défendaient croyaient inexpugnable, est enlevée à l'arme blanche par les Français. Les Espagnols, poursuivis de redoute en redoute, sont forcés de les abandonner successivement: Courten ordonne la retraite et vient se mettre à l'abri sous les canons de la place. Cependant le combat continuait toujours sur les autres points de la ligne, et les Français vainqueurs de la droite, n'avaient pu encore entamer ni le centre ni la gauche de l'ennemi, lorsque la nuit força les deux armées à prendre quelque repos.

Toutefois il n'était plus possible de cacher aux soldats la mort de leur intrépide général en chef, et cette circonstance jointe à la nécessité d'examiner la situation respective des différens corps de l'armée, ne permit pas au général Pérignon, qui remplaçait provisoirement Dugommier, de recommencer le lendemain une attaque dont le plan ne lui était connu que partiellement. Les Français restèrent donc inactifs dans la journée du 19, et les Espagnols étaient trop fatigués des combats précédens pour tenter de prendre l'offensive. Mais s'étant procuré tous les renseignemens qui lui étaient indispensables, et, plein de confiance dans les dispositions des officiers et des soldats, le brave Pérignon s'empressa de mettre à profit la position critique de l'ennemi, et surtout l'ardeur qu'un premier avantage avait inspirée à l'armée, impatiente d'ailleurs de venger la mort du chef qu'elle venait de perdre.

1794-an III.
Espagne.

Le 20, à quatre heures du matin, le général français dirigea son principal effort sur le centre des Espagnols occupant les redoutes de Las del Roure, du pont des Moulins et du camp de Liere. Une colonne fut envoyée pour tourner l'ennemi par Cistella; deux autres partirent du centre, l'une, tournant la Montagne-Noire, devait prendre en flanc les redoutes de Passimilians et de Tipans, et l'autre était destinée à attaquer les Espagnols de front du côté de la grande route d'Espagne; le reste du centre des Français devait rester en réserve sur cette même route avec l'artillerie légère, tandis que la gauche tiendrait l'ennemi en échec par de fausses attaques.

Plus rapprochées et mieux soutenues que dans la journée du 17, les troupes du général Augereau font des progrès rapides: les redoutes de Passimilians et de Tipans sont emportées. Le général en chef espagnol La Union instruit de cet échec, se porte sur-le-champ sur ce point, et cherche à ranimer ses troupes découragées en se mettant à leur tête pour reprendre l'offensive; mais bientôt enveloppé par les tirailleurs français, il est atteint de deux balles et tombe mort. Le désordre se met dans les rangs espagnols. Le prince de Monforte, le plus ancien lieutenant-général de l'armée ennemie, et le marquis de Las Amarillas se disputent le commandement, qui reste enfin au dernier. Les Français continuent à se porter en avant, ils s'emparent du camp de Liere et des redoutes voisines. Après trois heures d'un combat opiniâtre, les ouvrages de Las del Roure, Vilarcoli et du pont des Moulins sont également enlevés. Les canons des batteries du camp de Liere sont dirigés sur les retranchemens élevés sous les murs de Figuières par les troupes du général Courten, qui s'y était réfugié dans la journée du 18.

La division de gauche des Français, et la brigade du général Victor, voyant les progrès de la droite, redoublent d'efforts et parviennent à s'emparer des retranchemens de

Saint-Clément et d'Espolla. Le marquis de Las Amarillas, convaincu que la résistance était désormais inutile, donne ordre au général Isquierdo, qui se trouvait encore à la tête de quatre mille hommes d'infanterie et de trois mille chevaux, de faire sa retraite sur Puig-Orriol, et fait dire au général Courten de protéger ce mouvement; mais au moment où ces troupes s'ébranlaient pour rétrograder, la colonne française qui venait de s'emparer du pont des Moulins, réunie à l'artillerie légère placée en réserve sur la grande route d'Espagne, débouche tout à coup par cette route et par les derrières des positions d'Esterella. La déroute des Espagnols est alors complète. Foudroyés par l'artillerie légère, ils font une perte immense, et chacun cherche à se sauver comme il peut sur Peralla, et de là sur la Fluvia. Las Amarillas avait indiqué Gironne comme point de retraite; mais tel fut l'effet de la dispersion des Espagnols, que la réunion des troupes ne put s'effectuer que long-temps après cette déroute extraordinaire.

Le général Augereau fit investir à l'instant même Figuières, dont la garnison avait été en partie retirée pour renforcer le camp de Liere. La ville se trouvait, par compensation, remplie de sept à huit mille fuyards de tous les corps, sans discipline et sans chefs.

Les Espagnols éprouvèrent une perte énorme dans ces différentes affaires. Outre leur général en chef La Union, ils perdirent encore deux autres généraux, dont l'un fut tué de la main de l'adjudant-général Duphot. Environ dix mille hommes restèrent sur le champ de bataille; huit mille furent faits prisonniers; on leur enleva trente pièces de canon, deux drapeaux, et des tentes pour douze mille hommes. On fit sauter toutes les redoutes; les explosions eurent même lieu à la fin de la dernière action, et contribuèrent à augmenter la confusion et la terreur des Espagnols en retraite. La perte des Français fut peu considérable; elle ne fut évaluée qu'à six ou sept cents hommes en tués ou blessés; mais nous sommes fondés à croire que cette évaluation n'est pas exacte.

Les Espagnols ignoraient encore après la bataille le sort du comte de la Union. Le marquis de Las Amarillas envoya au quartier-général de Pérignon, pour savoir ce qu'était devenu le général en chef espagnol; et ce fut alors qu'on lui apprit que le corps du comte avait été trouvé près de l'hermitage du Roure, percé de deux balles.

Ainsi les deux armées se virent privées de leur chef presque dans la même bataille, car le combat du 20 novembre peut être considéré comme la suite de celui du 18. Mais les Français ressentirent plus vivement que les Espagnols la perte de leur illustre général. La douleur des soldats absorba dans leurs cœurs le sentiment qu'inspire la victoire. Ils gagnèrent leurs quartiers à pas lents et dans l'attitude du regret. On creusa, au milieu de la forteresse de Bellegarde, la tombe qui reçut le corps défiguré du vainqueur des Anglais et des Espagnols. L'armée entière accompagna cette pompe lugubre; généraux, officiers, soldats, citoyens, tous versaient des torrens de larmes : éloge sublime, et qui prouvait mieux pour la gloire du défunt que l'oraison funèbre la plus éloquente.

Dugommier avait cinquante-huit ans quand la mort vint le frapper sur le champ de bataille. Il était l'idole des troupes, qui avaient pour lui un dévouement sans bornes. Avare de leur sang, on le vit souvent s'exposer lui-même avec la plus rare intrépidité. Souvent il visitait les camps, et se plaisait à converser avec les soldats, qui se pressaient autour de lui pour recueillir ses paroles de bonté, d'encouragement ou d'espérance. A la première nouvelle de sa mort, un cri unanime se fit entendre dans tous les rangs, comme autrefois dans l'armée de Turenne : « Nous avons perdu notre père! »

Prise de Figuières[1]. — Nous avons dit que le soir même du combat du 20 novembre, le général Pérignon avait fait investir, par les troupes de la division Augereau, la place de Figuières. Les Espagnols, au moment de leur défaite, s'étaient d'abord réfugiés sous le canon de cette place; mais, poursuivis vivement par les Français, ils avaient, à la hâte, abandonné leurs positions pour s'enfuir sept ou huit lieues plus loin. Cependant un grand nombre de fuyards s'étaient jetés isolément dans Figuières, et remplaçaient une partie de la garnison qui avait été combattre en ligne. La forteresse, que les Espagnols appellent San-Fernando, est une des plus belles de l'Europe. Tout y est voûté, casematé à l'épreuve de la bombe. Cependant elle est exposée à être enfilée de plusieurs côtés, et se trouve commandée au nord et à l'ouest par plusieurs éminences; mais l'éloignement de ces dernières du corps de la place, les empêche d'être avantageuses pour la battre en brèche. Quand Pérignon se présenta devant ce fort, il était approvisionné de tout ce qui est nécessaire pour soutenir un long siége. Les fortifications, ouvrage du célèbre Vauban, étaient en bon état, fournies d'une nombreuse et belle artillerie; les citernes étaient remplies d'eau, et dix mille hommes au moins lui servaient de garnison. Mais composée en grande partie, comme on vient de le voir, des débris épars de l'armée vaincue, cette garnison manquait entièrement de cette force morale, bien préférable au nombre dans la guerre. La division était parmi elle, et telle était l'insubordination des troupes, que souvent elles refusaient de faire leur service.

Pérignon, qui n'ignorait point ces détails, et qui savait qu'en toute autre circonstance il n'aurait pas pris Figuières

1794-an III.
27 novembre.
(7 frimaire)
Espagne.

---

[1] Journaux du temps, — Tabl. hist., — Siéges et batailles, — de Marcillac, — Mémoires et relations, etc.

avec une armée de cinquante mille hommes, ne désespéra point de s'en emparer avec quinze mille. Dès son arrivée devant la place, il avait tourné contre elle les batteries enlevées aux Espagnols. En même temps, il faisait faire au gouverneur André Torrès une sommation impérative, dans laquelle il le menaçait de le faire passer au fil de l'épée, lui et sa garnison, s'il ne se rendait pas. Torrès, épouvanté, assembla son conseil, et, par une lâcheté difficile à comprendre, tous les officiers qui le composaient furent d'avis d'entrer en pourparlers, à l'effet d'obtenir une capitulation. Deux parlementaires, envoyés, d'après cette délibération, au général Pérignon, à son quartier-général de la Jonquière, lui demandèrent le temps nécessaire pour écrire au général en chef espagnol, et recevoir sa réponse. Pérignon, qui craignait de voir s'affaiblir la terreur qu'il savait avoir inspirée, refuse nettement cette permission, et fait informer le gouverneur, qu'il ait à se décider promptement, attendu que ses troupes demandent avec impatience le signal d'une attaque générale. Le découragement des Espagnols était si grand, qu'ils ne s'aperçurent pas combien peu les Français étaient dans le cas de soutenir ce ton d'arrogance. Tremblant à l'idée d'un assaut, le faible Torrès, qui s'était cependant distingué au siége de Toulon, à la prise du fort Pharon, consent à capituler le 27 novembre. Dix mille Espagnols, qui auraient pu tenir pendant six mois les Français devant la place, en sortirent honteusement au bout de quelques jours d'investissement, pour déposer leurs armes sur le glacis, et être conduits prisonniers en France.

La prise de Figuières étonna les vainqueurs eux-mêmes, quand ils virent quels puissans moyens de défense avaient entre leurs mains les vaincus. Deux cents pièces de canon, la plupart de gros calibre, garnissaient les murailles; deux cents milliers de poudre étaient dans les magasins, avec un nombre proportionnel de boulets, de bombes et d'obus. Une quantité immense de farine, de viandes salées, de vins, de vinaigre, d'eau-de-vie, etc., était comme amoncelée dans cette forteresse. Cette conquête approvisionna l'armée française, lui fournit 600,000 livres en numéraire, lui valut la possession d'une foule d'objets d'équipement et de campement, et lui ouvrit l'entrée du Lampourdan, pays riche en grains et en vins.

La promptitude de la reddition d'une forteresse aussi importante, fit attribuer cet événement à la trahison; et cette opinion obtint, dans le temps, autant de crédit chez les Français que chez les Espagnols [1]. Le roi d'Espagne fit mettre en prison le gouverneur Torrès et les officiers de son état-major. Ce gouverneur et trois officiers furent condamnés à mort; mais le monarque, indulgent, commua leur peine en un exil perpétuel.

La prise de Figuières fut le dernier exploit de l'armée des Pyrénées-Orientales, dans la campagne de 1794. Les troupes françaises et espagnoles entrèrent en quartiers d'hiver. Mais le général Pérignon s'occupa des préparatifs du célèbre siége de

---

[1] Il paraît cependant, par le propre témoignage des Espagnols, que la terreur inspirée par les armes républicaines, eut la plus grande part dans la reddition de Figuières. Les relations du temps rapportent une conversation qui eût lieu à cette occasion entre le conventionnel Delbrel et le lieutenant-colonel Ortozonar, l'un des parlementaires espagnols. Elle fait connaître l'état de démoralisation des troupes renfermées dans la place. La capitulation venait d'être arrêtée : « Maintenant que tout est signé, dit Delbrel à l'officier espagnol, vous pouvez parler franchement. N'est-il pas vrai que vous manquiez d'une artillerie suffisante pour la défense de la place? — Il y a deux cents pièces d'artillerie en batterie sur les remparts. — Vous n'aviez donc pas de munitions? — Nous en avions pour six mois. — Manquiez-vous de subsistances? — Tous les magasins en sont remplis. — Votre garnison est donc trop faible? — Elle est de dix mille combattans. — Que vous manquait-il donc pour vous défendre? — Cela (en mettant la main sur son cœur). Si j'avais eu sous mes ordres trois mille hommes de vos troupes, vous n'auriez jamais été maîtres du fort.

Roses, dont nous donnerons les détails quand nous rendrons compte de la campagne de 1795.

Combat de Bergara; fin de la campagne dans les Pyrénées-Occidentales[1]. — Pendant que l'armée des Pyrénées-Orientales remportait des succès aussi brillans, celle des Pyrénées-Occidentales, plus circonspecte dans ses opérations, par les causes que nous avons déduites en racontant l'invasion de la vallée de Roncevaux, se bornait à manœuvrer pour assurer ses quartiers d'hiver.

Le général Moncey, après l'invasion dont nous venons de parler, était resté quelques momens dans l'incertitude sur le parti à prendre pour mettre à profit cette expédition. On était à la portée de Pampelune, et la prise de cette ville flattait trop l'orgueil des commissaires conventionnels, pour qu'ils ne pensassent point à l'exécuter. Cependant l'artillerie n'était point prête pour un siège de cette importance; les approvisionnemens étaient peu abondans, les transports étaient pour ainsi dire impossibles par des chemins impraticables, et par dessus tout, la mauvaise saison était arrivée. Aussi Moncey, qui savait apprécier justement tous ces obstacles, reproduisait-il son système de concentration de l'armée sur les frontière de la Biscaye, en occupant la partie septentrionale du Guipuscoa, et en gardant les vallées de Bastan et la lisière de celle de Roncevaux; mais les représentans du peuple s'opposèrent à ses desseins par un arrêté formel : il fallut obéir.

Contraint de tenter malgré lui une entreprise dont il prévoyait tout le mauvais succès, Moncey prit cependant toutes les précautions qui pouvaient la faire réussir, ou du moins l'empêcher d'être désastreuse. L'armée qu'il commandait fut

---

[1] Journaux du temps, — Siéges et batailles, — Tableau historique, — de Marcillac, — Mémoires de B***, — Galerie militaire, — Mémoires et relations communiqués, etc.

alors partagée en quatre grandes divisions : la première, sous les ordres du général Frégeville, prit position à Lecumbery ; la seconde, sous le général Marbot, occupait l'espace entre Lecumbery et Olague ; ses avant-postes furent poussés jusqu'à Gascue, Latassa et Osliz ; la troisième s'étendait depuis Larrasoana jusqu'à Viscaret, et était commandée par le général Delaborde ; enfin la quatrième était répartie dans les villages de Burguette, Roncevaux, Aribe, Garralda, Orbaïcet, Orbara et Villanova (ce dernier, au-delà de la rivière d'Irati), sous les ordres du général Manco.

1794—an II.
Espagne.

Dans cette position trop étendue, et qui pouvait compromettre la sûreté des divisions, les Français furent cependant peu inquiétés. Les Espagnols faisaient eux-mêmes leurs préparatifs pour entrer en quartiers d'hiver, et paraissaient peu disposés à combattre. Du côté de Villanova, Manco borna ses opérations à l'incendie de quelques villages. On ne fit rien d'essentiel jusqu'au 25 novembre : ce jour-là le général Marbot fit attaquer les Espagnols sur tous les points qui lui étaient opposés. Cette attaque était combinée pour approcher de Pampelune, et en préparer l'investissement. Sur la droite, le général de brigade Pinet, avec deux bataillons et soixante dragons, emporta le village de Navaz, qui fut vainement défendu avec opiniâtreté par trois mille Espagnols ; mais ce mouvement fut suivi d'une prompte retraite, parce que la gauche avait été repoussée, dans son attaque sur les villages de Saurauzen, Olaye et Olaiz. Les Espagnols, qui avaient reçu des renforts, reprirent même l'offensive, et culbutèrent les Français qui s'étaient arrêtés sur les hauteurs d'Ostiz. Ils se maintinrent dans cette position, malgré les efforts de nos troupes pour la réoccuper.

Ce n'était pas sans crainte que les Français, découragés, harassés de fatigue et dépourvus de munitions, attendaient la journée du lendemain. L'attaque recommença de bonne heure ;

avec une nouvelle fureur. Les Espagnols semblaient reprendre leurs avantages de la veille, lorsqu'un bataillon basque, de Zuberi, commandé par l'adjudant-général Harispe, vint, à travers les montagnes, les attaquer par derrière. A cette attaque inopinée, le désordre se mit dans les rangs des Espagnols, qui se crurent tournés par des forces beaucoup supérieures, et la déroute devint bientôt générale. Près de six cents Espagnols restèrent sur le champ de bataille; le reste s'enfuit précipitamment. Environ quatre cents Français avaient été mis hors de combat pendant ces deux journées. Les habitans de Pampelune, regardant la victoire des Espagnols comme certaine, étaient sortis en foule de leur ville pour jouir de ce spectacle. Au moment où la fortune des armes se déclara contre les Espagnols, pleins d'épouvante, ils rentrèrent précipitamment dans leurs murs, croyant déjà voir sur leurs remparts les agiles chasseurs de Zuberi.

Cependant la supériorité numérique des Espagnols aux environs de Pampelune, pouvait, malgré ces succès momentanés, devenir funeste aux Français; car si le comte de Colomera eût su rassembler ses forces sur ce point, il lui eût été facile de faire évacuer la vallée de Bastan, et par suite de cette manœuvre, qui lui eût rendu les postes de Bevra et d'Irun, il eût coupé les troupes françaises qui étaient en Biscaye et à Toloza, et eût singulièrement compromis leur sûreté. Les Français eux-mêmes sentaient de plus en plus tout le désavantage de leur position. Les chemins devenaient chaque jour plus difficiles pour les convois et transports, et les soldats, exténués par le défaut fréquent de vivres, et par les eaux dures et corrosives des montagnes, remplissaient déjà les ambulances et les hôpitaux, qui étaient également dépourvus des objets nécessaires aux malades. Heureusement le général en chef, qui avait écrit au comité de salut public pour se plaindre de l'obstination des commissaires conventionnels, reçut enfin l'autorisation nécessaire pour suivre ses propres desseins, et non les volontés des représentans. En conséquence il arrêta l'évacuation de la Navarre, et fixa ce mouvement au 29 novembre.

Dans la vue toutefois de rendre sa retraite facile et honorable, il combina une attaque sur Bergara, en même temps que les troupes de gauche opéraient leur mouvement rétrograde. La division du général Frégeville partit de Lecumbery dans la nuit du 27 novembre, tandis que les brigades des généraux Schils, Merle et Laroche se dirigeaient de Guetaria sur Bergara pour attaquer l'ennemi sur son front et sur ses ailes. Le 28 à midi, le chef de bataillon Gravier commença le combat en jetant en avant quelques compagnies d'infanterie légère en tirailleurs. Bergara est dans une position d'un accès très-difficile. Les Espagnols y avaient élevé des retranchemens en gradins, et s'y trouvaient en force. Une compagnie des gardes-du-corps du roi d'Espagne faisait partie des troupes. Les tirailleurs ayant été soutenus successivement par d'autres troupes, les Français abordèrent bientôt les retranchemens ennemis, et le mouvement des différentes colonnes se trouva si bien combiné dans cette attaque, que les Espagnols qui occupaient les retranchemens, et notamment les gardes-du-corps, prirent l'épouvante et s'enfuirent : cet exemple fut bientôt suivi par les autres troupes. Les retranchemens furent emportés. Trois cents Espagnols furent tués, deux cent cinquante faits prisonniers ; quatre drapeaux, cinq mille fusils, la caisse militaire et trente-huit caissons tombèrent au pouvoir des Français. Il est probable que si la marche du général Frégeville, qui devait se prolonger sur Salinas et Mondragon, n'avait pas été retardée par diverses circonstances, le corps espagnol placé sur ce point eût été entièrement enlevé. Les vaincus fuyaient avec tant de vitesse, et étaient poursuivis avec une telle ardeur, que le général espagnol Ruby, qui avait

1794 – an III.
Espagne.

1794-an III.
Espagne.

été surpris au moment où il allait se mettre à table, fut obligé de se jeter à la nage pour se sauver; un tambour français s'était attaché à sa poursuite, et le général ne trouva point de meilleur expédient, pour éviter d'être fait prisonnier, que celui d'ôter son uniforme brodé, et de le jeter à ce tambour.

Les Espagnols se retirèrent à Salinas, abandonnant toute la vallée d'Araguil. Après avoir pillé Bergara, les Français occupèrent les villages d'Ascoitia et d'Aspeitia, et s'emparèrent des superbes fonderies, que la retraite précipitée de l'ennemi ne lui permit point de détruire.

Le 29 novembre, toutes les divisions de l'armée des Pyrénées-Occidentales établies dans la Navarre, effectuèrent leur retraite, ainsi que Moncey l'avait sagement ordonné. La division de droite, aux ordres du général Frégeville, se retira sur Toloza; celle du général Marbot, sur Lesaca et Cincovillas; celle de Delaborde, sur la vallée de Bastan; et enfin, celle du général Manço, sur Saint-Jean-Pied-de-Port, par Arizu et les Aldudes. Nulle part les Espagnols ne cherchèrent à porter obstacle à ce mouvement rétrograde. Ils se contentèrent de réoccuper toutes les positions dont ils avaient été chassés dans le mois de juin, c'est-à-dire, que leur droite fut appuyée aux Aldudes, Orbaicet et Eguy, leur centre au nord de la vallée d'Ulzema, et leur gauche à Lecumbery et au col d'Arraitz, couvrant la grande communication avec la Navarre. Dans ces positions respectives, les Français conservaient le cours de la Bidassoa.

Le 7 décembre suivant, le chef du premier bataillon des chasseurs basques, Harriet, revenant de l'expédition de Bergara, eut ordre d'occuper Gatzelu, village à une lieue et demie à la gauche de Toloza: il y trouva les Espagnols; une fusillade très-vive s'engagea; à la suite de laquelle Harriet chassa les ennemis du village, et les poursuivit jusqu'au-delà de Gorriti.

Ce dernier engagement termina aux Pyrénées-Occidentales, la campagne de 1794. Les Français, sans remporter d'éclatans avantages sur ce point, firent cependant pencher la fortune en leur faveur, et préparèrent les succès de la campagne suivante.

1794-an III. Espagne.

Le général Moncey se trouvait à la tête d'une armée nombreuse et aguerrie, dans laquelle il sut maintenir un excellent esprit, en mettant plus d'ensemble dans ses opérations, malgré les contrariétés qu'il éprouva de la part des commissaires conventionnels. On verra dans l'année qui va suivre, le résultat des sages combinaisons de ce général en chef; les succès qu'obtiendra l'armée des Pyrénées-Orientales ne contribueront pas moins à forcer un descendant de Louis XIV de traiter d'égal à égal avec les républicains, et de demander la paix aux hommes qui avaient renversé le trône de Louis XVI.

Prise de l'île de Bommel et du fort de Grave[1]. — L'état de dénuement dans lequel se trouvaient les troupes françaises sur les frontières de la Hollande, la rigueur de la saison, l'extrême difficulté des communications, par le débordement des rivières et canaux, et le mauvais état des chemins, n'arrêtèrent point les commissaires conventionnels dans l'exécution des ordres du comité de salut public. Habitués à la patience et au dévouement des défenseurs de la patrie, comptant beaucoup sur l'élan que des succès multipliés avaient communiqué aux soldats, ces commissaires résistèrent opiniâtrément à toutes les représentations que leur firent les généraux pour accorder quelque repos à des hommes harassés de fatigues ou exténués de privations. La conquête de l'île de Bommel et la

28 décembre.
8 nivose.
Hollande.

---

[1] Journaux du temps, — Siéges et batailles, — Tableau historique, — Jomini, — Précis militaire, etc. — Histoire de Pichegru, — Mémoires et Relations communiqués, etc.

prise du fort de Grave manquaient au complément des opérations de cette campagne glorieuse et pénible, et la saison paraissait devoir plutôt favoriser ces entreprises qu'y apporter les obstacles qu'on craignait. Les commissaires étaient confirmés dans cette opinion par les conseils du général Daendels, hollandais de naissance, au service de la république depuis le commencement de la guerre. Cet officier général ne partageait point les craintes de ses collègues sur le résultat d'une opération dont il demandait que la direction lui fût confiée. Les connaissances qu'il avait du climat et des localités déterminèrent les commissaires de la Convention à lui remettre l'exécution du plan du comité de salut public.

Daendels fit, en conséquence, réunir un grand nombre de petits bateaux au fort de Crèvecœur et dans les anses de la rive gauche de la Meuse. Les matériaux propres à la construction d'un pont furent rassemblés à Bois-le-Duc. D'autres bateaux se trouvèrent près de Kokerdun et dans une anse du Wahal. Mais toutes ces embarcations ne pouvaient contenir que de l'infanterie, et n'étaient point propres au transport de la cavalerie et de l'artillerie.

Le point de Kokerdun était assez important pour rendre nécessaire une attaque sérieuse; mais la difficulté du passage fit décider qu'on se bornerait à menacer ce côté. On en fit autant pour le fort Saint-André. La principale attaque devait avoir lieu sur l'île de Bommel.

C'était, comme nous venons de le dire, le général Daendels qui la conduisait, et on ne pouvait faire un meilleur choix, parce que cet officier avait une connaissance exacte et pratique des lieux sur lesquels il allait agir, et parce qu'il venait d'ailleurs d'explorer de nouveau et avec le plus grand soin les rives de la Meuse. Cependant, malgré ces avantages, Daendels ne dissimulait point toutes les difficultés qu'allait présenter cette entreprise hasardeuse.

Elle commença le 12 décembre. La fausse attaque près de Kokerdun réussit d'abord assez heureusement. Quatre compagnies de grenadiers passèrent le Wahal dans des bateaux, firent prisonnier un major hanovrien, et enclouèrent quatre canons. Mais l'alarme s'étant répandue parmi les troupes hanovriennes, elles accoururent sur le point de débarquement. Les Français ne les attendirent point, et comme l'officier qui commandait les grenadiers avait ordre de ne point se compromettre, puisque l'attaque n'était que simulée, les quatre compagnies se rembarquèrent à la vue des colonnes ennemies, et évitèrent un engagement que l'infériorité de leur nombre aurait pu rendre funeste.

L'attaque qui eut lieu au fort Saint-André eut un plus fâcheux résultat. L'ennemi, averti par un transfuge, du dessein des Français, se tenait sur ses gardes, et toutes les batteries du fort étaient prêtes à tirer. Les soldats français arrivent avec leur confiance et leur intrépidité ordinaires. L'ennemi les laisse approcher à demi-portée, et fait sur eux un feu si vif et si bien soutenu, que la moitié des assaillans est presque aussitôt mise hors de combat. Le reste chercha son salut dans la fuite, et cette retraite se fit dans le plus grand désordre.

Quant à la principale attaque sur Bommel, à peine reçut-elle un commencement d'exécution. Effrayé des obstacles qu'il rencontrait, le général Daendels, contre ses espérances et les promesses qu'il avait données, vint lui-même annoncer au général Moreau, qui commandait toujours l'armée en l'absence du général Pichegru, malade à Bruxelles, qu'il était urgent d'abandonner l'entreprise, attendu que les batteries déjà établies étaient compromises, et que l'ennemi tirait un trop grand avantage de sa position. Le général Moreau, dont les idées étaient déjà fixées sur l'inutilité, et même le danger d'une tentative arrêtée contre son gré, ne fut point étonné de la démarche de Daendels et donna l'ordre de renoncer à l'attaque. Cette circonstance amollit enfin l'inflexibilité des commissaires conventionnels, et ils permirent à l'armée de prendre ses quartiers d'hiver; mais ce repos, tant désiré, ne dura que quelques jours. Le froid augmenta avec une intensité extraordinaire; les rivières se gelèrent, et la glace fut assez forte pour permettre aux Français de les traverser. L'occasion de poursuivre la conquête de la Hollande était trop belle pour qu'on la laissât échapper. On va voir bientôt que le général en chef Pichegru sut mettre à profit cette heureuse occasion, pour donner un nouvel éclat à sa gloire et à celle de l'armée qu'il commandait.

Tout en cédant à la nécessité d'interrompre l'activité des opérations militaires, en faisant hiverner ses troupes en deçà du Wahal, Moreau avait voulu mettre à profit leur repos momentané, et préparer, pour le retour d'une saison favorable, la prise d'une place importante, en faisant prendre des cantonnemens très-rapprochés autour de Breda, de manière à former l'investissement de cette ville. Le général Bonneau, dont la division se trouvait alors dans le pays de Maas-Wahal, reçut, en conséquence, l'ordre de se mettre en marche pour aller former, de concert avec la division Lemaire et la brigade Dumonceau, le blocus de Breda : ces troupes se trouvèrent rendues à leurs postes respectifs le 22 décembre : Pichegru vint à cette époque reprendre le commandement de l'armée du Nord.

Cependant le sort de la Hollande devenait de jour en jour plus critique. Menacés d'une prochaine invasion, les Etats-Généraux avaient fait replier toutes les troupes qui se trouvaient encore dans la Flandre, pour les rapprocher de l'armée hollandaise. Le général Michaut fit occuper tous les postes évacués.

D'un autre côté, les Autrichiens avaient élevé des retranchemens, et construit une tête de pont à Burick, petite ville du duché de Clèves, en face de Wesel. Le général Vandamme fut chargé de les attaquer avec la division Moreau, qu'il commandait. Il arrive avec son impétuosité ordinaire, fond sur les Autrichiens, en tue quelques centaines, fait le reste prisonnier, s'empare des retranchemens, et établit des batteries pour détruire les bateaux et les ponts volans que les Autrichiens avaient devant Wesel. Cette affaire, qui remonte au 10 novembre, avait rendu les Français maîtres de la rive gauche du Bas-Rhin; et lorsque l'armée française prit ses cantonnemens, elle ne pouvait plus être inquiétée par l'ennemi, qui en était séparé par le fleuve.

Le Wahal et la Meuse furent entièrement gelés. Le 23 décembre, le froid continuant à être très-vif, on résolut de reprendre l'expédition de Bommel : on savait d'ailleurs que l'île était faiblement gardée par une chaîne de postes hollandais. Les troupes se mirent en mouvement le 27 décembre. Les deux brigades des généraux Daendels et Orten reçurent l'ordre de traverser la Meuse sur la glace pour entrer dans l'île. Le général du génie Sauviac avait observé dix-sept degrés au-dessous de la glace, au thermomètre de Réaumur. La principale attaque eut lieu vers Crèvecœur, Empel et Saint-André. Les détachemens français surprirent les grand'gardes et les égorgèrent : deux colonnes, dont l'approche avait été cachée par des digues, se précipitèrent sur le centre ennemi, qui prit la fuite, et fut poursuivi avec vigueur dans la direction de Bommel. Les bataillons d'Orange, Frise, Hohenlohe et de Bons furent pris presque en totalité après une assez faible résistance ; les troupes qui se trouvaient à la droite vers Heusden, se retirèrent sur Gorcum sans brûler une amorce, et celles qui étaient vers le fort Saint-André, se retirèrent de même vers Tiel.

La terreur causée par cette attaque fut telle, que les gardes

1794-an III.
Hollande.

suisses et d'autres corps hollandais qui se trouvaient derrière le Wahal, furent entraînés dans cette déroute des troupes de l'île de Bommel; et les Français passèrent le fleuve presque sans avoir occasion de combattre; une partie des fuyards ne se crut en sûreté que sous les murs d'Utrecht. Le général de Constant, qui avait eu dessein de s'arrêter à Tiel pour y attendre des renforts qui le missent en état de tenir quelque temps dans ce poste, fut entraîné dans ce mouvement de désordre jusques à Gorcum, où il joignit le gros de l'armée du prince d'Orange.

Les vainqueurs s'emparèrent de soixante pièces de canon en batterie qui n'eurent pas le temps de tirer. Ils firent seize cents prisonniers, prirent un parc de réserve à Waardenburg sur la rive droite du Wahal, et trouvèrent dans l'île de Bommel d'immenses magasins de vivres et de munitions de toute espèce. Cette conquête fut le résultat de quelques heures d'attaque. Elle eût coûté, dans une autre saison, des peines, des travaux et des efforts infinis. Les troupes employées à cette expédition restèrent dans Bommel et gardèrent la ligne du Wahal.

Le même jour, les troupes des généraux Bonneau, Lemaire et Dumonceau attaquèrent les lignes de Breda, d'Oudenbosch et de Zevenbergen, et s'en emparèrent. Le général Bonneau avait attaqué la droite de la ligne hollandaise sur la Merk; la brigade du général Butzlar fut forcée de se jeter dans Willemstadt; celle du général de Hanck, qui se trouvait isolée vers Ter-Heyde, fut coupée et entourée; elle fit, en rase campagne, une capitulation par laquelle elle mit bas les armes et s'engagea à ne plus servir.

Le général Dumonceau, chargé d'attaquer les lignes de Breda, s'en empara par ruse et presque sans coup férir. Sa brigade était composée d'un bataillon de tirailleurs belges; et de huit autres bataillons français. Quelques carabiniers du bataillon belge s'approchèrent d'une des batteries des lignes, et lièrent conversation avec les sentinelles et canonniers hollandais : ils se plaignirent dans cette conversation du service pénible qu'on leur faisait faire, témoignèrent l'envie de déserter, en annonçant que leur exemple serait suivi par beaucoup d'autres de leurs camarades; en même temps ils glissaient sur la glace, comme pour s'échauffer, et se rapprochaient de plus en plus. Toute la compagnie se trouva bientôt réunie, et fit le même manége. Les Hollandais commençaient à concevoir des soupçons, et se disposaient à éloigner ces indiscrets en tirant sur eux, lorsqu'un coup de canon donna le signal de l'attaque générale des lignes.

Les carabiniers se précipitent alors sur les pièces de la batterie qu'ils entouraient. Le gros du bataillon de tirailleurs que commandait le chef de bataillon Thiébault, et les compagnies d'élite des autres bataillons, que le général Dumonceau avait fait embusquer dans un grand fossé, courent sur les lignes, pendant que les bataillons placés plus en arrière soutenaient cette attaque en marchant eux-mêmes au pas de charge. Le succès fut rapide et complet. Les carabiniers belges ne laissèrent pas aux canonniers de la batterie qu'ils attaquèrent le temps de tirer. Le commandant Thiébault, qui avait disposé la ruse dont nous venons de parler, à la tête de son bataillon, et les compagnies d'élite des autres bataillons, essuyèrent le feu de quelques pièces; mais toutes ne tirèrent point, parce qu'un grand nombre de mèches se trouvèrent éteintes ; les canonniers n'eurent pas le temps de recharger les canons qui venaient de faire feu.

Les lignes de Breda se trouvèrent ainsi enlevées sans le concours des colonnes d'attaque, qui n'arrivèrent qu'après que les retranchemens furent forcés par les troupes d'avant-garde. La perte de l'ennemi fut considérable, et celle des Français presque nulle. Tout ce qui voulut résister fut massacré. On s'empara d'une grande quantité d'équipages, de bagages, de canons et de munitions. Les fuyards furent poursuivis jusque sous le canon de Gertruydenberg, où ils se jetèrent dans le plus grand désordre [1].

Le lendemain de l'occupation de l'île de Bommel, le général Pichegru reçut la nouvelle de la capitulation du fort de Grave.

Le général Salm avait été envoyé pour faire, avec sa brigade, le siége de cette place, après la prise de celle de Bois-le-Duc. Mais l'investissement de Grave n'avait pu être complet qu'après la victoire d'Oude-Watering, et au moyen de plusieurs détachemens qui furent envoyés du champ de bataille pour renforcer la brigade Salm. L'officier qui commandait dans cette place, se conduisit avec plus de courage et de fermeté que les commandans des autres villes conquises. Pressé assez vivement par les troupes françaises, celui-ci sut faire partager à la garnison les sentimens qui l'animaient.

[1] Le chef de bataillon Thiébault, aujourd'hui lieutenant-général, et connu avantageusement sous le double rapport d'écrivain et de militaire, courut dans cette circonstance un danger auquel il n'échappa que par sa présence d'esprit et son intrépidité. Suivi de cinquante chasseurs de son bataillon et de douze grenadiers du premier bataillon de l'Oise, il poursuivait les vaincus avec vivacité. Emporté par trop d'ardeur, il eut bientôt dépassé de beaucoup les autres bataillons français. Deux cents cavaliers hollandais s'aperçoivent de son isolement, font volte-face, et le chargent vigoureusement. La plupart des chasseurs de Thiébault prennent l'épouvante, se mettent à fuir, et sont sabrés par la cavalerie ennemie. Il ne restait plus à cet officier que quatre de ses tirailleurs et onze grenadiers. Il se jette avec cette poignée de braves derrière une masure ruinée, et leur fait jurer de mourir plutôt que de mettre bas les armes. Les murs, qui n'avaient pas plus de trois pieds de haut, étaient crevassés. Le commandant Thiébault fait faire par l'une de ces crevasses un feu si vif sur les cavaliers, qui déjà entouraient la masure, qu'un grand nombre est mis hors de combat. Les Hollandais, étonnés de cette résistance meurtrière, abandonnent leur attaque et se retirent. Ainsi, avec quinze hommes seulement, Thiébault eut la gloire de braver deux cents ennemis; il perdit un seul de ses soldats, qui fut tué : un autre fut blessé.

Tandis que Maëstricht, Venloo, Nimègue, etc., se rendaient avec tant de facilité, le colonel Debons [1], gouverneur de Grave, sans aucun espoir d'être secouru, se défendait avec une opiniâtreté extraordinaire, et s'efforçait de paralyser les efforts des troupes qui l'assiégeaient. Le général Salm mit vainement en œuvre tous les moyens qui pouvaient amener le commandant à rendre la place. Sommé plusieurs fois de la manière la plus pressante et la plus impérative, la place canonnée, bombardée sans relâche, l'inflexible Debons se refusait à rendre le poste dont la défense lui était si dignement confiée. Enfin, après deux mois d'investissement, et trois semaines de tranchée ouverte; après avoir épuisé tous ses vivres et toutes ses munitions, ce brave officier consentit à capituler : sa garnison, forte de quinze cents hommes, fut faite prisonnière de guerre.

Les troupes employées au siége de Grave, se rendirent, de cette place, dans l'île de Bommel : par suite de ce mouvement, la petite ville de Hensolen, dernier poste qu'occupaient encore les Hollandais, sur la rive gauche de la Meuse, tomba au pouvoir des Français, quelques jours après, ainsi que nous le dirons en son lieu.

Ces divers événemens, qui tous attestaient l'ardeur et l'incroyable activité des Français, épouvantèrent tellement le stathouder, que, craignant déjà pour son autorité en Hollande, il envoya au général Pichegru, et aux députés de la Convention près de l'armée du Nord, des parlementaires pour faire des propositions de paix, ou du moins pour obtenir un armistice [2].

---

[1] Cet officier, né en Suisse, était brigadier dans l'armée hollandaise. Il commandait le régiment de sa nation qui portait son nom, et que nous venons de signaler en parlant de l'attaque de l'île de Bommel.

[2] « Il offrit, dit un historien (Lacretelle jeune), des conditions de paix semblables à celles que proposaient les descendans de Charlemagne aux hommes

1794-an III.
Hollande.

Les commissaires conventionnels, et le général en chef Pichegru, consultés par le comité de salut public sur les espérances de succès que pouvait présenter l'invasion prochaine de la Hollande, affermirent ce comité dans la résolution qu'il avait prise, depuis long-temps, de former cette entreprise, que la saison rendait encore plus facile. Les envoyés du stathouder furent congédiés avec hauteur, et Pichegru leur annonça ironiquement que l'armée française irait traiter de la paix à Amsterdam ou à la Haye.

Décembre.
Brumaire.
Colon. franc.

Événemens dans les colonies françaises d'Amérique; prise de la Martinique par les Anglais, etc. En rendant compte dans le premier volume de cet ouvrage de la révolution de Saint-Domingue, de la prise et de l'incendie du Cap-Français, nous avons contracté l'engagement de comprendre dans notre narration, les événemens militaires arrivés dans tous les pays de la domination française, et surtout dans les colonies d'Amérique. Mais les contradictions que renferment presque tous les documens que nous nous sommes procurés, l'obscurité des détails, le peu de liaison dans les différens récits, le vague de ces derniers, l'incertitude des dates, etc.; toutes ces causes réunies nous empêchent d'apporter dans cette partie de notre travail, l'exactitude, la véracité, l'in-

du Nord, c'est-à-dire une immense rançon. Il s'engageait à payer quatre-vingt millions de florins; il reconnaissait la république française : froide et singulière déclaration de la part d'un souverain que cette république méditait peut-être d'effacer du nombre des puissances européennes. Il lui demandait de reconnaître à son tour le gouvernement des Provinces-Unies tel qu'il était établi. La Convention, ou plutôt son comité de salut public, reçut avec dédain ce premier hommage qu'arrachait la république à l'un des potentats ligués contre elle. Le stathouder, par ses offres, ne fit qu'exagérer, à son imagination, l'étendue de la proie que pouvait offrir la Hollande. »

[1] Journaux du temps, — Mémoires de Rochambeau, — Relations sur les colonies; — Mémoires et comptes rendus par Laveaux, Rigaud, l'ordonnateur Perroud, — Mémoires et notes manuscrits, etc.

térêt même que nous avons cherché à réunir dans les autres. Nous ne pourrons guère donner quelques détails circonstanciés sur cette portion de l'histoire militaire de la révolution, qu'à l'époque de l'expédition du général Leclerc, c'est-à-dire vers 1803. Cependant, pour ne pas laisser dans les paragraphes de cette partie de nos annales, une lacune trop considérable, nous allons esquisser rapidement les faits les plus remarquables qui se sont passés aux colonies des Antilles dans le cours de l'année 1794, en les réunissant dans un seul et même paragraphe.

Les commissaires civils Polverel et Santhonax, envoyés à Saint-Domingue, n'avaient pu réussir à rapprocher et à concilier dans cette malheureuse colonie les partis qui la déchiraient, depuis que la révolution avait aboli l'esclavage des nègres, et propagé les principes de l'égalité. Les blancs, attachés à l'ancien gouvernement, les hommes de couleur, auxquels s'étaient réunis les blancs partisans des nouvelles doctrines, les nègres affranchis et ceux qui étaient nouvellement rendus à la liberté, formaient autant de factions irréconciliables et qui manifestaient leur animosité réciproque par tous les actes de perfidie, de vengeance et de cruauté qu'on peut supposer dans un climant brûlant, où toutes les passions sont portées au dernier degré de violence. Nous n'entrerons point dans les détails de l'espèce d'anarchie qui régna à Saint-Domingue, depuis l'incendie du Cap, que nous avons rapporté dans notre premier volume. Il nous suffira de dire que Polverel et Santhonax furent rappelés en France au mois de mai 1794, laissant l'autorité militaire partagée entre les généraux Laveaux et Rigaud.

Quelque temps avant cette époque, la ville du Port-au-Prince fut livrée aux Anglais par la plus insigne trahison. Un mulâtre, nommé Pinchinat, avait formé le projet de faire égorger le commissaire Santhonax, qui se trouvait alors dans cette ville. Ce ne fut qu'avec beaucoup de peine que le général Desfourneaux, qui commandait dans cette partie de l'île, put sauver le commissaire civil, et se soustraire lui-même, avec trente-trois de ses soldats, au massacre projeté de tous les blancs qui se trouvaient dans la ville. Les hommes de couleur et les noirs remirent ensuite le Port-au-Prince aux Anglais. D'après le plus grand nombre des renseignemens sur cet événement, un certain colonel Montbrun et un officier nègre ou mulâtre, nommé Beauvais, que le directoire exécutif fit ensuite général de brigade, paraîtraient n'avoir pas été étrangers à cette reddition.

Les Anglais avaient éprouvé plus de difficultés à se rendre maîtres de la Martinique, vers le mois de mars de cette année.

Le général Rochambeau, fils du maréchal de ce nom, avait été envoyé en 1792 pour commander aux îles du Vent. Forcé de se rendre à Saint-Domingue, par suite des mouvemens excités dans ces colonies par l'ex-gouverneur de Béhague, il accepta provisoirement le commandement de cette dernière île, dont l'investit la confiance des troupes et des administrations. Après des efforts assez heureux, contre des bandes de brigands et de nègres révoltés, il reçut du conseil exécutif, au commencement de 1793, l'ordre de reprendre le commandement des îles du Vent. En se rendant à sa destination, une frégate française commandée par M. de la Crosse [1], l'instruisit de l'évacuation de la Martinique par le général de Béhague. Rochambeau confia à M. de la Crosse le commandement provisoire de la Guadeloupe, et s'établit au fort royal de la Martinique, siège du gouvernement des îles du Vent. A peine le nouveau gouverneur avait-il eu le temps d'asseoir son autorité contre les ennemis de l'intérieur, et de faire quelques

---

[1] Aujourd'hui vice-amiral.

dispositions contre ceux de l'extérieur, qu'il fut attaqué vivement par les uns et par les autres. L'ex-gouverneur Béhague, avec trois vaisseaux qui l'avaient accompagné dans sa désertion, s'était réuni à l'escadre anglaise commandée par l'amiral Gardner, et se présenta devant la Martinique pour exciter à l'insurrection tous les gens de son parti. Ceux-ci se mirent en effet en mouvement, et facilitèrent le débarquement de Béhague et des Anglais, au lieu dit *la Case des navires*. Le général Rochambeau réunit le petit nombre de troupes qu'il avait à sa disposition et qui lui était resté fidèle. Des détachemens furent envoyés sur divers points de l'île pour s'opposer à la marche des ennemis. Le feu de ces divers détachemens trompa les colonnes ennemies qui se fusillèrent entre elles par mégarde. Rochambeau profita de ce désordre pour charger avec quelques cavaliers ces colonnes déjà intimidées ; il sabra un bon nombre d'Anglais, et força ces troupes à se rembarquer avec la plus grande précipitation. Les mêmes se présentèrent ensuite devant la Guadeloupe et Sainte-Lucie, où ils n'osèrent rien entreprendre. Ceci s'était passé en 1793.

Les Anglais, repoussés à la Martinique par la fermeté et les bonnes dispositions du général Rochambeau, firent partir d'Europe, à la fin de cette même année 1793, un armement triple du précédent, avec quatorze mille hommes de troupes réglées, non compris les émigrés de ces colonies ; qu'ils destinèrent à l'attaque des îles du Vent.

La flotte ennemie parut sur les côtes de la Martinique le 4 février 1794. L'armée de terre opéra son débarquement sur trois points à la fois. Le général Rochambeau n'avait que six cents hommes à opposer à des forces aussi considérables, et encore, parmi ces six cents hommes, il y en avait quatre cents de milices. Abandonné ou trahi par un grand nombre d'habitans blancs, mulâtres et noirs, dont les uns se dispersèrent dans leurs habitations, où ils se soumirent aux Anglais ; et les autres, en faisant mine de se défendre, opposèrent la plus faible résistance; le gouverneur de la Martinique ne se laissa point intimider à l'aspect d'un danger aussi imminent. Les habitans de Saint-Pierre se distinguèrent par leur attachement pour la métropole, refusèrent toute capitulation, et le plus grand nombre aima mieux s'expatrier que de trahir la fidélité qu'il lui avait vouée. Quelques patriotes formèrent des compagnies avec lesquelles Rochambeau, réduit déjà à quatre cent cinquante hommes, fut forcé de s'enfermer dans les forts. Il n'y avait à cette époque, dans les îles de Sainte-Lucie, la Guadeloupe, Marie-Galande et la Martinique, qu'environ quatre cent cinquante hommes de troupes réglées, et, pour toute marine, une frégate aux ordres de M. de la Crosse, qui fit voile pour la France. Il fallut soutenir, à la Martinique, un siége sans ingénieur pour conduire les défenses, sans artilleurs pour servir les batteries, sans troupes suffisantes pour garnir les forts, sans palissades dans les chemins couverts, sans mineurs, sans officiers d'état-major, avec un petit nombre d'employés d'administration; enfin dans un dénûment presque absolu.

Certes, dans un tel état de choses, il n'était pas difficile aux Anglais de s'emparer de la colonie. Ils préparèrent toutefois des moyens moins dangereux et plus expéditifs.

Dès le 14 février, un complot fut ourdi pour assassiner Rochambeau. Deux hommes de couleur tentèrent de mettre ce projet à exécution. Ils furent arrêtés; l'un fut condamné par une commission militaire à être fusillé, et l'autre à être détenu jusqu'à l'arrivée des commissaires civils qu'on attendait, ainsi que quelques renforts, dans la colonie.

Le général Rochambeau avait fait, avant de se renfermer dans la ville de Saint-Pierre, une tournée dans l'île pour rassembler ses moyens de défense, s'opposer à la marche des Anglais, ou du moins la retarder. Ce voyage fournit aux mal-

PREMIÈRE COALITION.

veillans l'occasion de répandre le bruit qu'il avait été fait prisonnier, ou qu'il s'était rendu aux Anglais. La municipalité nomma alors un conseil de gouvernement qui parlait déjà de capituler. Fort heureusement, les deux cents hommes de troupes de ligne, faisant partie du régiment de Turenne, quelques gardes nationales, les canonniers des petits bâtimens qui étaient dans la rade, et quelques officiers, résistèrent aux insinuations qu'on leur fit. Ils marquèrent au gouverneur, lorsqu'il fut de retour, la plus grande confiance, et le désir de se distinguer par une défense vigoureuse. D'un autre côté, un colon, nommé Bellegarde, à la tête d'un corps de chasseurs volontaires, après plusieurs actes de lâcheté, finit par trahir ses concitoyens, en les menant aux Anglais, sous le prétexte de faire une sortie. Ce félon passa ensuite à l'Amérique septentrionale, sur un bâtiment anglais.

Le général ennemi, après avoir investi de près les forts, fit ses attaques et ses approches avec beaucoup de précaution. Les tranchées et les batteries furent conduites et dirigées suivant toutes les règles de l'art. Quatre-vingt-dix bouches à feu furent établies sur tous les points qui permettaient de prendre des revers, soit sur les forts, soit sur la ville.

La ville fut canonnée par mer pendant le jour, et bombardée pendant la nuit; enfin, après un siége de quarante-neuf jours, dont trente-deux de tranchée ouverte, les Anglais étaient parvenus à éteindre les batteries des forts, et à ouvrir des brèches sur plusieurs points. La ville ouvrit ses portes, et le général Rochambeau capitula dans le fort de la Convention (fort Royal), pour sauver trois cents hommes qui lui restaient avec ses malades et ses blessés.

L'ennemi ayant pris les armes pour rendre les honneurs à cette garnison, vit passer le brave Rochambeau avec sa petite troupe; le général anglais demanda où était le reste de la garnison ; le gouverneur répondit que tout avait paru, et qu'il n'avait laissé dans le fort que les malades et les blessés hors d'état d'être transportés. On conçoit le *désappointement* des Anglais, forcés de rendre les honneurs de la guerre à une poignée de braves qui leur avaient résisté avec tant d'opiniâtreté.

Rochambeau, attaqué de la fièvre jaune et du scorbut, prisonnier des Anglais sur parole, se fit débarquer à Philadelphie, sur les instances du grand Washington, l'ami et le compagnon d'armes du vénérable Rochambeau père. Il reçut des Américains, nos généreux alliés, et du président des Etats-Unis les secours et les marques d'intérêt qu'il pouvait en attendre. Les restes malheureux de ses faibles troupes, et beaucoup de colons patriotes, arrivèrent en France, où ils furent maltraités jusques après la chute de Robespierre. Toutefois, sur le rapport du député Bréart, la Convention décréta, après le renouvellement du comité de salut public, au commencement de l'an III, que les patriotes des îles du Vent avaient bien mérité de la patrie.

Cependant, à Saint-Domingue, les hommes de couleur, mécontens du joug des Anglais, qui s'étaient emparés de la ville de Léogane, appelèrent le général Rigaud à leur secours. Celui-ci rassembla quelques troupes, et, malgré l'hésitation de ces mêmes hommes qui l'avaient sollicité pour qu'il se mît en mouvement, il enleva d'assaut Léogane aux Anglais dans la nuit du 6 au 7 octobre 1794 (du 15 au 16 vendémiaire an III).

Les Anglais s'étaient également emparés de Tiburon, place assez importante de la partie du sud. Rigaud marcha sur ce poste, après l'expédition de Léogane, et s'en rendit maître à la suite d'une action assez vive, le 29 décembre (9 nivose). Les Anglais perdirent avec cette ville, une corvette qui fut détruite, et une certaine quantité de fusils qui servirent à armer les soldats nègres de Rigaud.

A l'exception de ce que nous venons de rapporter, aucun autre événement militaire, un peu remarquable, n'eut lieu dans la colonie de Saint-Domingue, et dans celles des îles du Vent, dans le cours de l'année 1794.

FIN DU TROISIÈME VOLUME.

www.ingramcontent.com/pod-product-compliance
Lightning Source LLC
Chambersburg PA
CBHW070759170426
43200CB00007B/841